Françoise Dolto

Archives de l'intime

Sous la direction de
Yann Potin

Textes de
Catherine Dolto
Muriel Djéribi-Valentin
Manon Pignot
Yann Potin
Jean-Pierre Winter

nrf

Françoise Dolto
Archives de l'intime

Gallimard

1

AYANT DROIT / AYANT DEVOIR 10
« JE N'AI JAMAIS GARDÉ POUR GARDER. » 16
SIGNES D'IDENTITÉ 22
LE CORPS ET SES EMPREINTES 38
MÉMORIAL FAMILIAL 58
LE JE DES ÉCRITURES 92
LE JEU DES SAVOIRS 108
LA RÉVOLUTION DE L'INTÉRIORITÉ 126
LE CORPS À DEUX 150
MATERNITÉS 166
DÉCRYPTER LES SIGNES 186
SOLEDAD 202
INTIMITÉ UNIVERSELLE 214
ORIGINES 234

« Je ne savais pas ce que ça voulait dire, mais j'essayais de noter le plus possible de ce que je percevais. C'est cela être psychanalyste : noter le plus possible. »

*Extrait d'*Autoportrait d'une psychanalyste

1. Françoise Marette, sans date (vers 1938).
2. Françoise Dolto, 1986.
3. Dossiers de patients de l'hôpital Trousseau (années 1955-1978), dans le local de l'Association des Archives et Documentation Françoise-Dolto.
4. Divan de Françoise Dolto.

4

Catherine Dolto

Ayant droit / ayant devoir

Le deuil

Quand ma mère est morte, je me sentais très bien. J'étais sereine, certaine de l'avoir accompagnée, en famille, du mieux possible. Nous avions ri et pleuré avec elle jusqu'aux derniers moments, nous avions longuement parlé de notre séparation à venir et, à part une recette de cuisine restée imprécise, rien ne semblait manquer à mon héritage.

Très vite, j'ai compris que cette sérénité était incompréhensible, voire scandaleuse, aux yeux de certains. « Vous êtes dans l'euphorie du deuil, c'est classique, mais vous allez vous effondrer », me dirent deux ou trois collègues de ma mère. C'est tout juste si on n'ajoutait pas : « Rassurez-vous, le pire est forcément à venir. »... J'attends toujours.

Au même moment, je me suis trouvée entourée de proches de Françoise que je devais consoler, me disant parfois que c'était quand même *ma* mère et non la leur qu'ils pleuraient avec tant de souffrance. C'était idiot, je l'ai vite compris. Évidemment qu'elle était leur mère aussi, s'ils le voulaient ! Après tout, je ne savais pas ce qu'elle était pour eux, ni en quoi cela me concernait. Leur deuil n'enlevait rien au mien.

C'est ainsi que j'ai compris ce que chacun sait mais que l'on ne saisit qu'en le vivant : LE deuil, ça n'existe pas.

Ce qui m'est apparu clairement, c'est que le deuil dépend beaucoup des circonstances de la vie partagée et des circonstances de la mort. Le deuil est à l'image du lien que l'on entretenait avec la personne qui est morte, et ce lien perdure, lui. Ainsi, mon deuil ressemblait à cette relation, profonde mais légère à vivre. Il était léger et, dans une certaine mesure, joyeux. Cela n'exclut ni les larmes ni le chagrin. Mais cela modifie le manque.

Le vide laissé est peuplé ou hanté de souvenirs plus ou moins heureux ; dans notre cas, j'ose avouer que les souvenirs heureux prédominent. Même le souvenir du moment précis de sa mort, s'il est émouvant, n'est jamais triste, au point que cela m'a interrogée.

La vérité, c'est qu'elle nous avait pris par la main pour entrer dans le début du deuil avec nous. En parlant tranquillement de sa mort, qu'elle trouvait « à la fois jouissive » (sa curiosité devant un tel moment) « et inquiétante » (quand même...). « Je ne suis pas inquiète de mourir mais je suis triste de vous quitter », ajoutait-elle. En préparant ses funérailles, elle nous avait accompagnés un bout de chemin, de ce fait la suite ne faisait pas peur.

Je me souviens d'un moment important, trois semaines avant son décès. Je l'avais « roulée » jusqu'à son bureau dans son fauteuil, son long tuyau d'oxygène lui faisant à la fois une traîne et une laisse dont elle se souciait peu. Ce jour-là, la pièce était nimbée d'une belle lumière. Elle a souri d'un air ravi et a dit, presque pour elle-même : « Quel beau bureau ! » Puis, après un temps : « Mais ce n'est plus le mien, tu peux y faire ce que tu veux. » Toujours le même sourire mais avec un peu d'émotion étonnée dans la voix. Plus tard, toujours clinicienne

5. Buste de Catherine Dolto, sculpté par Françoise Dolto.

de sa propre vie, elle m'a confié son étonnement devant ce détachement, auquel elle ne s'attendait pas mais dont elle savourait la dimension libératrice.

Elle-même me montrait ainsi la place qu'il convient de donner aux choses, et la manière de ne pas se laisser encombrer par la sacralisation des lieux, des objets... ou des humains. C'est l'attitude qu'elle m'a implicitement conseillée. En dédramatisant sa mort, elle nous permettait de dédramatiser notre deuil.

On me dit parfois avec commisération que ça doit être bien dur d'avoir une mère célèbre, ou d'être la fille de cette femme-là. Cela me laisse toujours perplexe, entre autres parce que cela sous-tend une hypothèse parthénogénétique qui aurait déplu à mon père comme à nous tous. Ce qui est *lourd*, c'est ce que les autres projettent sur vous. C'est aussi la charge matérielle, parce qu'il y a des archives et des textes à publier, mais ce n'est pas *dur.* Cela aurait été dur d'assumer ce poids si nous ne nous étions pas aimées, si cela n'avait pas été elle et si ça n'avait pas été moi. Un jour, une dame m'a demandé avec gentillesse si je n'en avais pas assez d'être toujours dans l'ombre de ma mère, et je me suis entendue lui répondre spontanément, comme une évidence, que je m'étais plutôt toujours sentie dans sa lumière. Il y avait, en effet, dans sa façon d'aimer quelque chose de doux et de chaud. Pour autant, prendre de la distance, s'éloigner n'était jamais un problème, elle aimait que l'on vive, fût-ce loin d'elle, mais que l'on vive vraiment. À la question : « Qu'est-ce qu'une bonne mère ? » elle avait répondu sans hésitation : « C'est une mère que l'on peut quitter. » C'est après sa mort que j'ai compris ce qu'elle voulait dire.

Non, décidément, LE deuil n'existe pas, et celui-ci est très particulier.

Le mort et ses archives

Il y a des morts plus ou moins encombrants. Françoise Dolto l'est de deux manières. La première, c'est la quantité d'archives, de documents, de livres qu'elle a laissés derrière elle, et tout ce qu'on écrit sur elle depuis sa mort. Il y a là un problème concret.

Françoise Dolto est surtout encombrante à cause des effets de transfert qui ne cessent pas avec la mort. Être son « ayant droit » me met dans une situation spécifique, très exposée. Parfois je me sens réduite au statut de lieu de projections multiples.

Au début, il est assez douloureux d'assumer un tel héritage, on se laisse blesser. Peu à peu j'ai compris qu'il me suffisait d'accepter d'être décevante et de ne pas trop m'en émouvoir. De toute façon, je ne peux pas correspondre aux multiples « bonnes filles de Françoise Dolto » que les gens ont dans la tête. Ce sont des choses qu'il m'a fallu travailler.

Le statut d'ayant droit est vraiment stupéfiant et... dangereux. Comment en effet ne pas déraper quand, parfois, on vous met en demeure de parler à la place du mort ? Une telle place implique une réflexion intense sur la question de la trace.

Décider à la place du mort, sans se prendre pour lui, sans perdre sa propre vie dans une posture de vestale, c'est un exercice particulier. On porte son mort en bandoulière, mais il est difficile de ne pas être heurtée par les coups qui lui sont destinés. On passe par des moments douloureux, on se trompe, au début surtout, on tâtonne. « Vous n'allez quand même pas censurer votre mère ! » s'écrient les uns d'un air outré. « Vous n'allez quand même pas laisser imprimer ça, elle se trompait quand elle disait cela, c'est mauvais pour son image ! » disent les autres, réprobateurs. On se rassure quand on comprend la place depuis laquelle ils parlent et ce dont ils ont peur... pour eux. Peur dont ils sont rarement conscients. L'important, c'est de ne pas avoir peur pour elle ni pour soi, et ce n'est pas toujours facile.

On entend parfois, concernant Françoise Dolto, des propos allant bien au-delà de la courtoisie que le débat scientifique suppose. Les convulsions de l'histoire de la psychanalyse sont parfois violentes. Il y a eu des moments houleux. Cette douleur appartient à l'intime.

On a cru qu'elle voulait prendre le pouvoir et elle a été attaquée violemment. Je peux dire avec certitude qu'elle n'a jamais eu ce désir-là. Elle n'était pas une femme de pouvoir. À l'époque de la dernière scission de l'École freudienne de Paris, en 1980, quelques mois avant la mort de Jacques Lacan, ce qui était le plus important pour elle comme pour nous, c'était la santé de notre père, Boris Dolto, gravement malade. On a pensé qu'elle voulait prendre le pouvoir alors qu'elle s'apprêtait à perdre son compagnon tant aimé.

Toute mon enfance, il a été question de scissions, de trahisons, d'amis qui ne vous saluent plus. D'une certaine façon, cela fait mûrir précocement, si mûrir c'est perdre ses idéaux et accepter que rares sont ceux qui disent ce qu'ils font et font comme ils disent. Jusqu'à preuve du contraire, Françoise et Boris Dolto étaient de ceux-là.

De tout cela j'ai acquis la conviction que les thérapeutes sont « enseignés » par leurs patients au moins autant que par leurs pairs, et la clinique nourrit sans cesse la théorie, qui se trouve à la fois combattue et fécondée par des échanges que je crois précieux. Derrière bien des enjeux théoriques, ce sont surtout des enjeux de pouvoir qui avancent masqués. Le débat actuel qui oppose psychanalystes et comportementalistes le montre bien. Pourtant, il me semble que les thérapeutes devraient faire cause commune autour de la réflexion sur le soin et la prévention. La vérité est forcément complexe, et chaque fois que les idées et les expériences sont mises au travail, débattues pour elles-mêmes, on avance.

Si Françoise Dolto savait défendre ses idées, elle n'était pas rancunière. Au point qu'il fallait parfois lui rappeler qu'Untel ou Unetelle lui avait fait du tort. C'était une de ses forces.

Françoise Dolto était méconnue parce que trop connue. Sa notoriété, cette moisissure, lui faisait de l'ombre. Pourtant, cela lui était tombé dessus sans qu'elle le cherche parce qu'une certaine manière militante de se penser psychanalyste citoyenne l'avait poussée sur le devant d'une scène médiatique où sa manière d'être avait séduit, bien malgré elle. Cette notoriété était un avatar de son choix de diffusion des idées et des connaissances auxquelles elle croyait. Elle a fait avec, mais elle en a souffert, beaucoup.

« Ayant devoir »

Françoise Dolto est encombrante dans la mesure où elle a abondamment parlé sans se préoccuper beaucoup de ce qu'on faisait de sa parole et de ses textes. Elle ne contrôlait pas ces choses-là. Elle était généreuse de sa parole comme du reste, grâce à quoi elle a laissé beaucoup de réflexions cliniques, d'observations sur les faits de société qui sont très précieuses.

Elle pouvait être naïve et imprudente. Parfois elle parlait trop vite, elle associait en analyste devant les autres, elle ne s'informait pas assez et il lui arrivait de se tromper. Pourquoi faudrait-il que Françoise Dolto fût infaillible ?

De son vivant, elle ne se prenait pas au sérieux et acceptait volontiers le débat et la critique. Par quel miracle une fois morte devrait-elle parler toujours juste ? Elle serait bien la seule.

Ce qui est difficile pour les morts, c'est qu'ils ne sont pas là pour nuancer leur pensée et parfois la défendre. Il me semble donc indécent d'attendre d'eux ce que bien peu de vivants réussissent. Je suis parfois surprise de l'intensité des débats autour de propos qu'elle a tenus, voire laissé imprimer, un jour en passant. Certains s'offusquent, d'autres cherchent mille significations, il me paraît plus simple d'accepter le fait qu'elle était humaine. Il me semble qu'elle y a droit.

Nous avons eu la chance de vivre une étonnante aventure : un lien de sang et d'amitié qui est resté vivant et changeant jusqu'à sa fin. Quand la gravité de sa maladie m'a mise en situation de prendre soin d'elle, elle s'amusait à parler de nous en disant : « Françoise et Catherine Dolto, alternativement mère et fille. »

L'essentiel, c'est ce qu'elle a dit et transmis de son travail clinique et théorique ; le reste relève de sa liberté et de sa vérité du moment. Elle y a droit. Là encore il s'agit de ne pas avoir peur à sa place, ce qui serait à proprement parler abusif puisqu'elle-même pensait que vivre, c'est se risquer et que les résistances sont le signe que l'on a dit quelque chose de juste et d'important. Être approuvée ne l'intéressait pas, elle voulait être entendue.

Je n'adhère pas à la « doltolâtrie fusionnelle » de certains, et même je la redoute. Je ne me sens pas blessée quand on la critique. Je trouve cela normal et même sain. Mais je souffre quand on l'insulte parce que là il ne s'agit plus de Françoise Dolto mais de ma mère. Au fil du temps, j'ai appris à trouver la bonne distance avec tout ce qui s'est noué autour de son œuvre et de sa personne.

Une femme est passée, une œuvre demeure. Comment faire face à ce reste-là avec dignité ? Comment être digne de ces parents-là ?

J'ai appris qu'être ayant droit, c'est avant tout être « ayant devoir ».

Catherine Dolto

7. Composition florale commandée par les enfants de Françoise Dolto et déposée sur sa tombe lors de ses funérailles, le 30 août 1988, au cimetière de Bourg-la-Reine. Le ruban porte l'inscription « Monsieur Passe-Passe ». Françoise Dolto avait inventé pour ses enfants des personnages, Papouf et Paula, qui habitaient dans une grande forêt. Ils avaient des compagnons : Tigrette la distinguée, Babarina l'éléphante, Serpolet le lapin, Irma la vache, le gros Taigle, et bien d'autres encore. Chacun avait une fonction précise : « Monsieur Passe-Passe » permettait ainsi de se sortir des situations difficiles. D'autres corbeilles de fleurs portaient, à l'enterrement, les noms des autres personnages. Une plus grosse gerbe, signée par « les petits êtres », faisait par ailleurs référence au discours du père Christophe Jean Dumont, lors du mariage de Françoise et Boris Dolto en février 1942 (voir p. 164).

6

6. Françoise et Catherine Dolto, Paris, août 1988.
« Je nomme pour exécuteur testamentaire ma fille Catherine, que j'investis de l'exercice des attributs de mon droit moral d'auteur sur l'ensemble de mes œuvres. »
Extrait du testament olographe de Françoise Dolto, 28 juillet 1988.

7

Yann Potin

« Je n'ai jamais gardé pour garder. »

« Je me rappelle : la surprise était quelque chose de tellement important dans ma vie que, quand j'avais gagné un petit peu d'argent, quand j'avais une bonne note et que mon père me donnait de gros sous, je les perdais dans la maison, pour les oublier. Je faisais ça exprès. C'était pour le plaisir, peut-être, de les retrouver, et même peut-être pas : la découverte de quelque chose est si agréable que je cherchais à me procurer le plaisir de découvertes. [...] Je cachais aussi, par exemple, une image qu'on me donnait, parce que je l'aimais beaucoup. C'était pour essayer de l'oublier, et pour avoir le plaisir de retrouver quelque chose que j'aimais. Je ne gardais pas, je n'ai jamais gardé pour garder. »
Françoise Dolto, *Enfances*

Garder pour oublier et se donner la possibilité d'être surpris par sa redécouverte : surprenante considération que la remémoration autobiographique fait advenir, jusqu'au paradoxe. Le souvenir des caches enfantines fraie assurément un passage au sein de la masse de papiers qui, vingt ans après sa mort, constitue les archives personnelles de Françoise Dolto.

La conservation, minutieuse sinon systématique, par une personne physique des traces que la vie accumule ne manque pas de susciter l'interrogation, voire la méfiance. Le spectacle de ce dépôt plus ou moins ordonné d'écrits et d'objets provoque à l'envi jugements moraux et certitudes : ces archives ne sont-elles pas la preuve d'une nostalgie maladive et d'un goût prononcé pour l'autocélébration, la marque d'un certain fétichisme matériel et d'une peur de la perte, et pour finir, les ferments d'un narcissisme de papier ? Au seuil de son *Autoportrait d'une psychanalyste*, Françoise Dolto a pu parler, avec une conviction que la bande sonore originale confirme, du « devoir pour les psychanalystes de livrer ce qu'ils peuvent livrer d'eux-mêmes ». Elle précisait aussitôt que ce devoir était « entaché d'un narcissisme, comment dire ?... tricheur ». Il n'y a pas de devoir d'archives et les trier peut être aussi une façon de tricher : le papier n'est pas plus transparent que la parole. Toutefois, il est plus aisé de contrôler un récit, oral ou écrit, y compris lorsqu'il est suscité par un tiers, que des reliquats matériels de soi-même que seule la mort achève de rassembler. Conserver et transmettre un ensemble de signes et de documents dont on n'est pas parvenu à se séparer, pour une raison ou pour une autre et sans en avoir claire conscience, c'est aussi prendre le risque de laisser parler ses propres silences pour faire de sa vie une œuvre ouverte.

Légendes de papier

« Elle n'était pas du tout collectionneuse dans l'âme [...] Pourtant, à sa mort, nous avons eu la surprise de découvrir qu'elle avait gardé toutes ses lettres d'enfant et de jeune femme, aidée en cela par notre grand-mère qui avait donné à chacun de ses enfants les lettres reçues de lui depuis sa naissance ainsi qu'un album de photographies remontant aux ancêtres, commenté et préparé avec soin en fonction de l'histoire et de la personnalité de chacun d'entre eux.

8. Moulage en bronze de la main gauche de Françoise Dolto, réalisé au moment de son décès, se refermant sur une boîte d'archives ancienne, remployée à plusieurs reprises.

De toute évidence, ces lettres avaient été à la fois protégées et oubliées. Jamais notre mère ne nous en avait parlé, ni quand elle avait écrit sur son enfance ni à la fin de sa vie quand nous avions eu tout le temps de préparer ensemble une séparation que nous savions inéluctable. » (Catherine, Grégoire et Jean Dolto, préface à *Lettres de jeunesse. Correspondance 1913-1938*, Gallimard, 2003)

Comment comprendre la surprise des enfants devant un héritage d'archives inattendu ? Cette accumulation méconnue de papiers n'était-elle donc pas visible du vivant de la mère ? Il est vrai que Françoise Dolto a occupé, à partir d'août 1942, le même appartement du 260 de la rue Saint-Jacques, soit quarante-six ans durant. La sédentarité favorise une sédimentation aveugle que les déménagements successifs interdisent. Retrouver par exemple aujourd'hui ce dossier contenant la totalité des brouillons de dissertations des épreuves d'un baccalauréat passé en 1925 ne laisse pas de surprendre. Au-delà des productions très personnelles que sont les agendas, les journaux intimes ou les correspondances, le réflexe de préservation – ou de dissimulation – s'est notamment concentré, pour Françoise Dolto, sur les traces de ses propres enfants. La collecte quotidienne et le classement chronologique des dessins et des notations enregistrant les paroles de Jean, Grégoire et Catherine semblent en effet avoir procédé d'une démarche systématique, à la limite de l'expérimentation archivistique et pédiatrique.

Tout n'a pas été conservé pour autant. Des pans entiers de l'activité de Françoise Dolto ont volontairement été voués à la destruction : les « archives du transfert », soit la totalité des dossiers des analysants, ont ainsi été systématiquement éliminées avant sa mort. À l'inverse, parce que issus d'une consultation publique et gratuite, les dossiers de l'hôpital Trousseau ont été conservés, en tant que documents scientifiques susceptibles de constituer une typologie précieuse de « cas ». Si le rapport de la psychanalyste à ses propres traces ne semble pas dissocier logiques de mémoire et d'oubli, leur préservation repose quant à elle sur une série d'habitudes que l'on prend et que l'on reçoit. Sur ce point, il est clair que Suzanne Marette a précocement communiqué à sa fille un goût pour la conservation des documents et une certaine culture de l'archivage, qui s'exprime dans les marges des lettres et des papiers, par des annotations effectuées la plupart du temps *a posteriori*.

Le réflexe qui consiste à légender ce qui n'est jamais encore tout à fait devenu « de l'archive » représente le signe le plus évident de cette joie de redécouvrir, dont Françoise Dolto attribue l'origine à son âme enfantine. Les retrouvailles inattendues avec les traces d'un passé oublié sont susceptibles de les transformer en autant de madeleines de Proust. Mentions et précisions factuelles, ou plus simplement chronologiques – ainsi des lettres datées après coup, car reçues sans date –, figurent en effet au recto ou au verso de bien des documents et des photographies qui peuplent ces « archives Dolto ». En éclairant leur contexte de production et de réception, ces « légendes » accomplissent un dédoublement des traces, qui dessine les linéaments fragmentaires d'une autobiographie qui ne s'est jamais écrite.

Une archi-vie ?

« D'abord, moi je ne me connais pas du tout, je suis incapable de parler de moi. » À de nombreuses reprises dans ses entretiens, la psychanalyste n'a pas hésité à renier le fameux précepte inspiré du frontispice du temple de Delphes. En adoptant, avec une ironie croissante, la chouette pour animal fétiche, n'avait-elle pas choisi Athéna plutôt qu'Apollon ?

Déniant curieusement toute forme d'efficience à ce « connais-toi toi-même » de Socrate, Françoise Dolto a sans doute préféré laisser parler ses archives à sa place, quitte à différer après la mort le surgissement du sens et d'une vérité sur elle-même, nécessairement partielle et contradictoire. Laisser, en somme, aux autres le soin de prolonger, à l'infini, « le plaisir des découvertes ». À rebours de la clôture que tout récit de vie impose, qu'il soit biographique ou autobiographique, le spectacle des archives et la lecture des pièces qu'elles contiennent offrent un accès irréductible à l'itinéraire d'une existence, au second degré. C'est à l'appréhension d'une « archi-vie », qui ne peut se dire que par le biais du fragment et de la trace, que ces *Archives de l'intime* sont consacrées.

Elles s'inscrivent dans la continuité de publications antérieures, également suggérées par la conservation d'archives qui parlent d'elles-mêmes. Le dévoilement des *Lettres de Jeunesse (1913-1938)*, publiées par l'éditrice Colline Faure-Poirée, en accord avec les enfants de Françoise Dolto, trois ans à peine après sa mort, en 1991, a initié, pour les trente premières années de sa vie, un travail de restitution autobiographique par délégation. La publication par Muriel Djéribi-Valentin, en 2005, des morceaux choisis d'*Une vie de correspondances (1938-1988)* a pour sa part donné un accès privilégié au versant professionnel de ce corps singulier d'archives, en contribuant à ouvrir le chantier d'une histoire archivistique de la psychanalyse en France dans la seconde moitié du XXe siècle.

Intimité d'archives

Si les correspondances forment la part la plus immédiatement lisible d'un fonds d'archives, c'est qu'elles n'en constituent que la part la plus visible. La perspective du centenaire de la naissance de Françoise Dolto offre l'occasion de déployer un large panorama sur la richesse et la variété d'un incroyable fonds documentaire. Les « légendes d'archives » constituent le fil d'Ariane de cet ouvrage, mais elles ne peuvent toujours se suffire à elles-mêmes. La découverte, au sein du fonds, d'une série de conversations inédites, inachevées mais partiellement retranscrites, entre Boris et Françoise Dolto, en présence parfois de leurs enfants, entre octobre 1979 et juin 1980, vient opportunément parfaire le travail de remémoration par les archives. Au seuil de cette autobiographie « à deux », Françoise Dolto, décidément convaincue par le pouvoir signifiant des traces différées, une fois encore, a inséré une légende : « J'expliquais à Boris que ce récit n'aurait peut-être pas d'intérêt maintenant, mais pourrait en avoir avec le temps, parce que c'est un couple qui traverse, en fait, une grande partie du siècle. »

Le commentaire donne opportunément un titre à cette « Traversée du siècle », ou paroles échangées par un couple un an avant que la mort ne le sépare, et dont des extraits parsèment l'ouvrage en regard des documents sélectionnés. Se dresse ainsi un genre d'autoportrait fragmenté, incessamment recommencé, car toujours inachevé. En contrepoint des images anciennes, la remémoration s'inscrit également dans l'espace colorisé des photographies de Valentine Vermeil. Le pouvoir de résonance de l'archive se trouve par là démultiplié, lorsque les images du passé sont confrontées à celles du présent, la trace écrite au fragment oral, et la mémoire fixée sur le papier à celle que reconstruit la parole vive. Reste à qualifier l'ensemble de ces traces, qui méconnaissent, presque heureusement, toute distinction artificielle et arbitraire entre vie privée et vie publique, entre science de l'autre et conscience de soi. À proprement parler, ces archives ne sont pas intimes, ni même strictement personnelles, dans la mesure où elles gardent l'empreinte du couple ou celle des gestes des enfants. Elles donnent en revanche accès *à l'intime*, en tant qu'un intérieur superlatif échappant par nature à toute forme de matérialisation. À l'image de cet ange gardien évoqué au début d'*Enfances*, qui « faisait le joint entre le milieu des perceptions que je connaissais et le monde des gens qui n'ont plus de corps, ou qui n'en ont pas encore ».

Yann Potin

9. Papier à en-tête du docteur Françoise Dolto présigné, sans date (1987-1988).

« Le passé s'efface pour moi, enfin s'efface... »

Françoise Dolto : « Au fur et à mesure que je vis, le passé s'efface pour moi, enfin s'efface..., il ne s'efface pas dans mon souvenir complètement... mais la veille perd de l'intérêt par rapport au lendemain, j'ai quelque chose qui me donne même une certaine tension, de préparer... Une fois que c'est terminé, ça m'est devenu totalement indifférent, d'une minute à l'autre on pourrait dire, quand quelque chose est terminé, je ne m'en souviens même pas. Je fais un voyage, je fais des conférences qui m'ont un peu tracassée avant et pendant, mais, immédiatement fini je n'y pense plus du tout, c'est fini complètement. Je suis projetée dans le futur, tout le temps. Dans le futur, ou beaucoup plus dans le présent, je dois dire. Je ne sais même pas la veille ce que je vais faire le lendemain, je le sais vaguement, mais c'est mon calepin qui le sait.

[...] Je n'ai jamais un souci, je suis à ce que je fais, pendant que je le fais, aux gens que je rencontre pendant que je les rencontre. J'étais déjà un peu comme ça, mais alors maintenant encore plus. Prête à la surprise... et puis un peu désolée. J'ai des horaires tels qu'il n'y a pas beaucoup de place pour les surprises, mais il y en a toujours, si on veut, il y a tel jour telle chose... mais j'ai des rendez-vous. Parce qu'avec ce métier on est bloqué par des rendez-vous, et alors je le marque, je me dis : on ne sait pas, avec une espèce d'idée fataliste. Si c'est écrit, j'ai toujours cette idée, si c'est dans le destin, ça se fera. Alors j'ai décidé de le faire, mais j'ai des obligations qui m'en empêchent... On ne sait jamais : je le marque. » Extrait de « Traversée du siècle »

DOCTEUR FRANÇOISE DOLTO
260, RUE St JACQUES . PARIS . Ve
DANTON 96-89

SUR RENDEZ-VOUS

Dolto

9

SIGNES D'IDENTITÉ

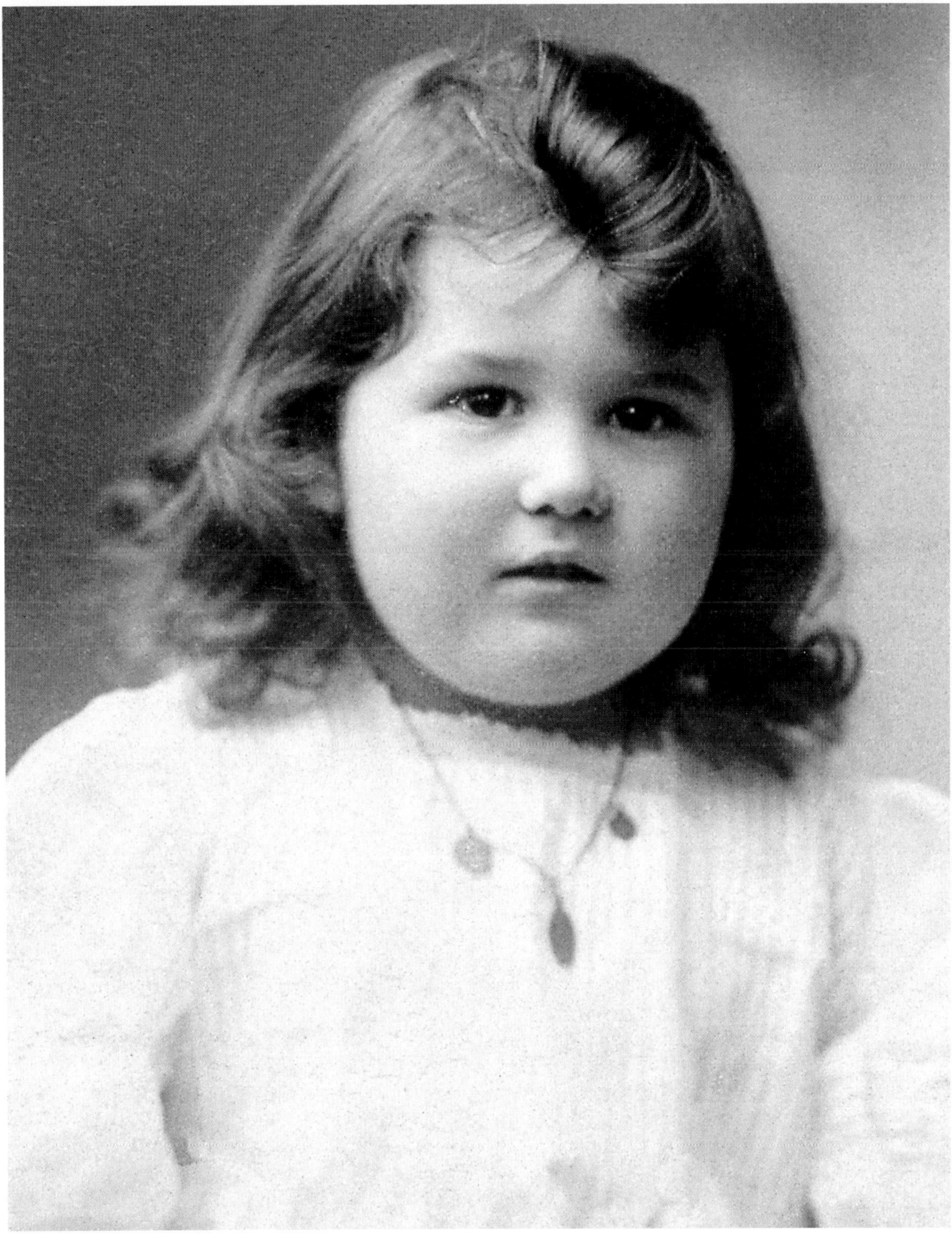

1

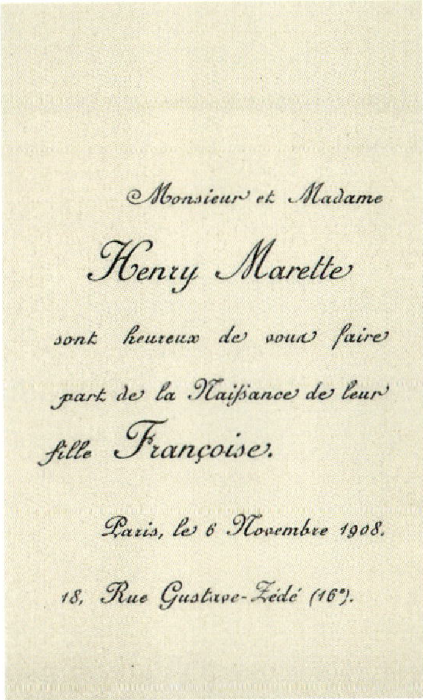
Monsieur et Madame
Henry Marette
sont heureux de vous faire
part de la Naissance de leur
fille Françoise.
Paris, le 6 Novembre 1908.
18, Rue Gustave-Zédé (16e).

3

1. 1910. « Françoise, 2 ans. Je suis ta bonne Vava » (extrait de l'album réalisé par Suzanne Marette).

2. 1909. Françoise dans les bras de sa mère. « [Suzanne Marette] : "Elle s'appelle Françoise parce que j'ai voulu lui donner comme patron saint François d'Assise et pas du tout sainte Françoise. Saint François d'Assise vivait avant le schisme, sainte Françoise ne m'intéresse pas du tout". Saint François, lui, est un saint reconnu par les protestants. » Extrait d'*Autoportrait d'une psychanalyste*

3. Faire-part de naissance de Françoise Marette. On peut noter l'absence de son second prénom, Marguerite, qui est aussi celui de sa grand-mère Demmler, dite « Do », née Secrétan. « Je suis née à la maison, avec une sage-femme qui s'appelait Mme Paunet et qui était une brave femme qui a accouché maman de tous ses enfants jusqu'à Philippe. [...] Tout était prévu pour le travail de la sage-femme, en particulier la cafetière. [...] C'était sacré. Et, quand il n'y avait pas d'accouchement, elle restait dans un coin de placard. » Extrait d'*Autoportrait d'une psychanalyste*

Une cartographie officielle de l'intime

La confondante banalité du « papier d'identité » n'est-elle pas trompeuse ? Faire-part de naissance ou lettre d'admission, carte d'identité ou d'adhésion, livret scolaire, professionnel ou familial, passeport et laissez-passer, certificat ou attestation, photographie individuelle ou collective circonscrivent, il est vrai, une surface identitaire résolument étanche. Situés à la jonction indistincte de la vie privée et de la sphère publique, ironiquement matérialisée par la marque envahissante et géométrique des tampons sur les photographies, ces documents personnels peinent à masquer leur irréductible impersonnalité. La panoplie de signes ainsi déployée dessine une cartographie officielle de l'intime, aussi florissante que stérile, aussi fondamentale qu'artificielle, où l'identité se trouve réduite à l'identification, le nom à la dénomination, la description au formulaire, et le portrait au signalement.

Le théâtre de la représentation de soi se confond ici avec le contrôle des corps, sous-tendu par une société moderne encadrée par l'État, et dont l'histoire fort récente rencontre indirectement l'itinéraire de la jeune Françoise Marette. Au lendemain du premier conflit mondial, le port obligatoire d'une « carte d'identité », auparavant réservé aux seuls ressortissants étrangers, s'applique, à partir de 1921, à tous les citoyens français. Le destin de Boris Dolto, émigré russe arrivé à Paris l'année suivante, est longtemps soumis à l'exhibition de ces titres officiels : aux usines Renault comme à la Sorbonne, il lui faut justifier d'une présence que seule l'obtention, en 1929, d'un certificat de naturalisation rendra définitive.

Qu'il soit policier ou scolaire, le pouvoir de représentation du signe d'identité n'est pas le seul privilège de la puissance publique. Délivré gratuitement depuis 1877, matérialisant la laïcisation du mariage et la porosité des frontières entre le privé et le public, le livret de famille assure ainsi une forme de délégation d'autorité. Investis par l'institution familiale dès la naissance, à travers les faire-part, les instruments coercitifs de l'identité s'épanouissent et se figent à travers ces portraits de famille si faussement ordinaires, où l'individu n'existe que par sa place dans un groupe polarisé par le couple parental. Est-ce un hasard si Françoise Marette occupe ici une position marginale ?

Identités appropriées, archives incorporées

Marque nominale de l'anonymat tant qu'il est « en règle », c'est-à-dire juridiquement valide, le signe d'identité est pourtant susceptible, avec le temps, de sédimenter la mémoire. Rafistolés avec du Scotch ou accumulés dans un tiroir, les signes périmés de l'identité forment ainsi le socle d'une histoire, en pointillé sans doute, mais offrant une vue cavalière imprenable sur le parcours d'une vie. Quoi de plus intime que le contenu de ce portefeuille ? Porté au plus près du corps, réceptacle jaloux des secrets et des images aimées, il semble retourner contre le « papier d'identité » son terrible pouvoir d'impersonnalité. Y. P.

4. « La famille Henry Marette en 1936 : Françoise, Philippe, André, Jean, Pierre, Jacques [en haut], Yvonne, Suzanne, Nicole, Henry, Jacqueline [en bas] » (extrait de l'album réalisé par Suzanne Marette). La photo annuelle du groupe familial fut un des grands rituels de la famille Marette.

Françoise Dolto : ***« Lui, de la Russie jusqu'ici, et moi de la bourgeoisie très traditionnelle, arriver à une vie très ouverte… C'est tout de même intéressant de voir ce cheminement d'une personne, et notre rencontre, […] »***

Extrait de « Traversée du siècle »

5. « Boris en Russie à 13 ou 14 ans, 1913.
À gauche sa mère, et deux de ses oncles »
(au dos, de la main de Françoise Dolto).

Boris Dolto : ***« Toute cette région de Kouban, c'était les anciens cosaques de Tarass Boulba où le nom de mon père, les ancêtres de mon père étaient des Do l'oto*** – do l'oto, ***c'est-à-dire « outil à sculpter le bois ». Et puis, alors, entre Poltava et le Sud, le transcripteur a mis Dolto au lieu de Do l'oto,*** do l'oto ***ç'a un sens et*** dolto ***ça ne signifie rien, pas plus qu'en français,*** dolto ***ça ne signifie rien, on se demande ce que c'est, on dit plutôt que c'est italien ».***

Extrait de « Traversée du siècle »

5

« Il faut qu'elle soit de son époque. »

Françoise : ***Alors à ce moment-là, il a été question que je fasse la classe de philosophie, puisque j'étais reçue au premier bac. Mais ce petit cours n'en faisait pas. [...] Alors ma mère a dit : « Écoute, avec un précepteur, parce que je ne vois pas... Si Françoise s'en va avec des filles de n'importe où, comme elle est, qu'est-ce qu'elle va nous rapporter comme idées, avec déjà toutes les idées qu'elle a ! » Et mon père a dit : « Mais non, Suzanne, écoute, vraiment, il faut qu'elle soit de son époque. Il y a beaucoup de filles qui vont au lycée, pourquoi est-ce qu'elle ne pourrait pas aller au lycée Molière ? »***

Et c'est comme ça que j'ai été inscrite pour la classe de philo au lycée Molière, que j'ai fait là ma philo. Et j'ai eu là comme professeur de philo une femme assez remarquable, qui était un petit peu bossue, infirme, qui était une amie de Paul Valéry... enfin du moins elle en parlait beaucoup, et qui s'appelait Mme Dugas, qui est assez connue pour tous les gens de l'époque, une Sévrienne. Et j'ai trouvé des professeurs fort intelligents, et j'ai été très intéressée par ces troupeaux de filles qui me sidéraient. Moi, je n'avais jamais vu tant de filles à la fois... et qui étaient très bébé, enfin déjà cultivées mais très bébé, de mœurs, et je ne voyais pas ces filles qui se pinçaient, qui parlaient de leurs règles, qui parlaient de leurs amoureux, et moi ça me semblait un milieu absolument... je serais tombée, je tombais dans une autre planète. Alors, elles se moquaient un peu de moi et, en même temps, j'étais bonne élève, j'avais toujours de bonnes idées... Enfin je me suis fait de bonnes amies, d'ailleurs, que j'ai gardées, et que je revois de temps en temps. Mais ç'a été quelque chose d'étonnant, à ce moment-là, et j'ai naturellement trouvé, cherché des filles qui pouvaient entrer dans l'orchestre que nous avions à la maison. Il y avait une fille qui était violoniste et qui est venue, mes parents m'ont dit : « Mais qu'est-ce que tu nous amènes là ? » C'était la fille d'un tonnelier. Alors, je dis : « Elle est musicienne ! – Bon, il faut que tu te débrouilles pour qu'elle ne vienne plus. » C'était le désespoir : comment faire pour dire à cette fille... ? Elle l'a senti d'elle-même, elle m'a dit un jour : « Mais, Françoise » (on se disait vous ***dans les lycées à ce moment-là), « vous ne comprenez pas que moi je suis fille de prolétaires ? – Mais, prolétaires, qu'est-ce que ça veut dire ? – Comment, vous ne savez pas ce que ça veut dire*** les prolétaires ***? » J'ai regardé dans le dictionnaire, mais à cette époque-là il n'y était pas. Alors, j'ai demandé à mon père ce que voulait dire « prolétaire », mais comme j'ai demandé à table, ma mère a dit : « Quoi ! Qu'est-ce que c'est encore que ce mot-là ? Oh, mais elle a des idées révolutionnaires, cette fille ! » Tout simplement, je demandais le sens d'un mot ! Bon, et ma mère m'a fait une scène parce que j'avais amené une fille comme ça à la maison, une fille comme ça qui était musicienne et qui jouait du violon, mais qui n'était pas du milieu bourgeois. Et moi je ne comprenais pas.***

Extrait de « Traversée du siècle »

6. « Classe de philosophie - Lycée Molière (1924-1925). S. Paggi, D. Bloch, S. Lévy, G. Vivès, F. Marette, D. Labour, Y. Belmonte, E. Lafargue, P. Lafargue, J. Herrenschmidt, Y. Massat [1er rang], A. Karcher, E. de Lenclos, S. Dureteste, H. Aghion, L. Ruyters, M. Lenoir, G. Mariani, D. Landowski, A. M. Aichinger, L. Vialla [2nd rang], P. Kanony, Mlle Hécard, Mme Flobert, Mlle Scott, Mlle Kaisel, P. Duroux, O. Thisse [assis]. Manquent : Y. Challiot, V. Weill, O. Bernard et F. Bezançon, morte le 1er mai 25 » (au dos, de la main de Suzanne Marette).

6

7

7. Carte d'inscription à la faculté des sciences de Paris, année scolaire 1931-1932. « Étudiant 914-13. Certificat d'études physiques, chimiques et naturelles. »

Boris Dolto : un cosaque en France

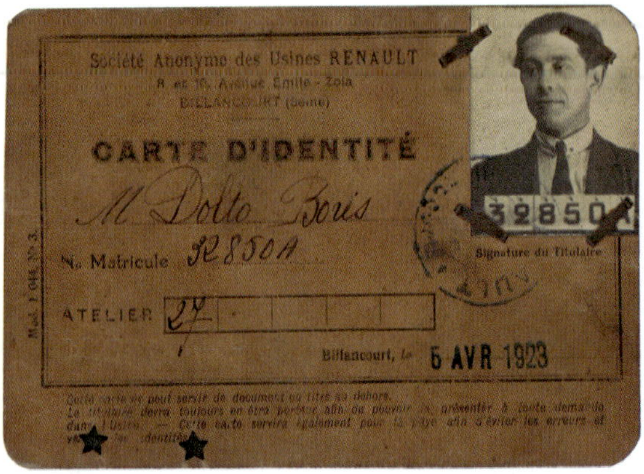

8

9

8. Carte d'identité ouvrière de Boris Dolto, 1923. « Nº Matricule 32 850 A. Atelier 27. Société anonyme des Usines Renault. »

9. « Devant son tour » (au dos, de la main de Françoise Dolto), sans date (1923 ?).

Après son départ de Russie, en 1916, Boris Dolto fait une première étape à Tunis où il travaille en qualité de tourneur.

Boris : ***Il y avait Balant, c'est Balant qui était comptable de banque et qui en avait marre de rester en Tunisie. Il avait appris qu'il pouvait avoir une meilleure situation en France. […] Je lui ai demandé où je pouvais aller chercher une place, quand je commençais à dire que je voulais moi aussi aller en France, il m'a répondu : « Mais, viens ! Tu vas loger à la maison, le temps qu'il te faudra pour trouver du travail. Moi je m'en vais là-bas, viens avec nous, viens avec le groupe ! » Il y avait encore deux ou trois Français qui partaient avec nous, et puis il y avait trois Russes dont un qui m'a fait mon portrait, il était dessinateur.***

[…] J'ai acheté le billet, Balant m'a laissé son adresse, il est parti peut-être deux jours avant nous, et il m'a dit : « Dès que tu arrives à Paris… Tu arriveras en bateau à Marseille, tu prendras le train, tu arriveras à Paris et tu demanderas comment faire le chemin par autobus, ou par train, pour arriver jusqu'à chez moi. » […] C'est lui qui était la cheville par laquelle je décidai de venir à Paris.

[…] Et le lendemain, je suis allé à l'atelier de Peugeot, à Issy-les-Moulineaux et près de l'hôtel des Trois-Étoiles. J'avais mes papiers professionnels d'ajusteur-tourneur, et alors on passe toujours une épreuve : le cône et le filtrage. C'était l'épreuve, en somme, de capacité professionnelle. Je suis tout de suite reçu. Puis ils me donnent une pièce qu'il fallait faire en quinze minutes, parce que, là où j'ai travaillé, en Tunisie, je faisais une pièce délicate, subtile, mais le temps ne comptait pas. On me donne cette pièce à faire en quinze minutes, et j'en ai mis trente-cinq. Alors j'ai dit aux camarades qui étaient à droite et à gauche : « Vous le feriez en quinze minutes ? – Mais non, ne t'en fais pas ! On tâte le caractère, ici, surtout de ceux qui arrivent ! » Alors, mon caractère était mauvais, puisque je suis allé voir le contremaître et je lui ai dit : « Voilà, j'abandonne ma paye de quinze jours si quelqu'un de vos compagnons les meilleurs fait devant moi cette pièce. » Devant son embarras, je lui dis : « Bon ! Je vais voir l'ingénieur. » Je suis donc allé voir l'ingénieur-chef et lui ai dit : « Écoutez, moi j'ai fait du travail artisanal et je n'ai jamais travaillé aux pièces en série. Donc, je suis ennuyé, mais est-ce que c'est mon insuffisance, ou… » Alors ils me disent : « On vous ajustera la paye ! – Ça fait une semaine que je suis là, j'essaye de faire ces pièces qui m'abrutissent au plus haut point… Non, moi, je veux faire un travail fin, mais je n'ai pas l'habitude de travailler en série. Et je ne demande pas la charité, je veux savoir si je suis capable ou non : que quelqu'un de vos compagnons le fasse en temps voulu ! »

Ça avait l'air de négocier à vide, alors je n'ai eu que le pont d'Issy-les-Moulineaux à traverser pour aller chez Renault. Je passe l'essai, on me prend, tout de suite. Et on travaillait en deux équipes, à ce moment-là, c'était un travail à grand débit, et je suis tombé sur le filtrage et le cône, sur le vilebrequin de 40 Cv, celle qui était la grande machine de l'époque. J'étais avec un compagnon, et ça marchait si bien qu'on pouvait aller se promener une demi-journée, puisqu'on était aux pièces. […] À deux, on avait tellement d'heures supplémentaires qu'on pouvait aller se promener.

Alors, je trouvai un hôtel, l'hôtel Saint-Marcel, 13, rue du Fossé-Saint-Marcel, une petite chambre, sans chauffage, mais avec gaz. Alors je me suis accordé avec la patronne qui était une Normande très sympathique, de cette souche vieille Normandie, pas très cultivée, mais d'une intelligence extraordinaire. Elle me racontait ses histoires d'Avranches, elle était d'Avranches. Donc, je commençais à chercher comment me débrouiller, parce qu'il fallait trouver du travail du soir, pour aller faire le PCEM [Premier cycle d'études médicales] 1re année. Car j'avais toujours en tête de faire ma médecine, mais il fallait vivre en même temps. Alors finalement, pendant les vacances, je travaillais chez Renault, mais il fallait trouver pour l'année scolaire, alors je me suis dit : « Quels sont les métiers ? » Et il y avait le Yiddish Journal *dirigé par un Juif russe, avec qui j'ai sympathisé, et j'ai distribué* Parizer Haint, *qui était un journal en yiddish, et puis un journal russe, un hebdomadaire littéraire, une fois par semaine. J'ai emprunté de l'argent pour acheter une bicyclette, j'ai pris la meilleure, n'osant pas prendre une motocyclette car il n'y avait pas de petits modèles, et je n'étais pas habitué à conduire une grosse, et puis ça coûtait moins cher. Je commençais donc à être distributeur de journaux de Paris. Les éditions étaient rue du Croissant, juste à côté du coin où Jaurès a été tué. Et puis j'avais quitté l'usine pour me libérer la journée pour aller faire le stage à l'hôpital. Sur les conseils de mon oncle Paul, qui avait la première chaire d'endocrinologie à Moscou, je voulais faire la neuropsychiatrie.*

Alors, pendant ce temps, il fallait avoir une naturalisation. Je me suis inscrit, d'abord, pour faire le diplôme universitaire, parce qu'on me disait qu'il y aurait peut-être une équivalence, et puis tout à coup, en troisième année, on a dit qu'il n'y aurait pas d'équivalence pour les immigrés russes. Il fallait passer le bachot français et refaire les deux dernières années de médecine... Je l'ai passé avec options latin-russe-allemand, j'ai travaillé pendant trois mois, et j'ai finalement été naturalisé en 29.

Extrait de « Traversée du siècle »

10. Quatre photomatons de Boris Dolto, sans date (début des années 1930).
Boris : « Et maman m'a dit [...] : "Tâche d'aller à Paris, ville merveilleuse, la plus belle ville du monde où règne l'esprit ! " ».
Extrait de « Traversée du siècle »

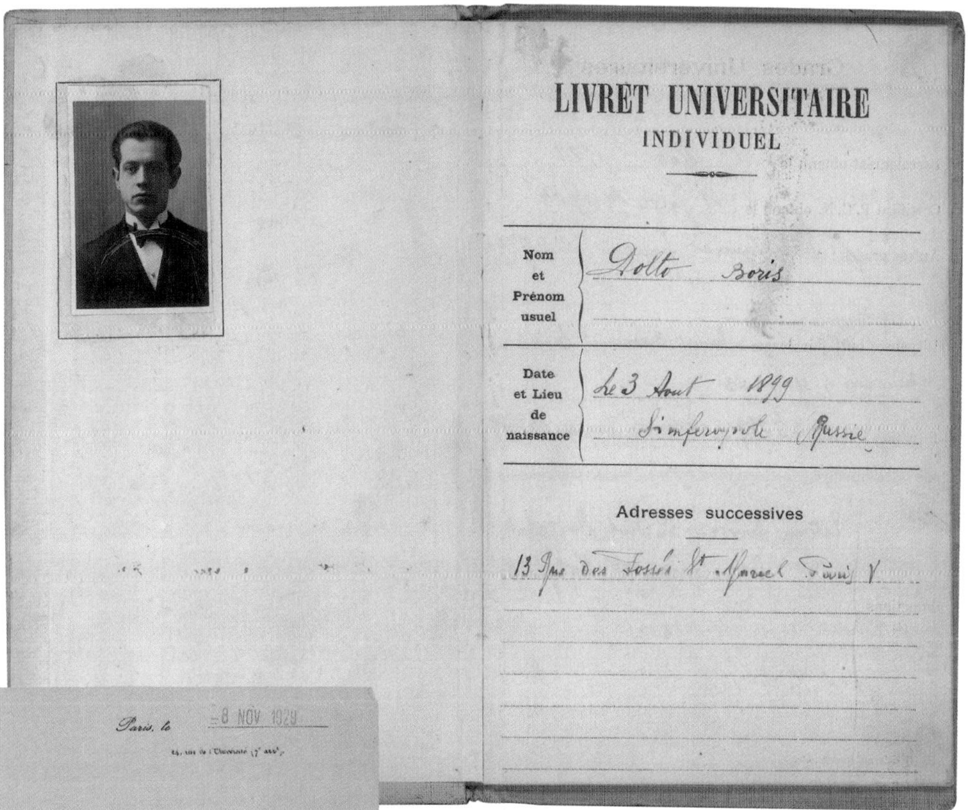

LIVRET UNIVERSITAIRE
INDIVIDUEL

Nom et Prénom usuel : Dolto Boris

Date et Lieu de naissance : le 3 Aout 1899 Simferopol Russie

Adresses successives

13 Rue des Fossés St Marcel Paris V

11

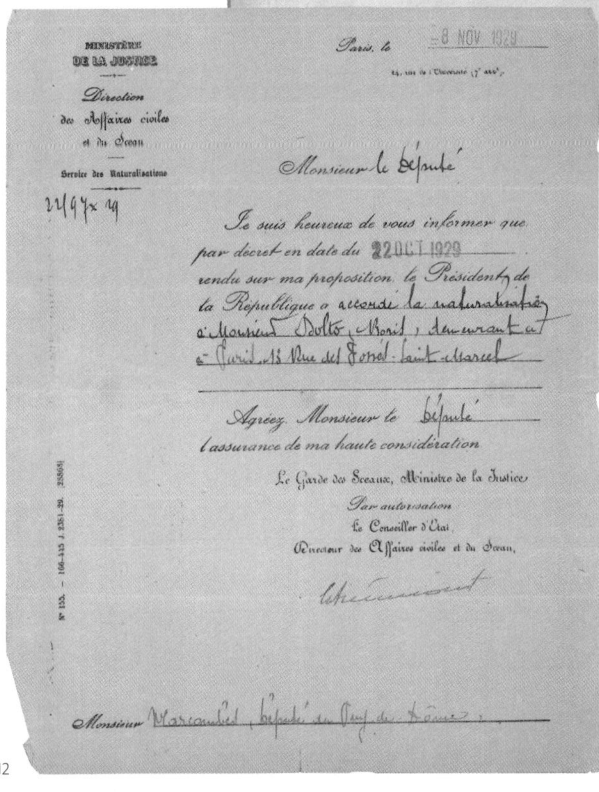

MINISTÈRE DE LA JUSTICE
Direction des Affaires civiles et du Sceau
Service des Naturalisations
22497 x 29

Paris, le 8 NOV 1929
24, rue de l'Université (7e arr.)

Monsieur le Député

Je suis heureux de vous informer que par décret en date du 22 OCT 1929 rendu sur ma proposition, le Président de la République a accordé la naturalisation à Monsieur Dolto, Boris, demeurant à Paris, 13 Rue des Fossés-Saint-Marcel

Agréez, Monsieur le Député l'assurance de ma haute considération

Le Garde des Sceaux, Ministre de la Justice
Par autorisation
Le Conseiller d'État,
Directeur des Affaires civiles et du Sceau,

Monsieur Marcombes, député du Puy de Dôme.

12

11. Livret universitaire, année 1930-1931. « Nº de dossier 3262 C. Dolto Boris. [Né] le 3 août 1899 [à] Simféropol, Russie. 13 rue des Fossés-Saint-Jacques, Paris V^{e}. »

12. Acte de naturalisation de Boris Dolto, 22 octobre 1929.

Boris : ***« Un petit garçon de neuf ans, blond, adorable, angélique ! Il me dit cette phrase : "Non, non, vous êtes un bon médecin, vous me faites mal pour me faire du bien, continuez !" Vous ne trouvez pas que c'est merveilleux d'entendre une phrase pareille ? »***

Extrait de « Traversée du siècle »

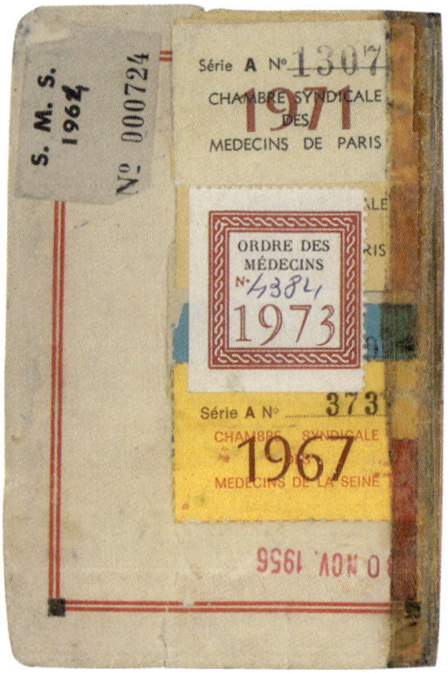

13. Cartes de l'ordre national des médecins de Boris et Françoise Dolto.

Françoise : ***« "Maintenant, comment est-ce que je peux travailler immédiatement comme médecin ? – [l'employée :] Il faut aller vous faire enregistrer à la préfecture." J'étais à la préfecture le jour même, le 11 juillet 1939. Ils ont bien rigolé en voyant une dame qui avait passé sa thèse juste deux heures avant et qui venait aussitôt. J'ai dit : "Écoutez, moi je suis pressée ! J'ai fait médecine pour pouvoir travailler et je veux travailler." »***

*Extrait d'*Autoportrait d'une psychanalyste

« J'avais donc soutenu ma thèse le 11 juillet et la dernière séance a eu lieu le 12 ou le 13, ils m'ont élue à l'unanimité membre titulaire de la Société psychanalytique de Paris. [...] Auparavant j'avais fait un "topo" clinique, qui m'avait fait admettre comme membre adhérent. Et je continuais ma formation, ce pour quoi j'avais donné ma parole, parce que, comme j'avais été boursière, j'estimais que je leur devais d'être psychanalyste d'adultes. On n'était pas psychanalyste d'enfants. »

*Extrait d'*Autoportrait d'une psychanalyste

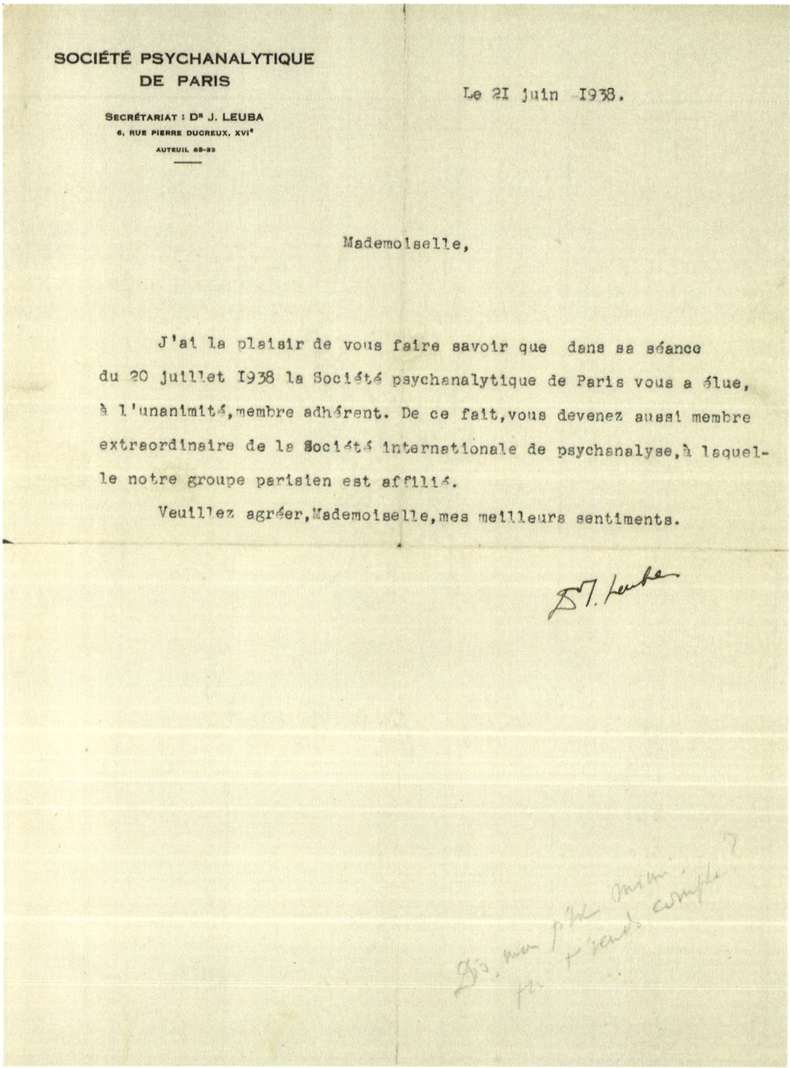

SOCIÉTÉ PSYCHANALYTIQUE
DE PARIS

SECRÉTARIAT : Dr J. LEUBA
6, RUE PIERRE DUCREUX, XVIe
AUTEUIL 68-33

Le 21 juin 1938.

Mademoiselle,

J'ai le plaisir de vous faire savoir que dans sa séance du 20 juillet 1938 la Société psychanalytique de Paris vous a élue, à l'unanimité,membre adhérent. De ce fait,vous devenez aussi membre extraordinaire de la Société internationale de psychanalyse,à laquel-le notre groupe parisien est affilié.

Veuillez agréer,Mademoiselle,mes meilleurs sentiments.

14. Lettre d'admission, comme membre adhérent, de Françoise Marette à la Société psychanalytique de Paris, 21 juin 1938. John Leuba est alors secrétaire de la SPP. Il a connu Françoise Marette au sein du « Club des piqués » qui réunissait les analysants de René Laforgue.

« Le 21 juin 1938
Mademoiselle,
J'ai le plaisir de vous faire savoir que dans sa séance du 20 juillet [juin] 1938 la Société psychanalytique de Paris vous a élue, à l'unanimité, membre adhérent. De ce fait, vous devenez aussi membre extraordinaire de la Société internationale de psychanalyse, à laquelle notre groupe parisien est affilié.
Veuillez agréer, Mademoiselle, mes meilleurs sentiments.
Dr J. Leuba

Dis, ma p'tite Mimi, tu t'rends compte ?
[au crayon à papier, en bas à droite,
de la main de John Leuba] »

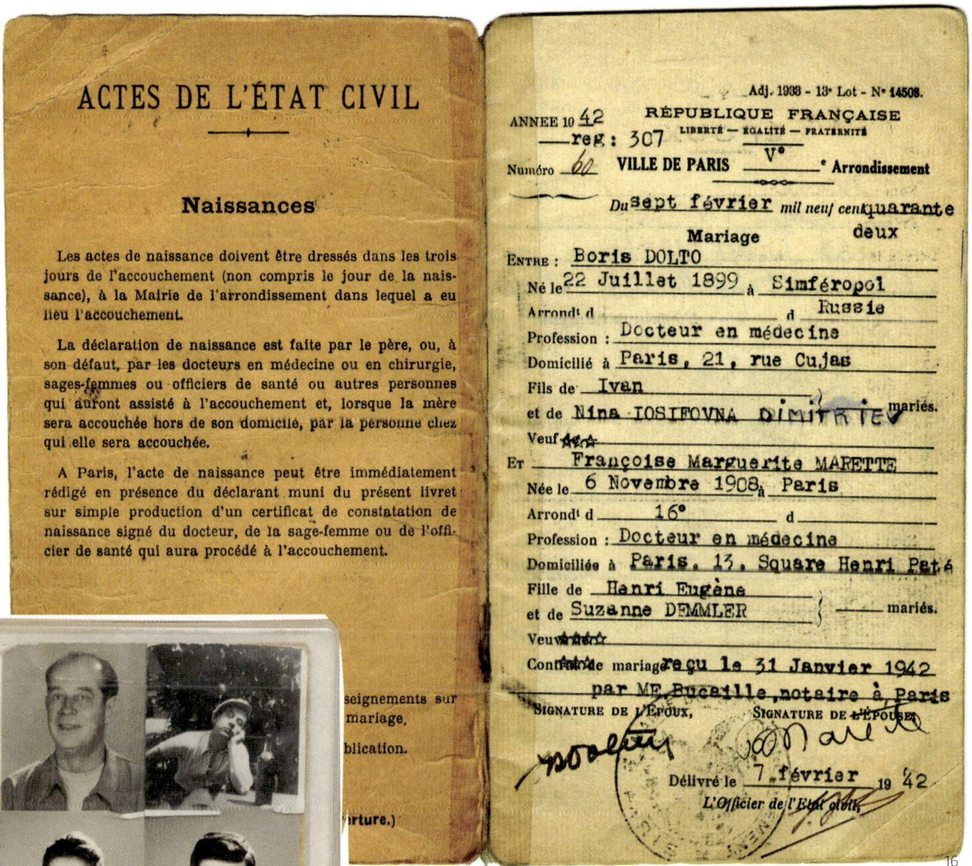

ACTES DE L'ÉTAT CIVIL

Naissances

Les actes de naissance doivent être dressés dans les trois jours de l'accouchement (non compris le jour de la naissance), à la Mairie de l'arrondissement dans lequel a eu lieu l'accouchement.

La déclaration de naissance est faite par le père, ou, à son défaut, par les docteurs en médecine ou en chirurgie, sages-femmes ou officiers de santé ou autres personnes qui auront assisté à l'accouchement et, lorsque la mère sera accouchée hors de son domicile, par la personne chez qui elle sera accouchée.

A Paris, l'acte de naissance peut être immédiatement rédigé en présence du déclarant muni du présent livret sur simple production d'un certificat de constatation de naissance signé du docteur, de la sage-femme ou de l'officier de santé qui aura procédé à l'accouchement.

...seignements sur ... mariage.

...blication.

...rture.)

Adj. 1938 - 13e Lot - N° 14508.

ANNEE 19 42
reg : 307

RÉPUBLIQUE FRANÇAISE
LIBERTÉ — ÉGALITÉ — FRATERNITÉ

Numéro 60 VILLE DE PARIS V° Arrondissement

Du sept février mil neuf cent quarante deux

Mariage

Entre : Boris DOLTO
Né le 22 Juillet 1899 à Simféropol
Arrond^t d Russie
Profession : Docteur en médecine
Domicilié à Paris, 21, rue Cujas
Fils de Ivan
et de Nina IOSIFOVNA DIMITRIEV mariés.
Veuf

Et Françoise Marguerite MARETTE
Née le 6 Novembre 1908 à Paris
Arrond^t d 16°
Profession : Docteur en médecine
Domiciliée à Paris, 13, Square Henri Paté
Fille de Henri Eugène
et de Suzanne DEMMLER mariés.
Veuve

Contrat de mariage reçu le 31 Janvier 1942 par Me Bucaille, notaire à Paris

Signature de l'Époux, Signature de l'Épouse

Délivré le 7 février 1942
L'Officier de l'État civil,

16

15

15. Livret de famille de Françoise et Boris Dolto, délivré le 7 février 1942.

16. Portefeuille de Françoise Dolto (au dos des six photos d'identité est collée une effigie de Padre Pio).

LE CORPS ET SES EMPREINTES

1. 1929. Françoise Marette à l'âge de 20 ans.

2. 1900. Suzanne Demmler (Marette) à l'âge de 20 ans.

Portrait en corps d'une jeune fille de vingt ans à la pause inattendue. Les paumes retournées, disposées à se livrer ou à bondir, semblent vouloir nous toucher, presque autant que le regard cherche à nous faire rire. Que désirent ces mains lancées vers l'avant, sinon inscrire leur empreinte à la surface du miroir photographique ? La générosité du geste est comme la promesse d'un contact des corps. Tout le contraire de la mère, au même âge : les mains sont dissimulées, le regard emprunté et la tête rejetée en arrière. Comme pour se déprendre du « corps à corps » qu'elle n'a pu refuser à sa fille Françoise de huit mois, tenue un nuit durant contre son sein pour la sauver d'une pneumonie mortifère, provoquée par le départ d'une nurse irlandaise frivole, mais assurément libre de son corps. Saisis par la photographie, corpulence et incarnation se figent en une image lisse et plane, peut-être trop consciente d'elle-même. La masse des archives accumulées est susceptible, à l'inverse, de restituer les reliefs intérieurs et les empreintes d'un corps dont elle prolonge l'épaisseur organique.

Avec les traits de la plume, la « tirade du ventre » à la Cyrano fait surgir, sur un mode ironique, le complexe fondateur d'une adolescence « corpulente ». En contrepoids du pastiche, la courbe rigoureuse des kilogrammes donne à voir la violence du régime amaigrissant auquel la jeune femme fut astreinte un an durant, à la veille de ses vingt-trois ans. Avec une précision médicale qui n'est pas encore celle de l'étudiante en anatomie, explorant trois ans plus tard les contours intérieurs de l'oralité, Françoise Marette se fait précocement archiviste de son corps et enregistre, jour après jour, sur de petits carnets, les coordonnées métaboliques de sa physionomie.

Avec les traits du crayon, la main scrute le corps des autres, « comme si [ses] yeux touchaient ». Cet œil tactile est déjà celui de la psychanalyste des *infans*, êtres sans paroles dont il faut saisir les langages du corps. Le jeu de l'analyse physiognomonique auquel le docteur Marette se prête en 1941 apparaît-il alors si incongru ? Librement inspirée par le savoir archaïque de l'« *art de connaître les hommes d'après les traits de leur physionomie* », immortalisé deux siècles plus tôt par l'ouvrage *La Physiognomonie* de Johann Caspar Lavater, sans qui il n'y a ni Balzac ni Proust, Françoise apprend déjà à décoder les formes du visage et les gestes du corps en un texte lisible. Armée de ce même regard empirique et fulgurant, elle affrontera plus tard le spectacle de la mort des parents, en dressant leur profil sous les traits de gisants sobres et apaisés.

En cette même année 1941, le docteur Marette s'apprête à devenir Françoise Dolto, c'est-à-dire à faire corps avec celui qui « écoute la musique des muscles ». À la tête de l'École française d'orthopédie et de masso-kinésithérapie (Éfom), depuis la mort de son maître Philippe Émile Kopp en 1931, Boris Dolto est, cinquante ans durant, le spécialiste incontesté d'une « kinésithérapie » à laquelle il contribue à donner un nom et une légitimité. Sous les auspices de Rodin et de Béjart, en compagnie aussi de Shri Mahesh Ghatradyal (1924-2007), ambassadeur du hatha yoga en France et frère adoptif des enfants

Dolto, l'ancien garçon de piste-infirmier du cirque Bouglione soigne avec des mains, dont le papier buvard a absorbé éternellement l'empreinte. Si Boris confesse volontiers ce que sa pratique doit à sa femme, l'incidence de cette union à la fois amoureuse et intellectuelle sur le génie clinique de la psychanalyste reste à étudier en profondeur.

Comment ne pas rechercher certaines des racines de la « poupée-fleur » dans le terreau que nourrit le dialogue silencieux des « corps entre les mains » du kinésithérapeute ? Si la « pensée en marbre » du sculpteur et du masseur se déploie au travers des modelages réalisés par les jeunes patients de l'hôpital Trousseau, c'est qu'elle est à même de garder une empreinte de l'image inconsciente de leur corps, qui vient innerver toute la pensée de Françoise Dolto. Formulé pour la première fois en 1957, ce concept d'*image inconsciente du corps*, « incarnation symbolique inconsciente du sujet désirant », innerve toute la pensée de Françoise Dolto. Endogène par nature, hybride par méthode, il occupe une place sans cesse croissante dans la technique de la cure, jusqu'à offrir en 1984 la matière d'un ouvrage à part entière. Endogène par nature, hybride par méthode et intime par nécessité, la notion achève de consacrer la dimension corporelle de toute archive de soi. Y. P.

3. Feuille de poids nº 1, 9 octobre-7 novembre 1931. « Régime et repos : 3 jours complets, position allongée, les autres, activité modérée dans l'après-midi seulement. » De l'automne 1931 à l'hiver 1932-1933, Françoise Marette se soumit à un régime alimentaire drastique, qui lui fit perdre plus de 25 kilos, ainsi qu'en témoignent les carnets journaliers spécifiques qu'elle a pu tenir durant cette période.

4. Décembre 1931. Françoise Marette, au cours de son régime.

5. Première page d'un cahier de poésies, portant l'ex-libris en latin « *Hic liber est meus, post mortem nescio cujus si forte reperias, de profundis pro me dicas*, F. M. », mars 1924.

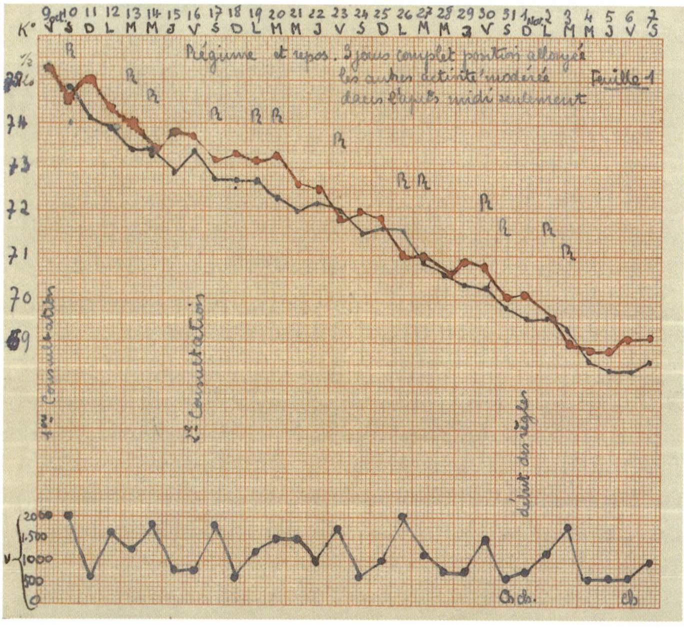

3

4

« À ceux qui me disent que je suis grosse »

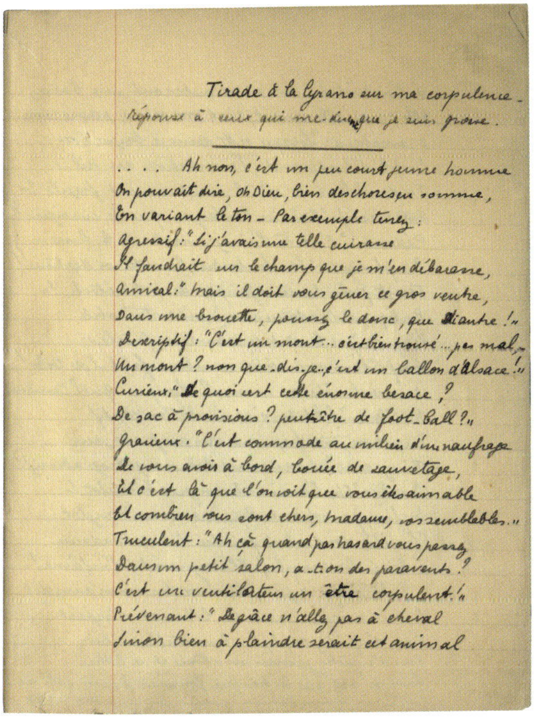
Tirade à la Cyrano sur ma corpulence.
réponse à ceux qui me disent que je suis grosse.

... Ah non, c'est un peu court, jeune homme
On pouvait dire, Oh Dieu, bien des choses en somme,
En variant le ton – Par exemple tenez :
Agressif : " Si j'avais une telle cuirasse
Il faudrait sur le champ que je m'en débarasse,
Amical : " Mais il doit vous gêner ce gros ventre,
Dans une brouette, poussez le donc, que diantre !"
Descriptif : " C'est un mont... c'est bien trouvé... pas mal.
Un mont ? non que dis-je, c'est un ballon d'Alsace !"
Curieux : " De quoi sert cette énorme besace ?
De sac à provisions ? peut-être de foot-ball ?"
Gracieux : " C'est commode au milieu d'un naufrage
De vous avoir à bord, bouée de sauvetage,
Et c'est là que l'on voit que vous êtes aimable
Et combien vous sont chers, madame, vos semblables."
Truculent : " Ah çà quand par hasard vous passez
Dans un petit salon, a-t-on des paravents ?
C'est un ventilateur un être corpulent !"
Prévenant : " De grâce n'allez pas à cheval
Sinon bien à plaindre serait cet animal

5

Tirade à la Cyrano sur ma corpulence.
réponse à ceux qui me disent que je suis grosse.

... Ah non, c'est un peu court, jeune homme.
On pouvait dire, Oh Dieu, bien des choses en somme,
En variant le ton. Par exemple tenez.
Agressif : « Si j'avais une telle cuirasse
Il faudrait sur-le-champ que je m'en débarrasse. »
Amical : « Mais il doit vous gêner ce gros ventre,
Dans une brouette, poussez-le donc, que diantre ! »
Descriptif : « C'est un mont... c'est bien trouvé... pas mal,
Un mont ? non, que dis-je, c'est un ballon d'Alsace ! »
Curieux : « De quoi sert cette énorme besace ?
De sac à provisions ? peut-être de foot-ball ? »
Gracieux : « C'est commode au milieu d'un naufrage
De vous avoir à bord, bouée de sauvetage,
Et c'est là que l'on voit que vous êtes aimable
Et combien vous sont chers, Madame, vos semblables. »
Truculent : « Ah çà, quand par hasard vous passez
Dans un petit salon, a-t-on des paravents ?
C'est un ventilateur un être corpulent ! »
Prévenant : « De grâce n'allez pas à cheval
Sinon bien à plaindre serait cet animal
À l'endroit du dos où d'autres ont une bosse,
Elle, ce qu'elle aurait, c'est un creux, pauvre rosse ! »
Dramatique : « Lorsque cette dame se baigne
C'est le débordement, l'inondation du Nil ! »
Tendre : « Ce ventre est-il un monument fragile ? »
Admiratif : « Pour un boulanger, quelle enseigne ? »
Pédant : « C'est là l'image exacte de la lune. »
Emphatique : « Sa chute aux lieux du roi Neptune
Ferait gicler les eaux jusque dans les étoiles ! »
Pratique : « Madame, sur mon automobile,
Venez couper le vent, ce vous sera facile. »
Naïf : « Pour vous vêtir combien faut-il de toile ?
Deux cents mètres au moins ? » Lyrique : « Quel tambour ! »
Militaire : « Soldats, c'est un ballon captif
Mais il ose, ma foi, se montrer au grand jour.
Tirez, car c'est vraiment beaucoup trop abusif ! »
Cavalier : « Eh, l'amie c'est un gros bimbelot ! »
Enfin, parodiant Pyrame en un sanglot :
« Le voilà donc celui qui du lit de madame
A brisé les ressorts ! Il en grossit, l'infâme ! »
[...]

Mars 1924.

« Comme si mes yeux touchaient. »

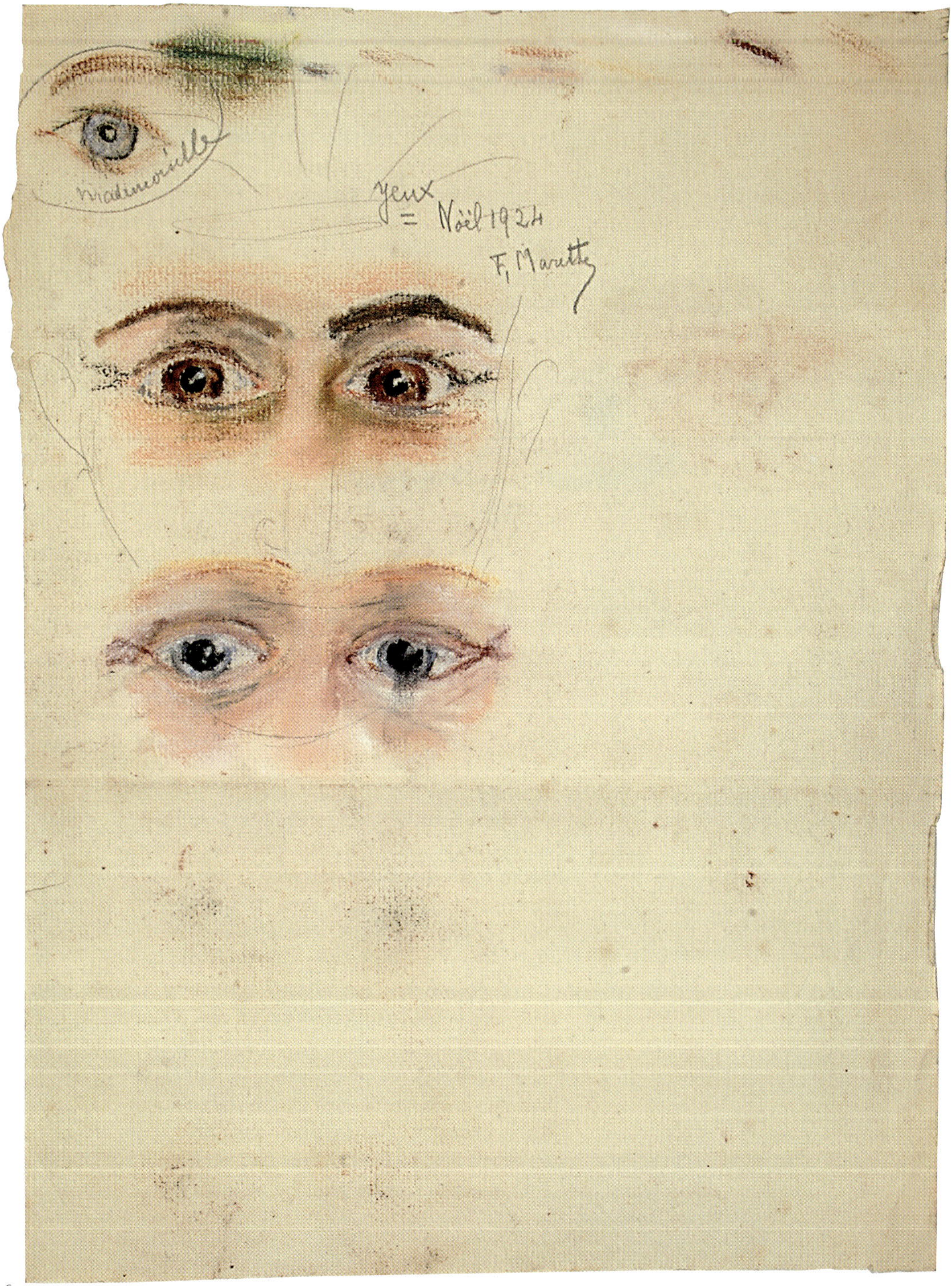

6. Dessin au pastel. « Yeux. Noël 1924, F. Marette. Mademoiselle [ajouté au crayon sous un œil, en haut à gauche] »

7. Exercice de dessin académique, par Françoise Marette, sans date (vers 1927 ?).

Françoise : ***J'ai beaucoup d'images quand je ferme les yeux, je suis très visuelle ; et ce n'est pas du tout seulement quand je m'endors, c'est aussi quand je suis, comme ça… Je peux rêvasser, je ferme les yeux, et je vois des quantités de choses. Je vois, beaucoup, des gens, qui se promènent, je vois des villes… Et alors, ces gens, je pourrais les dessiner tous, je me dis : mais c'est… qu'est-ce que ça veut dire, d'inventer des gens… qui sont très nets, ce n'est pas du tout n'importe quels traits, ils ont des traits, ils ont un corps, que je pourrais, si j'avais le temps, tous les dessiner et les représenter, ils ne sont pas confondables avec un autre, et pourtant c'est des anonymes, je ne les connais pas. Alors je me dis : qu'est-ce que ça veut dire, ça ? En visuel seulement, je ne sais pas… Je vois des paysages tout à fait spécifiques, caractérisables ; ce n'est pas du tout n'importe quoi, et c'est tout le temps nouveau. Il y a une espèce de création visuelle en moi dès que j'ai les yeux fermés… Et je ne suis pas auditive, je n'entends pas de musique. Mais la création visuelle est toujours en couleurs. Mes rêves aussi, mes rêves sont toujours en couleurs. Mais je me pose cette question : qu'est-ce que c'est, ces gens que je vois, et qui n'existent pas ? Je les vois, je les imagine, mais je les imagine tellement caractérisés que si j'étais physiognomoniste, je pourrais dire leur caractère, même…***

(suite p. 46)

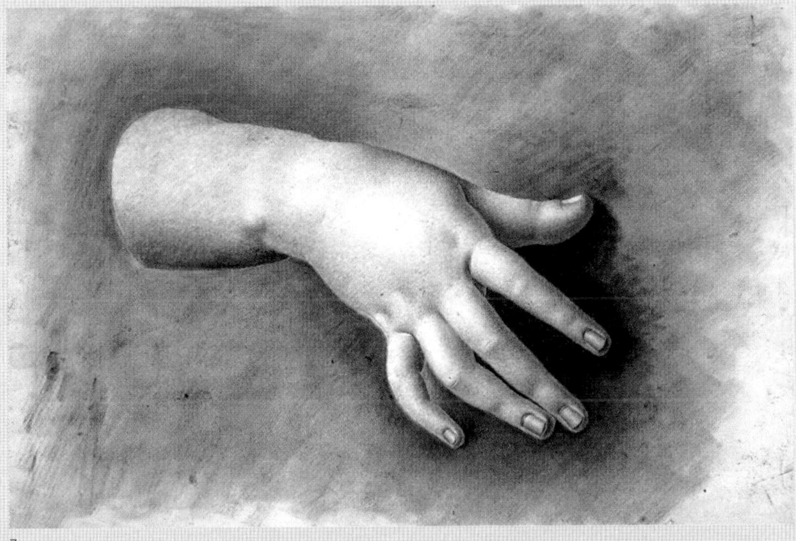

7

Alors, c'est complètement contradictoire au fait de ne pas pouvoir me représenter une maladie si je n'ai pas quelqu'un, que j'ai connu, qui l'a présentée. Enfin, surtout au début, parce qu'après j'y étais arrivée, on a une espèce d'entrainement, à apprendre comme ça des choses absurdes qu'on ne verra jamais, alors on se repose sur des schémas anatomiques… On ne voit plus de personne, mais on voit un corps, qui n'a pas de bras… enfin, bien sûr qu'il a des bras, mais on ne voit pas les sortes de mains qu'il a, on ne voit pas les sortes de cheveux, de visage, et tout ça… Et on voit les maladies d'après les organes. Alors on a un schéma dans sa tête, et c'est toujours visuel, c'est les organes, et jamais je ne pouvais faire une question sans me représenter les organes dont je parlais… Mais alors, c'est les organes de personnes anonymes, d'un corps… pas abstrait puisque c'est représentable, une représentation du corps, de viscères, de corps, de physiologie.

Et alors, je ne peux absolument pas inventer de la musique, dans ma tête… La musique, pour moi, c'est très important, très très important, la musique, et les gens que je connais représentent pour moi une certaine tonalité musicale ; et je dis, parce que c'est vrai, que les rythmes et la mélodie qui se dégagent de quelqu'un, c'est pour moi essentiel… Et je ne peux pas l'inventer, il faut que ce soit une personne réelle. Et quand j'ai rencontré Boris, c'est celui qui était absolument indispensable, comme s'il était la musique qui me correspondait. C'est ça, ce qui me manquerait en musique, que je ne peux pas créer, il l'était.

Le tactile compte beaucoup pour moi, le tactile que je ne touche même pas. Par exemple, oui, le tissu dont est fait, qui recouvre quelqu'un, quelquefois ça me laisse un souvenir… oh, je ne sais pas, elle avait une robe rugueuse, ou il avait… ça devait être très doux comme tissu… « Comment est-ce qu'il était habillé ? – C'était quelque chose de très doux comme tissu. – Ben, tu l'as touché ? – Non. » Comme si mes yeux touchaient. Mais c'est une référence que j'ai au toucher, aussi : j'ai horreur des tissus nouveaux, de ces tissus acryliques, je ne sais pas, au toucher ils sont inhumains, ils ne sont pas végétaux, vraiment, ou animaux vraiment… Ces tissus synthétiques, c'est très très désagréable. J'aime le coton, j'aime la vraie soie, j'aime aussi l'acétate, la soie artificielle, très lisse, comme ça, mais toutes ces laines… […] Moi, j'ai une peau extrêmement sensible, et je comprends qu'il y ait des gens qui, ayant une peau sensible, peuvent faire des difficultés caractérielles à propos de ce qu'on leur met dessus.

Extrait de « Traversée du siècle »

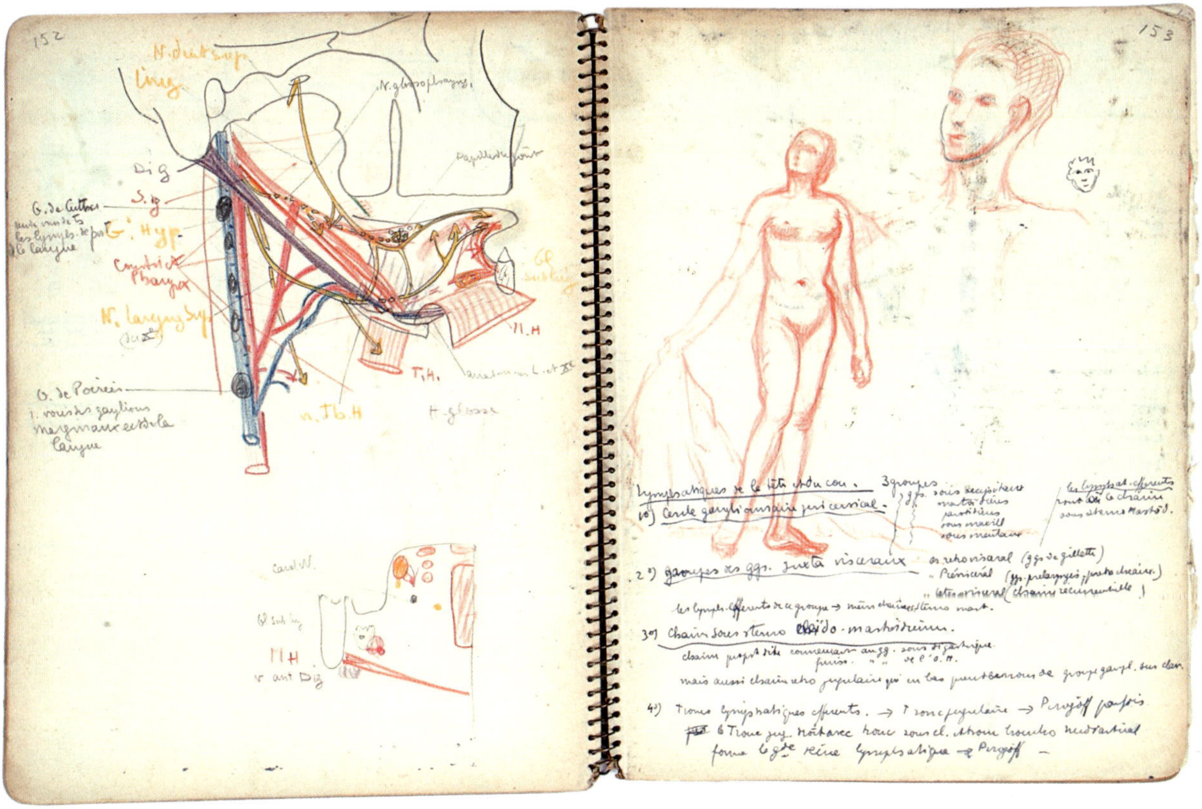

8

8. Cahier de cours d'anatomie,
sans date (après 1933 ?).
Page de gauche : schéma en coupe
de la bouche.

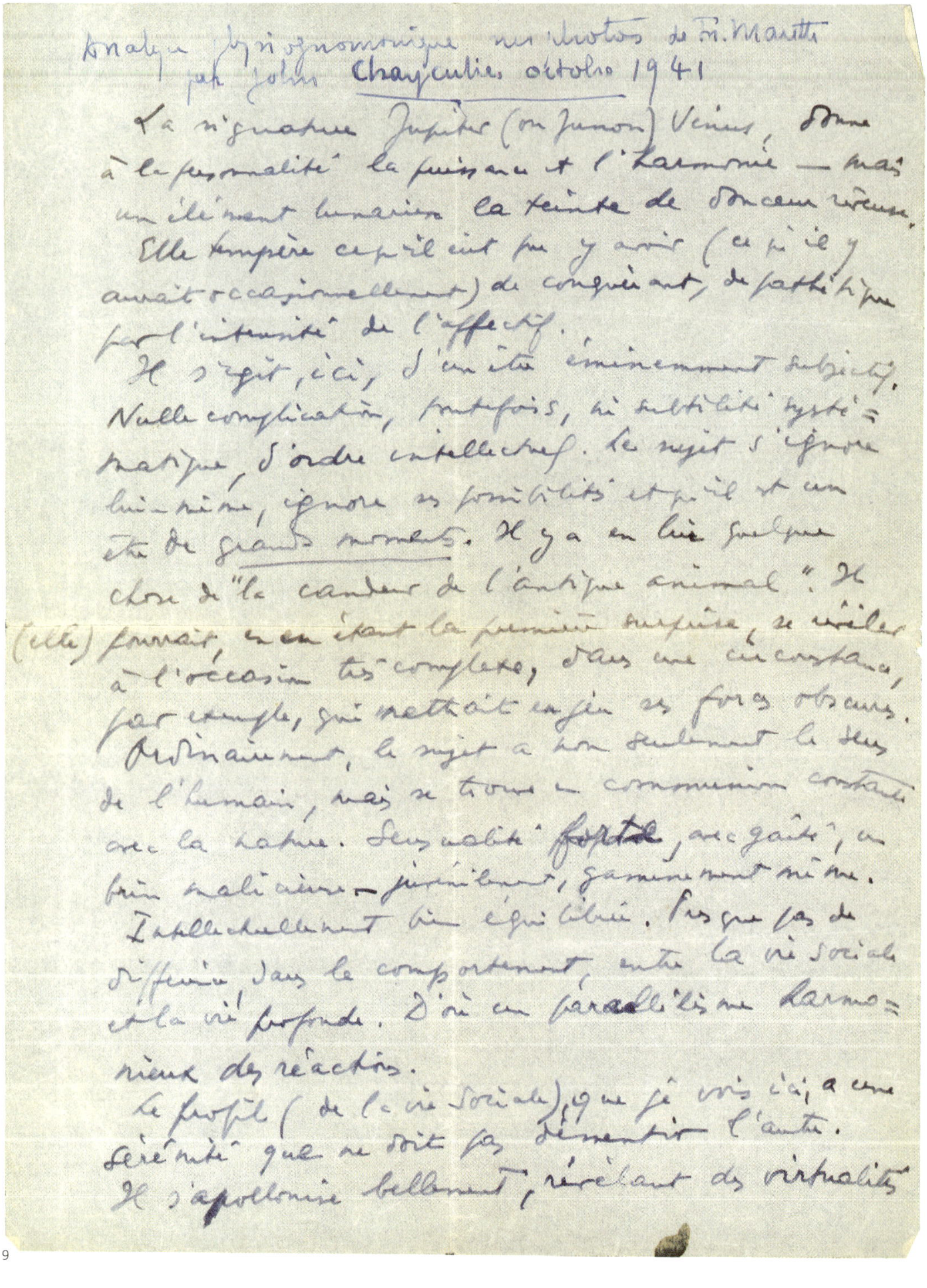
Analyse physiognomonique sur photos de Fr. Marette
par Jolas Chaycutier octobre 1941

La signature Jupiter (ou Junon) Vénus, donne à la personnalité la puissance et l'harmonie — mais un élément lunaire la teinte de douceur rêveuse. Elle tempère ce qu'il eût pu y avoir (ce qu'il y avait occasionnellement) de conquérant, de pathétique par l'intensité de l'affectif.

Il s'agit, ici, d'un être éminemment subjectif. Nulle complication, toutefois, ni subtilité systématique, d'ordre intellectuel. Le sujet s'ignore lui-même, ignore ses possibilités et qu'il est un être de grands moments. Il y a en lui quelque chose de "la candeur de l'antique animal". Il (elle) pourrait, en en étant la première surprise, se révéler à l'occasion très complexe, dans une circonstance, par exemple, qui mettrait en jeu ses forces obscures.

Ordinairement, le sujet a non seulement le sens de l'humain, mais se trouve en communion constante avec la nature. Sensualité ~~[illegible]~~, avec gaîté, un brin malicieuse — juvénilement, gaminement même.

Intellectuellement bien équilibrée. Presque pas de différence dans le comportement, entre la vie sociale et la vie profonde. D'où un parallélisme harmonieux des réactions.

Le profil (de la vie sociale), que je vois ici, a une sérénité que ne doit pas démentir l'autre. Il s'apollonise bellement, révélant des virtualités

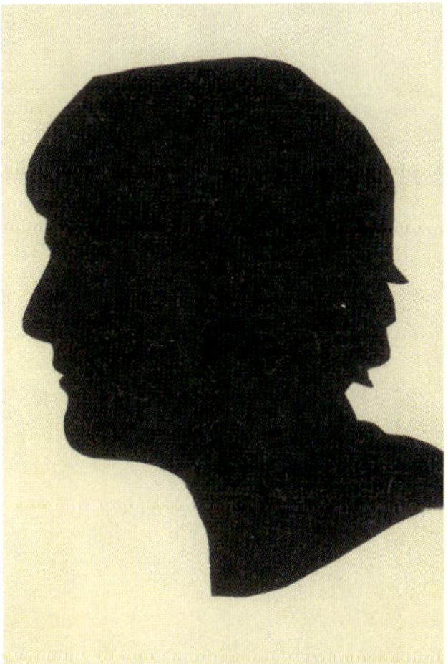

10

Analyse physiognomonique, sur photos de Françoise Marette, par John Charpentier, octobre 1941.

La signature Jupiter (ou Junon) Vénus donne à la personnalité la puissance et l'harmonie – mais un élément humain la teinte de douceur rêveuse. Elle tempère ce qu'il eût pu y avoir (ce qu'il y aurait occasionnellement) de conquérant, de pathétique par l'intensité de l'affectif.
Il s'agit, ici, d'un être éminemment subjectif. Nulle complication, toutefois, ni subtilité systématique, d'ordre intellectuel. Le sujet s'ignore lui-même, ignore ses possibilités et qu'il est un être de grands moments.
Il y a en lui quelque chose de la « candeur de l'antique animal ». Il (elle) pourrait, en en étant la première surprise, se révéler à l'occasion très complexe, dans une circonstance, par exemple, qui mettrait en jeu ses forces obscures. Ordinairement, le sujet a non seulement le sens de l'humain, mais se trouve en communion constante avec la nature. Sensualité forte, avec gaîté, un brin malicieuse – juvénilement, gaminement même. Intellectuellement bien équilibrée. Presque pas de différence dans le comportement entre la vie sociale et la vie profonde. D'où un parallélisme harmonieux des réactions.

Le profil (de la vie sociale) que je vois ici a une sérénité que ne doit pas démentir l'autre. Il s'apollonise bellement, révélant des virtualités de desseins à grande portée.

Bonté, sérieux. Plus de solidité que de finesse (intuition à part). L'intelligence est de labeur ordonné, non d'improvisation brillante.

Le champ de l'affectif – très étendu – est heureusement équilibré par celui de la pensée, qui (voir le creux à l'attache du nez, dans le profil) partage avec lui l'examen, la notion des choses, ne laisse pas les impressions être purement passionnelles (coups de tête possibles, cependant).

Une certaine déficience dans la partie inférieure dite des instincts, mais plus justement de la volonté de persévérer dans l'être.
D'où une certaine timidité, peut-être, ou parfois, quelque appréhension, quelque difficulté d'adaptation.

Droiture. Le sujet ne saurait jouer un jeu, entrer dans un rôle. Il peut être vindicatif, par réaction spontanée, ou se buter.

9. Première page de l'analyse physiognomonique de Françoise Marette.

10. Profil de Françoise Marette en ombre chinoise. Au dos, on peut lire : « Kermesse, 1928 ».

11. Portrait mortuaire d'Henry Marette par sa fille, 21 mai 1947.

12. Portrait mortuaire de Suzanne Marette par sa fille, 20 janvier 1962.

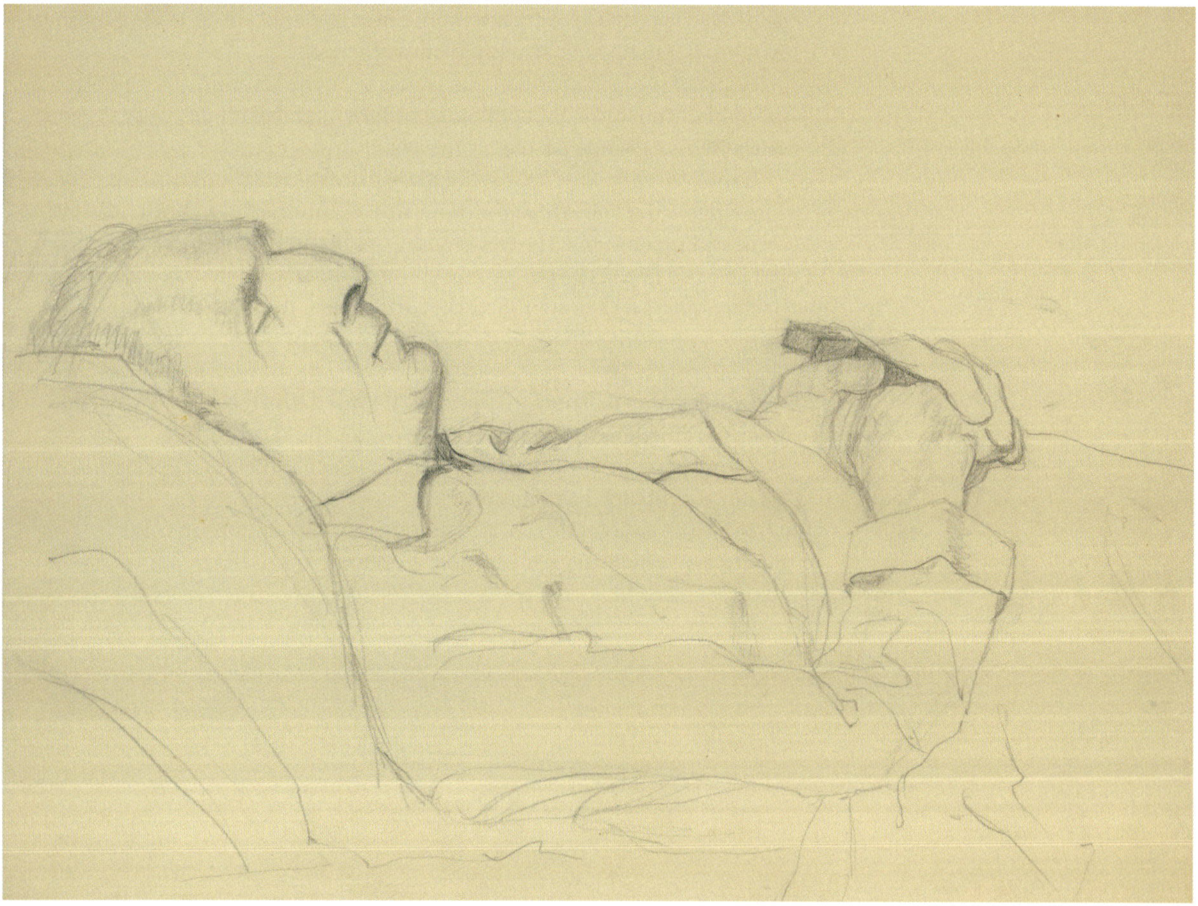

11

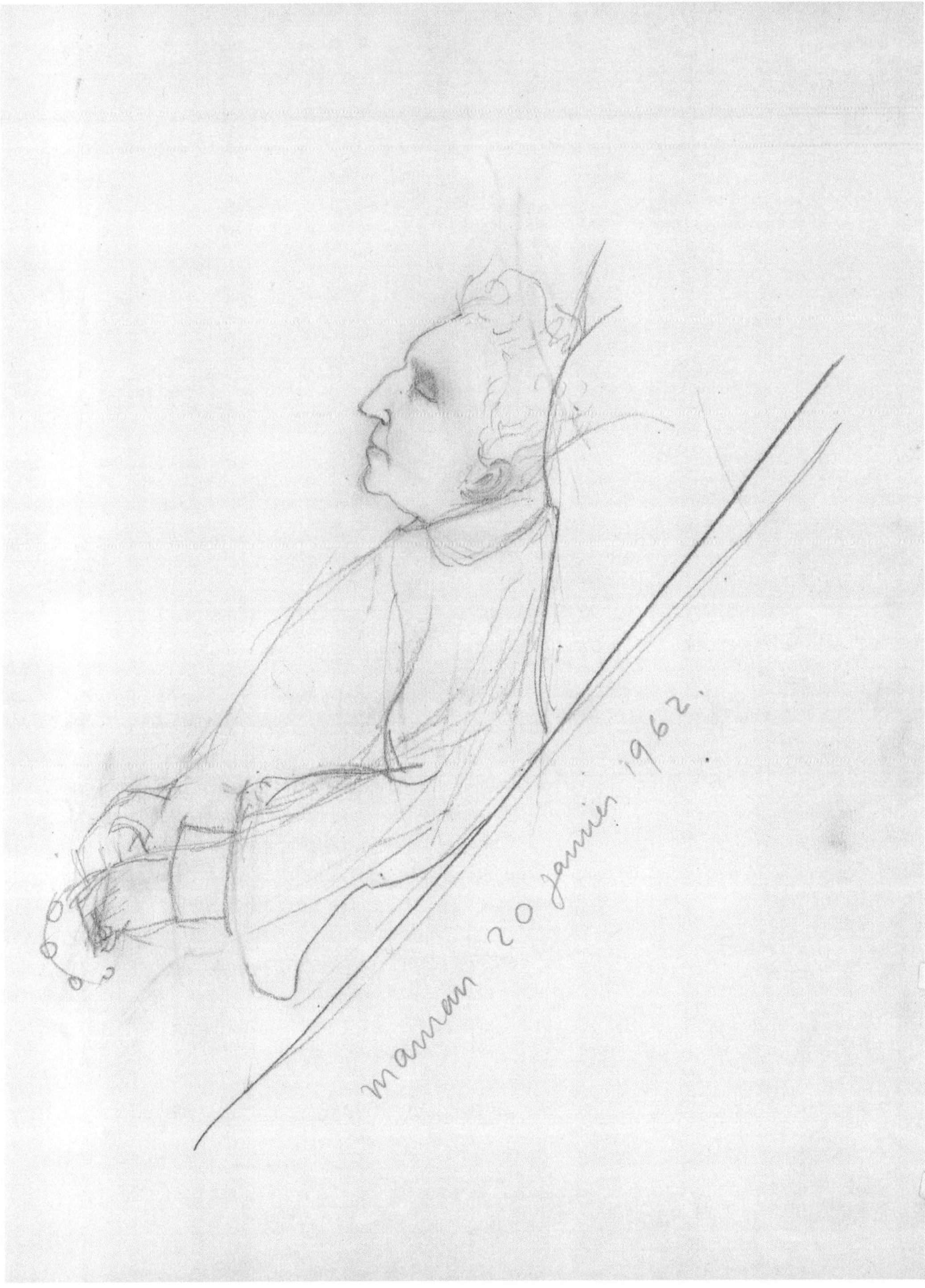

12

Le corps entre les mains

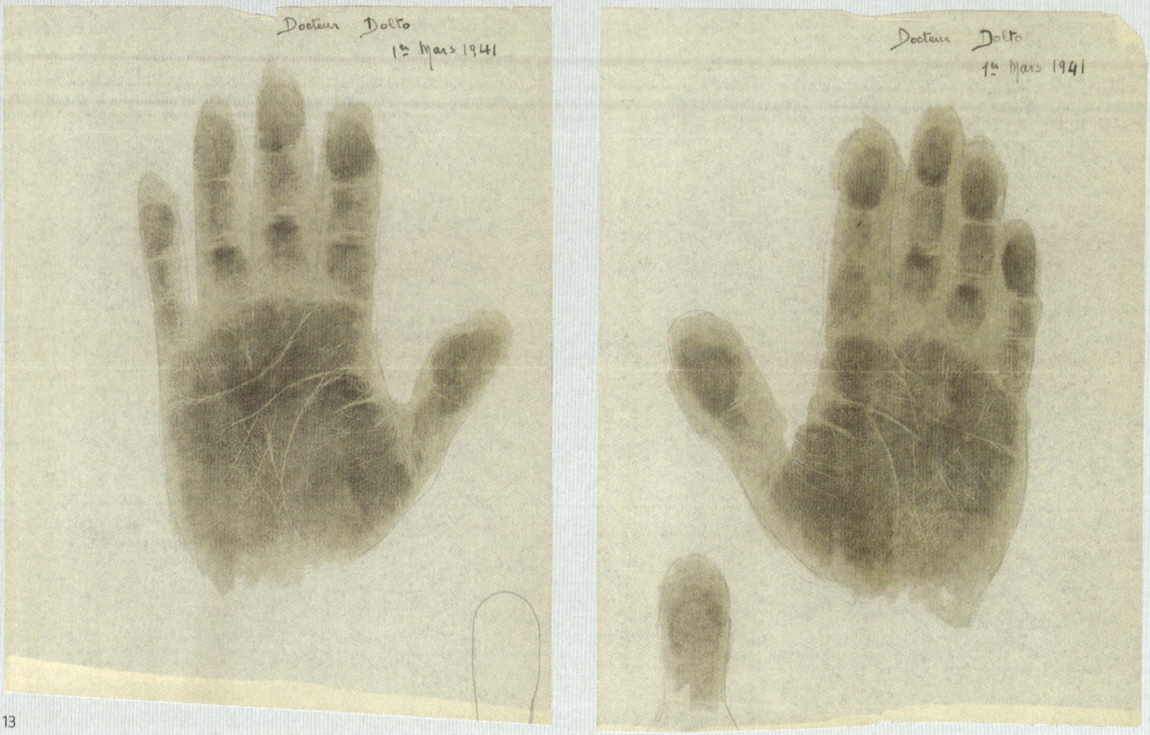

13

13. Empreintes des mains de Boris Dolto, à l'occasion d'une analyse chiroscopique, 19 mars 1941.

Boris : ***Le savoir appris gêne, dans la mesure où l'autre est un objet. Et si je le considère comme un sujet, c'est lui qui me guide. Je palpe : il réagit ou il proteste, il fait une réflexion, j'écoute. Je n'ai jamais d'explication anatomique, et c'est cela qui est le plus difficile, parce que chaque kinésithérapeute veut montrer qu'il est fortiche en anatomie.***
[...] Françoise, par sa présence et par sa manière d'être, face au monde, m'a beaucoup servi dans la découverte de ce qu'était la kinésithérapie. Parce que tout ce qu'on fait sur le divan, on est là... mais tout ce qu'elle me donnait comme réflexion sur telle chose ou telle autre... Je me suis dit : mais c'est de ça qu'il faut tirer l'informatique d'un contact, d'un regard, comme disait Béjart : « J'écoute la première musique avec mes muscles ! » et c'est lui qui a cité, il y a quelques mois déjà, une chose que je n'ai pas trouvé dans la littérature, il dit que Nietzsche disait : « Toute l'énergie de ma pensée vient de mon gros orteil ! » Quant à Rodin, quelqu'un lui avait posé une question... « Mon cher maître, je vous admire, mais comment sculptez-vous, avec quoi ? Comment sculptez-vous ? Qu'est-ce que vous pensez quand vous commencez une œuvre ? Comment pensez-vous pour construire vos œuvres ? » Et il a répondu : « Je pense en pierre, je pense en marbre ! » C'est pas beau, ça ?

Extrait de « Traversée du siècle »

14

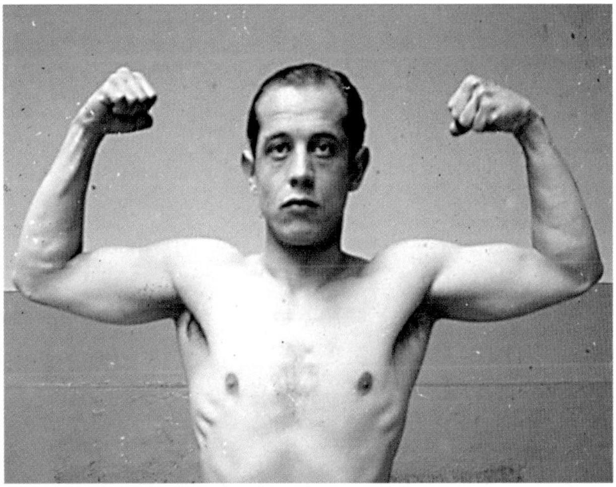

15

14. Jean et Grégoire Dolto lors d'une séance de yoga en public, sous la conduite de Mahesh Ghatradyal, Juan-les-Pins, 1951.

15. Boris Dolto, au temps où il était garçon de piste-infirmier au cirque Bouglione, sans date (années 1920).

Jean-Pierre Winter

16

17

16. Catherine Dolto en train de dessiner, sans date (vers 1950). Une poupée-fleur est posée sur la table.

17. La poupée-fleur.

On l'oublie trop souvent, et ces notes et photos intimes de Françoise Dolto sont là pour nous le rappeler fort à propos en ces temps de polémiques contre les freudiens : on ne devient pas psychanalyste sans avoir pratiqué sur soi la difficile et rigoureuse discipline d'une psychanalyse. Qui n'a pas connu l'expérience sans équivalent du transfert et de ses avatars, qui ne s'est pas aventuré sur le chemin ardu de la rencontre avec ses désirs inconscients, ses douleurs et ses angoisses, qui n'a pas été transformé par cette pratique ne peut prétendre occuper cette place difficilement enviable.

Les notes de Françoise Dolto en témoignent, nous révélant quels abîmes elle a dû affronter, quelle souffrance psychique la possédait au point d'imaginer disparaître, quel travail il lui a fallu faire avec l'aide de René Laforgue pour accepter qui elle était sans avoir même le bénéfice de pouvoir le savoir. En 1986, en réponse à une question sur ce qu'il restait d'énigmatique dans la féminité, elle disait : « L'énigme de la féminité, elle rejoint le fait que moi, Françoise, je suis pour moi, Françoise, une énigme. Je ne sais pas du tout qui je suis[1] [...]. » Lire son agenda de 1934, c'est découvrir ce sur quoi elle s'est appuyée, ce à quoi elle a dû renoncer pour être la célèbre analyste qu'elle est devenue : nous ne pouvions qu'en soupçonner le coût psychique !

Ainsi, sa mère, envers qui Françoise Dolto répétera n'avoir éprouvé que de la compassion, se révèle comme une figure qui l'a tourmentée plus qu'elle ne voulut bien le dire par la suite : « D'ailleurs je ne redoute qu'une seule personne c'est maman », « Maman raide et écœurée me terrorise. Après dîner elle se fait douce pour m'arracher tous mes souvenirs les plus chers. Je n'ai plus rien à moi. À quoi bon vivre encore. Je n'ai même plus un souvenir à moi. »

Cette terreur que sa mère lui inspire et qui n'est pas sans m'évoquer celle que le père de Kafka suscitait chez son fils lui donne des idées suicidaires et quelque peu mélancoliques : « Je suis trop lâche pour me tuer, moi je n'ai pas un grand cœur ni de la volonté comme ces saints » (13 et 14 février). On pourra multiplier les exemples, mais sans être exhaustif, retenons : « Tout ce que j'ai fait maman m'a dit que c'était un crime. »

À tout cela s'ajoute ce qui pourrait en être l'effet : le regard qu'elle porte sur son aspect physique : « Je ressasse toute la journée ma laideur, ma grosseur », ou : « C'était déjà trop qu'il me croie jolie et bien alors que je suis moche et écœurante. »

Françoise Dolto était, dit-elle, déprimée. Et ce qui importe, c'est ici ce que nous apprenons des possibilités du travail analytique quand le patient aborde ses symptômes avec courage, avec un profond désir de vérité. L'enseignement essentiel sera que, pour le psychanalyste, il n'y a pas d'extraterritorialité : il est fait du même limon que ceux qu'il se risquera à prendre en charge.

Comme tant d'autres qu'elle a par la suite patiemment écoutés, elle s'est sentie à certains moments de sa vie « une pauvre chose méprisable et méprisée. Seule, laide, moustachue, obèse... », et c'est au prix d'un arrachement à ses démons, en traquant les tours que ses névroses lui jouaient, qu'elle a réussi à devenir cette « force de la nature » dont un mémorandum personnel de l'année 1929 nous apprend qu'elle aspirait à en faire sa profession !

Or, si le psychanalyste partage avec son patient la « douleur d'exister », ce n'est pas seulement parce qu'il est lui aussi passé par l'analyse mais en tant qu'il met son fonctionnement inconscient au service de son analysant. À cet égard, quel ne fut pas mon étonnement quand, observant sur le mode de l'attention flottante les documents désormais à notre disposition, je tombai sur sa carte de membre de l'ordre national des médecins. Mais, j'anticipe...

Tout lecteur de Françoise Dolto connaît l'objet qu'elle a inventé au cours d'une cure qu'elle mena avec une petite fille anorexique, Bernadette, rencontrée pendant l'immédiat après-guerre, en novembre 1946. Il s'agit bien sûr de la fameuse « poupée-fleur » qu'elle fit confectionner par la maman de sa petite patiente. Voici ce qu'en dit Françoise Dolto dans un article publié par la *Revue française de psychanalyse*, nº 1, en 1949 :

« Au cours de mon expérience analytique, tant avec les adultes qu'avec les enfants, j'ai pu remarquer à propos du dessin libre qui, EN SÉANCE AVEC MOI, vient constamment soutenir la clinique, que l'intérêt porté aux fleurs et l'identification à une fleur, PLUS SPÉCIALEMENT À LA *MARGUERITE*, accompagnent toujours le *TABLEAU CLINIQUE DU NARCISSISME*[2]. »

La poupée-fleur est donc là « en tant qu'élément délibérément introduit dans le traitement psychanalytique pour être le support du transfert[3] ».

La question dès lors, si nous suivons ce qu'en rapporte Françoise Dolto à la lettre, est donc de savoir ce qui, venant d'elle, serait propre à soutenir le transfert de SES patients. Ce qu'elle dit à propos du deuxième cas où elle tenta d'utiliser son invention, le cas de Nicole, est que le diagnostic psychanalytique répondait parfaitement à l'usage de ce nouvel outil thérapeutique. Pourquoi ? Parce que Nicole avait un « comportement hystérique, procédant d'une blessure narcissique au stade oral, ayant empêché l'intégration des règles communes aux humains de notre société[4] [...] ».

Comment douter, après avoir lu les notes intimes du journal de 1934 (voir ci-dessus), que ces petites Bernadette et Nicole aient été pour Françoise des poupées-fleurs, support de ses projections, elle qui, le 31 mars 1934, se décrivait : « Moi je suis laide, grosse, dégoûtante au moral comme au physique[5]... » ?

Et si le doute subsistait, il serait temps alors de revenir aux papiers d'identité de Dolto où l'on découvrira, pour peu qu'on soit animé du goût psychanalytique du détail, que le deuxième prénom de Françoise était justement MARGUERITE !

Et là résidait ce qui, dans sa pratique, relevait de son génie : offrir à ses analysants cette part d'elle-même secrète, inédite et inouïe, pour qu'ils s'autorisent à s'y projeter, comme aspirés par ce qui, d'elle, demeurait méconnu.

Cela dit, qui lisait attentivement le texte de 1949 avait une réponse partielle à notre question et à celle de savoir pourquoi la poupée-fleur « ça marchait » avec Dolto et pas avec les autres thérapeutes.

Ainsi écrivait-elle, témoignant de sa grande lucidité :

18. Schéma de la poupée-fleur, dessiné et commenté par Françoise Dolto, années 1950. « En une seule pièce bourrée de Kapok ; jaune, 7 pétales au moins ; vert végétal, sans dos, sans devant, sans pied, sans main, sans visage ; la corolle se met au niveau où seraient les yeux dans les proportions du visage et pas de face. »

19. Modelage réalisé par un patient anonyme de l'hôpital Trousseau, sans date.

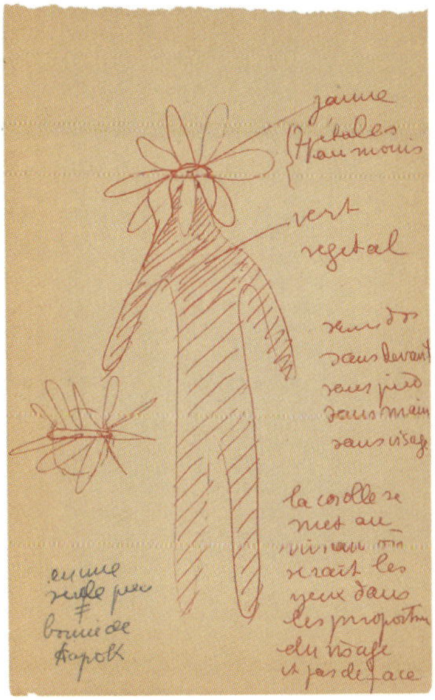

18

« Lorsque j'eus l'expérience de ces deux guérisons cliniques (Bernadette et Nicole), je ne savais pas encore quelles en seraient les suites lointaines, ni que la guérison serait définitive pour les deux fillettes. Je me demandais s'il ne s'était pas agi, avec l'introduction de cet objet de transfert, de l'utilisation sur le mode magique d'une de mes propres projections.

« Les faits eussent-ils été les mêmes si la poupée-fleur avait été lancée dans le circuit affectif du sujet par un autre ou une autre que moi-même ? La poupée végétale n'était-elle pas pour l'enfant le support d'une idée venant de moi, donc UN OBJET ME REPRÉSENTANT, moi, en partie, et qui, de ce fait, ne serait qu'un des aspects de transferts particuliers[6] ?... »

Assurément les réponses étaient dans la question : la poupée-fleur était donc l'incarnation de MarGUERITe qui, comme son nom l'indique, est la fleur des déclinaisons de l'amour qui guérit.

Jean-Pierre Winter

19

1. Françoise Dolto, Jean-Pierre Winter, *Les images, les mots, le corps*, Gallimard, 2002, p. 170. **2.** Françoise Dolto, *Au jeu du désir*, Seuil, coll. « Points », 1998, p. 139. C'est moi qui souligne avec des majuscules. **3.** *Ibid.*, p. 158. **4.** *Ibid.*, p. 159. **5.** Agenda, 31 mars 1934. **6.** *Ibid.*, p. 174.

MÉMORIAL FAMILIAL

1

« Au cinquième étage, la folie je la connaissais bien : je vivais dedans ! »

*Extrait d'*Autoportrait d'une psychanalyste

1. Salon de la famille Marette, 2, avenue du Colonel-Bonnet. Photographie prise après le décès de Suzanne Marette, 1962. « Une partie du salon et la salle à manger au second plan. Dans le fond, derrière la tapisserie, une pièce qui autrefois était la salle d'étude des enfants. C'est dans ce salon qu'on faisait la musique. Le soir et le dimanche, deux fois par mois, de 1922 à 1930 (environ) orchestre de chambre – Mr Mas (le prof de violoncelle de Pierre) dirigeait » (au dos, de la main de Françoise Dolto).

2. Façade de l'immeuble du 2, avenue du Colonel-Bonnet, au niveau du croisement avec la rue Raynouard. « On a changé d'appartement et on a eu le "confort moderne". On en avait plein la bouche, du confort moderne, l'électricité, l'eau courante chaude et froide, et des radiateurs par chauffage central. [...] Le nouvel appartement était grand, quoi ». Extrait d'*Enfances*

Il n'y a plus personne dans le salon de l'appartement de l'avenue du Colonel-Bonnet. Les convives ont quitté la table de la salle à manger il y a bien longtemps déjà. Le couvert n'y sera plus jamais dressé et le nymphée circulaire de la tapisserie ne présidera plus aux cérémonies domestiques, comme il le fit, cinquante ans durant. Le souvenir de « l'ancienne salle d'étude des enfants » que dissimulait cette pâle tunique murale ne survivra bientôt qu'à travers la légende manuscrite inscrite par Françoise Dolto au verso de la photographie. Avec les vues respectives des bureaux paternel et maternel, le cliché fait partie d'une série réalisée au lendemain du décès de Suzanne Marette, le 20 janvier 1962. Pourquoi garder la trace visuelle de cet intérieur bourgeois irrémédiablement vidé de sa substance familiale ?

Par l'entremise de ces photos légendées, il s'agit sans doute pour Françoise, à cinquante-trois ans passés, « d'arracher quelque chose, si peu que ce soit, à la destruction et à l'oubli ». En répondant si fidèlement à l'injonction maternelle, elle poursuit et complète, en images, avec un regard désormais amusé, la « chronique des Marette ». La dédicace, inscrite à six reprises par Suzanne au frontispice des albums offerts à chacun de ses enfants pour Noël 1939, est avant tout un hommage au parangon français du roman bourgeois et familial, Georges Duhamel. Miroir étrange, où le fantasme familial et personnel se projette dans la littérature ; car l'auteur, quelque peu oublié aujourd'hui, de la *Chronique des Pasquier*, avait eu le bon goût de donner à la dernière fille de la famille, actrice dramatique admirée pour sa beauté comme pour son talent, le nom de Suzanne.

Archiver, ça sert d'abord à transmettre... mais ça commence souvent par supporter ce qu'on vous a transmis, parfois très tôt et de manière presque anodine : « continué par Françoise Marette, à qui sa maman donne cet album parce qu'elle garde les souvenirs du temps passé et de la famille, 1922 ». Autre dédicace maternelle, autre album de souvenirs, qui fait faire un bond de quarante ans en arrière, au lendemain du deuil de la guerre et de la sœur aînée. Suzanne, enceinte pour la dernière fois, s'apprête alors à « refaire l'enfant » mort. Offrir à celle qui a survécu malgré elle, son album de jeune fille, c'est lui confier les stigmates du paradis perdu, au risque de condamner cette adolescente de quatorze ans à un rôle de vestale des disparus.
La disparition de Suzanne achève vingt ans plus tard de briser le mauvais sort : Françoise n'est plus la gardienne de la mémoire des deuils et des objets des morts. Elle est en mesure d'accepter l'héritage reçu, pour rédiger la chronique familiale avec les intonations du drame, et non plus avec les accents de la tragédie. Comme autant de fragments interrompus, feuilletons avec elle les pages d'un mémorial intime, tour à tour subi, partagé, et transfiguré.

Paris, 1962. Lors de la répartition des reliques parentales au sein de la fratrie, Françoise semble avoir pris en charge une part importante des archives. Et tout d'abord ce vieux prospectus publicitaire, qui contient le plan de l'appartement familial, armature immobilière sur laquelle la mémoire accroche et se fixe. En suivant les linéaments rétroactifs de la remémoration intérieure, tout pourrait (re)commencer en cette année 1913, alors que la famille s'installe avenue du Colonel-Bonnet. « Au cinquième étage, la folie je la connaissais bien : je vivais dedans ! » : par la reconstruction propre au souvenir, comme à ses excès, Françoise Dolto, dans son *Autoportrait d'une psychanalyste*, a en effet longuement envisagé la dramaturgie obsidionale d'un immeuble situé en face de la clinique psychiatrique du docteur Blanche et où Benjamin Franklin expérimenta tout de même le paratonnerre ! La douceur des étés et la quiétude du jardin de Deauville sont pourtant susceptibles de nouer de véritables tragédies. Aller et retour.

Deauville, été 1914. Dans la famille Pasquier, il y avait deux filles aussi. Le trouble maternel se trame autour de la préférence pour une aînée coquette et féminine, dont la cadette n'est nécessairement que la mauvaise suivante déguisée. La guerre est déclarée. Dans la légende douloureuse de Suzanne, Jacqueline n'est-elle pas encore en 1939 la seule à pouvoir être qualifiée de « fille » parmi les « quatre générations » féminines réunies dans le jardin de *La Coccinelle* ?

Col du Bonhomme, massif des Vosges, été 1916-été 1928. L'oncle et parrain, Pierre, meurt le 10 juillet des suites de sa blessure. La suivante perd son « fiancé » et se transforme, à huit ans, en veuve. Dépouilles militaires et reliques visuelles parviennent-elles à maintenir « l'éternelle présence » du mort ? Fatalité de l'inceste en parole ou drame des jeux du langage ? Telles sont les questions, forcément œdipiennes, que pose et repose sans cesse le « Sphinx de la Tête-des-Faux » à Françoise la pérégrine. Lorsqu'elle visite douze ans plus tard les lieux du meurtre en compagnie de la grand-mère inconsolable, est-elle entre-temps enfin devenue « la » fille de la famille ?

Paris, été 1920. Catholique éduquée à la manière protestante, ou l'inverse, Françoise ne sait pas trop, en ce jour de communion dans l'église de Passy, comment il faut prier pour sauver son aînée condamnée par le cancer. Suivante, veuve et désormais vestale, ou tout simplement sœur, avec une majuscule, sacrifiée sur l'autel des préférences.

Deauville, 21 septembre 1922. Françoise reçoit de sa mère cet album de jeunesse, où Suzanne, en amatrice photographe, transmet à la vestale ses souvenirs perdus, comme elle avait transmis trois ans plus tôt à la veuve son petit carnet à dessin. Il est pourtant trop tard pour être « la » fille. Car la naissance de Jacques lui fait comprendre, en ce jour d'automne, qu'elle pourrait bientôt être une mère de « Poulet ».

Paris, janvier et novembre 1926. Nous voici de retour avenue du Colonel-Bonnet. En ce jeudi 14 janvier, enfants et parents jouent, côté salon, au « jardin des préférences ». Suzanne-Ennazus oublie un temps ses douleurs, et Henry, comme d'habitude, se prête au jeu. Au travers de ce questionnaire à la Proust se déclinent les goûts transmis et les signes imités : le côté du Père et le côté de la Mère. Onze mois plus tard, côté chambre, Françoise, forte des préférences héritées, ni veuve, ni vestale, joue à fabriquer son propre mémorial. Y. P.

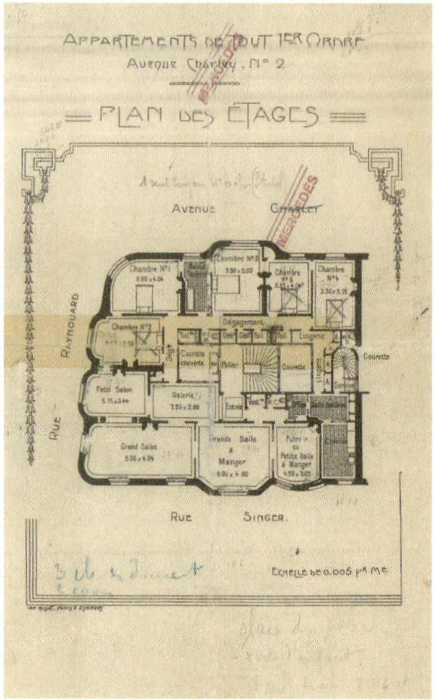

3

3. Prospectus publicitaire avec plan d'appartement. « Avenue Charley nº 2 [devenue depuis avenue Mercedes, puis avenue du Colonel-Bonnet] : voie nouvelle de 15 m de largeur, parallèle à la rue Singer, allant du nº 68 de la rue Raynouard à la place Chopin. Quartier élégant attenant à la place de Passy, à proximité de la Muette et du Bois de Boulogne. Situation exceptionnelle à 22 mètres au-dessus du niveau de la Seine. Site admirable. Vue splendide sur les coteaux de Saint-Cloud et Meudon. Magnifique panorama sur Paris. [...] À louer, pour les termes de Juillet et Octobre prochains. Appartements coquets et luxueux dans 14 immeubles récents pourvus de tout le confort ultra-moderne », 1913.

4. Repas de famille chez les Marette. De gauche à droite : Philippe, Yvonne (née Hurel, femme de Pierre), Henry, Jean, Jacqueline (née Painvin, femme de Jean), Élisabeth Weilandt (« Mademoiselle »), Suzanne (née Horent, femme d'André), André, Jacques, Françoise, Boris, Suzanne, Pierre et Nicole, sans date (1942 ?).

4

5

« Ma mère a fait une chose très bien pour chacun de nous, elle nous a préparé à chacun un album de famille avec les photos des ancêtres, des parents et de chacun de nous depuis son enfance. C'est très précieux : non seulement pour nous quand elle nous l'a donné, mais pour nos enfants maintenant. »

*Extrait d'*Enfances

5. Double page de l'album réalisé par Suzanne Marette à l'intention de sa fille Françoise. « À tout hasard, Henry et moi, en quarante années de notre vie, avons recueilli, conservé ou créé ces témoignages de nos ascendants et de la jeunesse de nos enfants. Nous les leur confiant, puissent-ils les compléter à leur tour, en se souvenant que rien n'est plus cher au cœur de l'homme que de pouvoir se rattacher au passé en songeant à l'avenir, et "d'arracher quelque chose, si peu que ce soit, à la destruction et à l'oubli" (Duhamel). Pour Françoise, 25 décembre 1939 » (dédicace de l'album, de la main de Suzanne Marette).

« Ma mère m'a habillée pareil à elle. »

6

6. 1914. Françoise Marette à l'âge de 5 ans, au moment de l'installation de la famille au nº 2 de l'avenue du Colonel-Bonnet.

Françoise : ***J'avais cinq ans et demi, quand la guerre de 14 a commencé, et je me rappelle très bien, l'été nous étions à Deauville, je me rappelle très bien la déclaration de guerre... Toutes ces femmes qui se pressaient, dont moi avec notre institutrice, autour de l'affichage grillagé de la mairie, et où les gens contemplaient cette affiche de la mobilisation générale, venaient, agrippés en essaim comme des abeilles... Il y avait une espèce de murmure en bémol, ces gens agglomérés à contempler cette affiche que tout le monde connaissait ! Ce devait être le 3 août 14. Mais je me rappelle que le samedi précédent – mon père venait du samedi au dimanche soir à Deauville – j'étais assise par terre avec un jouet ou un livre, dans la pièce où mon père et ma mère parlaient, mon père s'en allait au train, d'habitude [...] et il a dit à mère : « Tu sais, samedi prochain, je reviens s'il n'y a pas la guerre, mais je ne crois pas que je reviendrai parce que d'ici samedi prochain la guerre sera sûrement déclarée. » Et moi j'ai écouté ça en me disant : mon Dieu, qu'est-ce que ça veut dire, une guerre déclarée ?***

Je mets d'ailleurs ce moment en rapport avec le jour où on a annoncé l'Armistice en 18 et où Françoise Marette, qui avait quatre ans de plus, a été pareillement sidérée : comment est-ce que ça peut être quand il n'y a plus la guerre ? J'étais tout à fait étonnée parce que tout était focalisé sur la guerre, on ne pouvait rien faire sans que la guerre soit en question. Et avant je me demandais : comment c'est quand c'est la guerre, comment on allait vivre, qu'est-ce que c'était que la guerre.

Et je me rappelle aussi les années d'avant – puisque nous allions tous les étés à Deauville –, je me rappelle très bien la plage de Deauville, et la ville, la vie, la sémillance, les robes, les messieurs avec leurs canotiers, leurs vestons... Parce qu'à ce moment-là les hommes n'étaient pas en tenue de plage, enfin ils étaient en pantalon blanc et veston noir, au lieu d'avoir des pantalons rayés et des melons, ils avaient des chapeaux de paille et ils étaient en col cravate, et quand par hasard sur la plage on voyait un homme qui n'avait pas son col et sa cravate, et dont la femme tenait le chapeau, eh bien ce n'était pas des gens comme il faut.

C'était sur les planches, les petites cabines les unes à côté des autres, et il y avait des cabanes à chevaux qui étaient tirées, et qui allaient vers la mer quand elle était basse, puis les chevaux revenaient et les gens se rhabillaient dans la cabine, et ils revenaient habillés comme en ville après s'être baignés.

Extrait de « Traversée du siècle »

7

« Elle, c'était une fille, au contraire, toute tournée vers l'extérieur, la danse, les balades de jeunes, le rire, la séduction facile. »

*Extrait d'*Enfances

7. « Les 4 générations. Mme A. Demmler, née Secrétan, Grand-mère ; Mme H. Marette, née Demmler, Mère ; Jacqueline Marette, Fille ; Mme Secrétan, Arrière Grand-mère » (extrait de l'album réalisé par Suzanne Marette), jardin de la villa *La Coccinelle*, Deauville, été 1914.

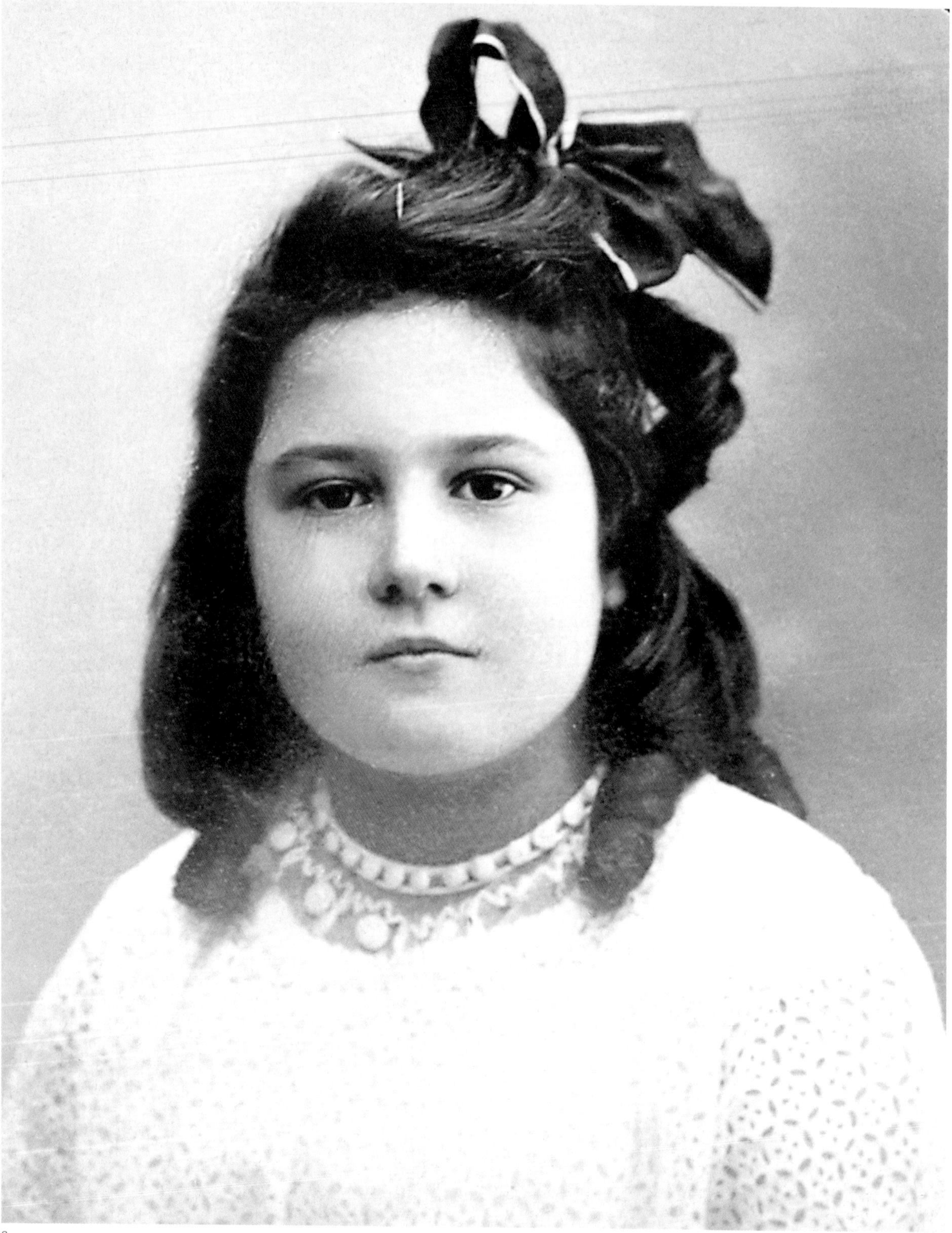

« Il m'appelait sa fiancée. »

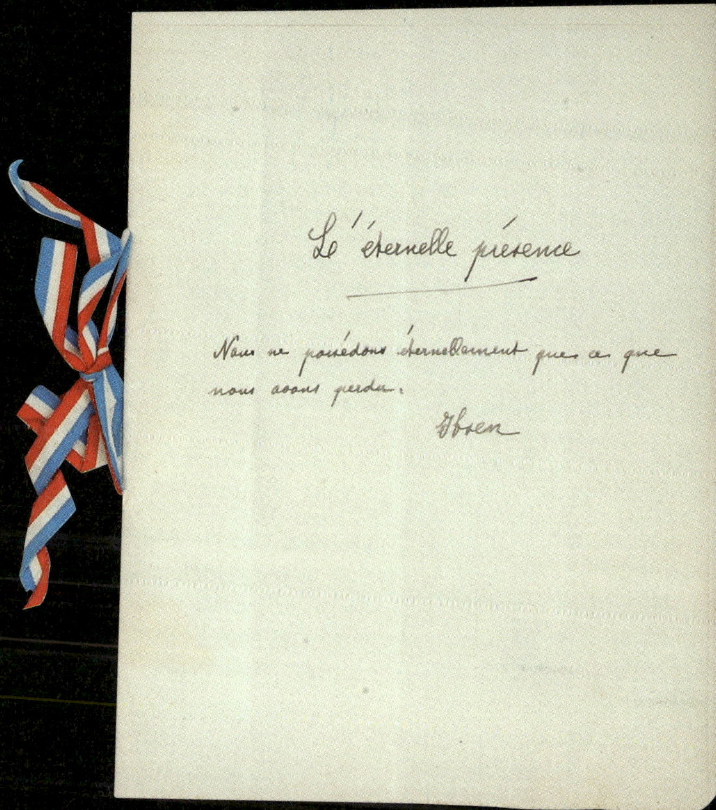
L'éternelle présence

Nous ne possédons éternellement que ce que nous avons perdu.

Ibsen

9

8. Fin de l'année 1916. « Françoise, 7 ans, porte le deuil de l'oncle, avec un petit liseré tricolore au bord du ruban noir » (extrait de l'album réalisé par Suzanne Marette).

9. « L'éternelle présence. "Nous ne possédons éternellement que ce que nous avons perdu", Ibsen », mémorial manuscrit des lettres de Pierre Demmler adressées à sa mère, Marguerite Demmler, sans date (après 1916).

Françoise : ***Alors, le drame de la famille, le premier drame, ç'a été la mort de Pierre Demmler, le frère de maman, le seul descendant Demmler, qui a été tué en 1917, et qui était mon parrain, et qui était... Sur lui j'ai fait mon œdipe, il était mon parrain et il m'appelait sa fiancée, et moi j'étais convaincue. Il est mort quand j'avais sept ans. Bon ça, ç'a été... Quand il est mort, ma grand-mère m'a dit : « Puisque tu étais sa fiancée » (comme si c'était sérieux), « il n'aimait que toi, eh bien tu auras le diamant qui était pour sa fiancée. » Et j'ai ce diamant qui était pour sa fiancée – il avait trente ans –, s'il s'était marié. Alors moi je me suis considérée comme veuve de guerre, à partir de sept ans, et je crois que ça m'a beaucoup aidée pour m'intéresser à la culture... et me dire qu'il fallait que j'aie un métier. J'étais restée avec l'idée que si les veuves de guerre avaient eu un métier... n'est-ce pas ? Alors tout le monde me disait : « Mais non, tu aimeras quelqu'un d'autre, un jour. » Je disais : « Ce n'est pas possible, j'ai tellement aimé l'oncle Pierre, que ce n'est pas possible que j'aime un jour un autre monsieur. » Enfin, quand on a sept ans...***

« Veuve de guerre à sept ans ! »

La Première Guerre mondiale ne fut certainement pas, pour la jeune Françoise Marette, une péripétie parmi d'autres, que l'on regarde passer de loin, comme une affaire qui ne regarderait que les adultes. À lire ses lettres, écrites dès 1914, il semble bien, au contraire, que la fillette ait fait, à sa manière, l'expérience de la guerre « totale », vécue tout autant à l'échelle individuelle et intime que dans sa dimension collective. Elle a cinq ans quand le conflit éclate, dix ans quand il s'achève : le temps de l'enfance – du moins de l'enfance mémorable – se confond dès lors avec celui de la guerre, poussant la fillette à l'observation sociale et à envisager son propre avenir à l'aune de ces premières constatations. Il est également vraisemblable que l'expérience enfantine de la Grande Guerre a nourri la pratique de Dolto médecin lorsqu'il s'est agi de soigner d'autres enfants lors d'une autre guerre, la Seconde Guerre mondiale.

Guerre et écriture de soi

Il y a indéniablement coïncidence entre la guerre et l'apprentissage de l'écriture et de la lecture par la jeune Françoise : « On peut dire que j'ai appris à lire, à lire couramment, en lisant le communiqué à ma mère pendant qu'elle se coiffait ou qu'elle était occupée à quelque chose quand arrivait le journal[1]. » C'est le contexte guerrier qui conduit la fillette à écrire de nombreuses lettres à ses parents, dont elle est momentanément séparée au début du conflit, et à son oncle Pierre Demmler, son parrain, mobilisé dans les chasseurs alpins et dont elle se dit la « fiancée ». La guerre ne provoque pas tant un rapport précoce à l'écriture en tant que telle qu'une autonomie nouvelle de la pratique scripturaire, à travers une correspondance privée abondante, inattendue chez une enfant de six ans. Ce recours prématuré à l'écriture de soi a d'ailleurs sans doute contribué à fixer durablement les souvenirs très vivaces et très précis de cette période. Si le regard extérieur d'un adulte – la mère, la gouvernante – est parfois sensible, plusieurs lettres attestent cependant une pratique personnelle et spontanée. C'est le cas notamment de la très belle « lettre à Dieu », écrite à l'âge de six ans, vraisemblablement en septembre 1915 : « Mon Dieu, protégez l'oncle Pierre et aussi tout les papa des pauvres enfants dont la maman est morte et qui sont tout seul et aussi tout les orfelin de la guerre et il y a beaucoup de maman qui ont été chassé des villes des pays et en s'ennalant il sont mort de chagrin en pensant que leur mari est mort et il leisse quelque fois 1 enfant 2 enfants 3 enfants 4 enfants 5 enfants 6 enfant et quelque fois jusqu'à 16 enfants alors mon dieu je devrai être bien sage aullieu d'être malonête avec Jacqueline comme je suis toujours, je devais pensé a toute ses oribles chose et pensé qu'il y a des enfant de mon âge qui sont malereu dans ce moment et sa rent les gent malereu qu'and ille pense que je jou pendant qu'il ce passe des oribles choses qui sont louin de moi et que je ne voi pas. Mon Dieu je suis mechante tout le temps et et je pleure tout le temps j'ai beaucoup de peine d'avoire fait sa. je tacherai d'etre bien sage pour que vous protéger l'oncle Pierre et que danmé est beaucoup de courage pour attendre la fin de la guerre et je pense que tout les soldat reviendront glorieux et joyeux. Françoise Matte[2]. »

10. Lettre de Françoise Marette
à son oncle Pierre Demmler.

7 septembre 1915

Mon cher oncle Pierre,

je te remercis de ta lettre qui m'a fait beaucoup de plaisir. Je voudrais bien me marier avec toi l'année prochene, mais je ne peut pas parceque je suis encors trop petite. mais hier en me promenant j'ais souffler sur une chandelle de Monsieur le curé et tout les machins sont partit d'un seul coup alors petètre toudêmeme que je pourer me marier avec toi canmême mais je ne sais pas si cette chandelle a mentis. je voudrais avoir beaucoup d'enfants deux filles et trois garçons et ont se parlera de la guerre et tu me racontera toute tes campagne et je serer très contente.

je ne suis pas trop imable avec les nuiyres parceque je n'en voi pas mais je suis camême émable avec les blessé que je rencontre mais je le serai plus avec toi parceque je t'aime beaucoup. Je pense que tu tura beaucoup de boches quand tu retournera au feu et qu'il ny en aura plus beaucoup et que nous pouron prendre lalemagne.

je t'embrasse bien fort et je suis ta fienser.

Françoise Marette

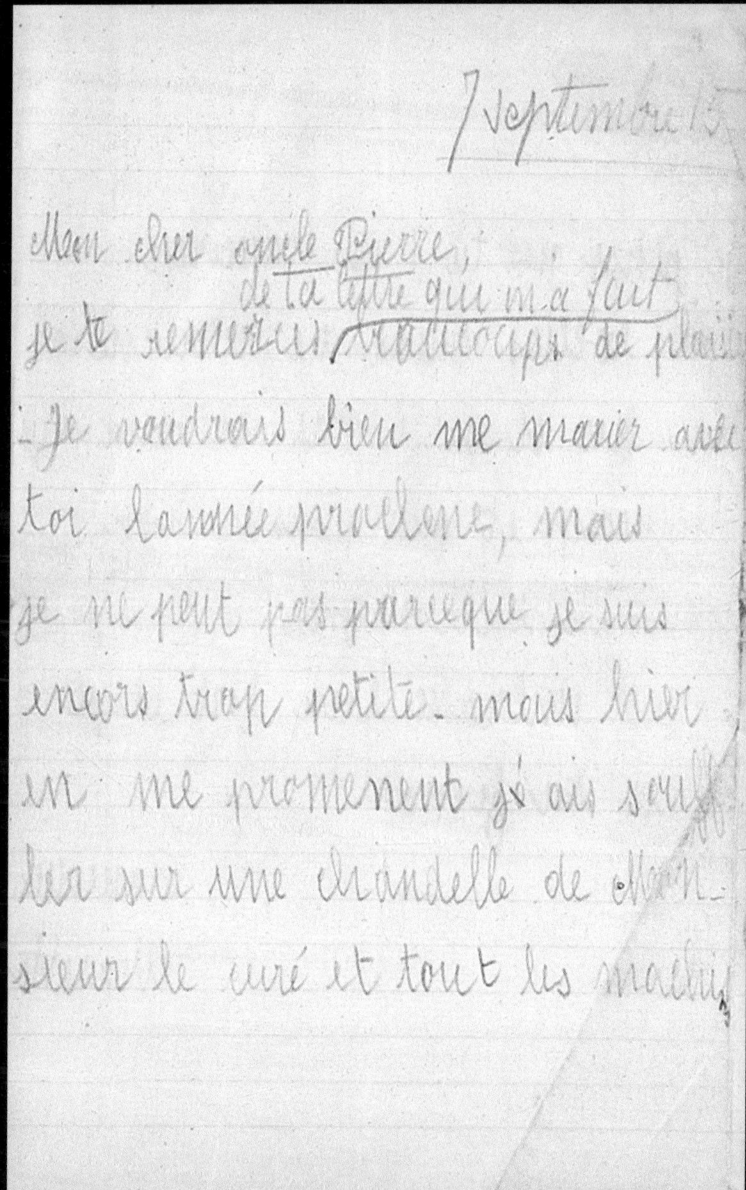

7 septembre 15

Mon cher oncle Pierre,
je te remercis de ta lettre qui m'a fait beaucoup de plai[sir]
Je voudrais bien me marier ave[c]
toi lannée prochene, mais
je ne peut pas parceque je suis
encors trop petite. mais hier
en me promenent j'ais souf-
ler sur une chandelle de Mon-
sieur le curé et tout les machi[ns]

10

1

19-2-16

Mon cher oncle Pierre,
j'ai été première hier sans
une autre avec moi, et en
allant au cours je suis
tombée sans le faire exprès
sur une famille nègres
alors je me suis tournée

12

19. 2. 16

Mon cher oncle Pierre,

J'ai été première hier sans une autre avec moi, et en allant au cours Je suis tombée sans le faire exprès sur une famille nègre alors je me suis tournée du côté de mademoiselle, alors elle a vu ma tête et elle a regardé partout et elle a vu des nègres alors elle n'a pas pu s'empêcher de rire, et moi je n'étais pas contente parce que je ne voulais pas qu'elle en rie. Papa a été en Angleterre et il m'a envoyé une carte avec 4 petits nègres, alors moi J'ai pleuré parce que Je t'ai promis de ne pas les regarder et je ne les ai pas regardé, il a envoyé une dépêche se soir en disant qu'il rentre cette nuit. J'espère que

13

11. Carte postale de Marguerite Demmler (Dan-mé) à sa petite-fille Françoise, 20 avril 1916.

12. Lettre de Françoise Marette à son oncle Pierre Demmler.

13. Carte postale d'Henry Marette à sa fille Françoise, 13 février 1916. « Voilà quatre bons petits camarades. Je te les envoie. »

Guerre et deuil

Si cette « lettre à Dieu » nous renseigne d'abord sur le lien qui se noue chez la jeune Françoise, du fait même de la guerre, entre l'écriture de soi, la spiritualité et l'intime, ce document met aussi en avant la figure centrale de son expérience de guerre : celle de son oncle Pierre. De 1914 à 1916, c'est l'oncle vivant, le « fiancé » des cartes humoristiques qui lui reproche d'aimer les « nègres » et à qui elle demande s'il a tué « beaucoup de boches[3] ». Pierre Demmler est *le* soldat de Françoise, sa figure paternelle combattante : « Mon Dieu, protégez l'oncle Pierre et tous les papas. » N'est-il pas aussi son parrain, son père en religion ? Françoise Dolto, dans ses souvenirs, le définit d'ailleurs comme son « oncle œdipien[4] ». Le 10 juillet 1916, Pierre Demmler meurt des suites de ses blessures, dans les Vosges. Après 1916, c'est l'oncle mort, qui disparaît temporairement de la correspondance mais dont le souvenir est omniprésent. Comme beaucoup d'enfants, Françoise fait ainsi l'expérience du deuil de guerre ; mais son deuil à elle est triple puisqu'elle perd à la fois un oncle, un parrain-père et un « fiancé ». Il ne faut pas minimiser l'impact de cette mort sur la fillette : le deuil est ici tout autant vécu intimement qu'observé chez les adultes qui l'entourent – notamment sa mère et sa grand-mère, très affectées : « Je n'avais aucunement peur de la mort. La mort pour moi, c'était retrouver l'oncle Pierre qui avait été mon fiancé, et dont je me croyais une veuve à vie. Pour moi, je ne devais jamais me marier, parce qu'une veuve de guerre, ça ne se remariait pas chez les gens "comme il faut". Veuve de guerre à sept ans[5] ! »

La fin du conflit ne met pas un terme à ce « veuvage juvénile » : bien au contraire, il semble que les adultes – particulièrement Dan-mé, la grand-mère maternelle – se soient efforcés de réactiver régulièrement le sentiment de la perte et, par là, la responsabilité du souvenir qui incombait à la fillette. La correspondance de Françoise après guerre fait ainsi apparaître une forme d'entretien du deuil de l'enfant par les adultes ; ainsi, en 1920, Dan-mé écrit, parlant de son fils mort depuis quatre ans : « Dernièrement, très clairement, il m'a dit : "Vava va faire sa première communion, je suis son parrain [...] ; je veux qu'elle ait un souvenir de moi. [...] Tu vas donc chercher une de ses croix avec sa chaîne dont je t'ai parlé souvent [...]." Alors, ma petite, je finis de m'acquitter de mon mandat en t'envoyant le petit paquet avec son histoire pour que tu voies bien que je n'y suis pour rien, que tout : idée, choix vient de ton parrain. Je pense que, sachant cela, elle te fera plus de plaisir et que tu porteras et garderas plus précieusement ce petit souvenir[6]. » Françoise reçoit donc un cadeau posthume de son parrain-fiancé qui vient redoubler l'injonction mémorielle, ce qu'atteste la réponse de la fillette : « Chaque fois que je repense à l'oncle Pierre, j'aurais envie de pleurer beaucoup. Il m'est arrivé un soir, il y a quelques mois, d'entendre l'oncle Pierre m'appeler et me parler. [...] Et le jour où, quand j'étais malade, c'était l'anniversaire de sa mort, je l'ai vu en rêve qui m'a dit : "Redouble tes efforts parce que ta 1ère communion approche." Et quand je me suis réveillée, j'étais toute en pleurs. Cette croix sera un souvenir constant de lui et, à partir d'aujourd'hui, je la porterai toujours. Je t'embrasse bien fort et l'oncle Pierre aussi[7]. » Sortie de l'enfance, Françoise Marette continue d'être régulièrement soumise à cette pression mémorielle : en 1928, elle effectue, avec sa grand-mère, le pèlerinage de la Tête des Faux, où tomba Pierre Demmler ; en 1939, dans l'album personnalisé que Suzanne Marette offre à chacun de ses enfants, celui de Françoise comporte une double page consacrée au « monument Demmler » [voir page 77].

Guerre et vie sociale

« Quand la fin de la guerre est arrivée, je me suis demandé comment on peut vivre quand ce n'est pas la guerre, parce que, pour moi, la guerre, c'était l'expérience de la vie sociale[8] » : la Grande Guerre est aussi, pour Françoise Marette, un temps d'apprentissage et d'observation. Avant même la mort de son oncle, elle est la spectatrice déconcertée du deuil des autres, tout particulièrement des femmes, amies de sa mère : « Je me rappelle une autre qui est venue en riant comme une folle, elle était folle de douleur de la mort de son fils et elle était secouée de sanglots tout pareils à entendre à des rires de nervosité, en parlant de ce fils disparu[9]. » L'incompréhension de la fillette face à cette « folie de la perte » n'en illustre pas moins la découverte de la douleur du deuil, de sa violence, voire de sa dimension traumatique.

Le contexte de guerre entraîne aussi le développement de ce que l'on pourrait appeler l'« esprit d'indépendance » de la jeune Françoise. Comme la plupart des enfants de son âge, la fillette est soumise dès 1914 à un puissant discours de mobilisation patriotique et germanophobe, véhiculé tant par l'école, les illustrés que, parfois, la famille. Dans le cas des Marette, le rôle de la mère est essentiel pour comprendre le climat de culpabilisation dans lequel baigne Françoise. La plupart des lettres de Suzanne Marette contiennent un rappel à l'ordre de la fillette à ses engagements patriotiques : « Ma pauvre Vava, tu ne peux pas être sage huit jours ! Tu ne penses donc ni à moi, ni à Papa, ni à tous les pauvres soldats qui doivent obéir tout le temps et faire toutes les choses les plus dures et les plus désagréables sans rébéquer ! Réfléchis, Vava, il faut devenir meilleure[10]. » La dimension culpabilisante du discours de mobilisation enfantine – et son efficacité – n'échappe pas à Françoise Dolto dans ses souvenirs : « Quand est arrivée la guerre, on faisait des cache-nez pour les soldats, enfin, c'étaient des écharpes, on appelait ça des cache-nez [...] Je faisais ça avec un "râteau", un grand tricotin. Ça me plaisait, mais en même temps ça m'embêtait beaucoup que je sois obligée de le faire. [...] Donc moi je faisais des cache-nez parce qu'il fallait qu'ils aient de la laine, et il fallait que ça ait un mètre ou un mètre vingt, et c'était long à faire comme travail. Si bien que, la nuit, je les accrochais avec des épingles doubles ou des épingles à cheveux dans le tissu des fauteuils et je tirais dessus pour que ça s'allonge jusqu'à un mètre vingt, et je les mouillais pour que ça s'étende ; mais quand ça séchait, ça redevenait petit, ça se décrochait, ou les fauteuils tombaient [...] enfin, c'étaient des malheurs.

14

14. Photo, 1915. « Mon blessé, Mohamed Ben Meckri. Souvenir de Bordeaux » (au dos, de la main de Suzanne Marette).

Et naturellement, j'étais très ennuyée de ça, je passais mon temps à faire du tricot, je ne pouvais même plus jouer parce qu'on me culpabilisait, ils l'attendaient soi-disant. Il y avait un pauvre poilu dans les tranchées qui attendait mon cache-nez et qui mourrait de froid si je ne finissais pas son cache-nez. Et je ne me rendais pas compte que ça amusait les gens, de me voir toute pénétrée de la valeur importante de ce qui était une corvée pour moi, à la longue. Je ne sais pourquoi, c'était un peu sadique d'ailleurs vis-à-vis d'un enfant, et j'ai compris après que, très souvent, quand les gens venaient, ils venaient me regarder comme ça, affairée à mon tricotin[11]. »

Pourtant, c'est aussi dans cette atmosphère de zèle patriotique que s'exprime la volonté d'affranchissement de la petite fille, qui n'hésite pas à détourner les *topoï* du discours de guerre pour se défendre des adultes : « Je me rappelle, par exemple, qu'on me disait : "À quoi penses-tu ?" et j'avais la frousse de cette question parce que toujours, quand je disais à quoi je pensais, ça me faisait punir parce que je pensais des choses qui fâchaient. [...] Alors une fois je me suis dit : "Faut que j'aie une réponse prête qui ne me fasse pas gronder."
Et je me rappelle qu'un jour j'ai répondu : "Je pense aux pauvres soldats dans les tranchées[12] !" » De même, c'est encore le contexte de guerre qui conduit la fillette à penser sa propre émancipation, non plus en tant qu'enfant vis-à-vis des adultes, mais en tant que femme vis-à-vis des hommes : « Je n'étais pas du tout révoltée mais j'avais l'idée de vivre libre, donc de gagner ma vie. J'avais aussi trop vu de femmes devenues veuves de guerre et du jour au lendemain des pauvresses avec des enfants à élever. C'est terrible ce que j'ai pu voir quand j'étais enfant. Des familles aisées comme la nôtre, le père mourait à la guerre, et il y avait juste une petite rente, qui ne permettait pas de continuer à vivre comme avant, et la femme se cachait pour travailler la nuit[13]... » Est-ce parce qu'elle se voyait elle-même en veuve de guerre ? Ce n'est en tout cas pas seulement comme spectatrice mais bien comme actrice à part entière du conflit que la petite fille prend conscience de l'impact de la guerre sur la vie quotidienne des femmes et de la nécessité absolue de sa propre émancipation sociale.

Manon Pignot

1. Françoise Dolto, *Enfances*, Seuil, 1986, p. 34. **2.** Françoise Dolto, *Lettres de jeunesse*, *Correspondance 1913-1938*, Gallimard, 2003, p. 48 (septembre 1915). **3.** *Ibid.*, p. 38 (14 juillet 1915). **4.** *Enfances*, *op. cit.*, p. 16. **5.** *Enfances, op. cit.*, p. 52. **6.** *Lettres de jeunesse*, *op. cit.*, p. 102 (2 mai 1920). **7.** *Ibid.*, p. 104. **8.** *Enfances*, *op. cit.*, p. 36. **9.** *Ibid.*, p. 32. **10.** *Lettres de jeunesse, op. cit.*, p. 44 (août 1915). **11.** *Enfances*, *op. cit.*, p. 28. **12.** *Ibid.*, p. 47. **13.** *Ibid.*

Chapelle du cimetière des chasseurs au carrefour Duchêne.

« À 18^{h} le 62ème a attaqué pour soutenir le 22ème qui attaquait sur le Bonhomme » Renseignement donné par le L^{nt} Coulomb [Colomb, *dans l'original*] à l'Hôpital de Fraize.

Le sommet de la Tête des Faux ci-contre et ci-dessous est classé monument historique. Tout y reste intact.

À droite entrée de l'abri qui servait de PC au capitaine et d'où il sortit pour régler le tir à 18 h 15 le 6 juillet 1915 quand une torpille aérienne l'a blessé mortellement et moins grièvement le L^{nt} Coulomb. Ils sont de suite pansés par le docteur Espagne et deux infirmiers et ne sont évacués qu'une heure après à cause de la violence du bombardement. Du poste de secours (au carrefour Duchêne) une auto de la Croix rouge anglaise les descend à Fraize au centre hospitalier à 3 h^{re} 1/2 du matin. 1 heure après étaient tués à la tête des Faux le Dr Espagne et les brancardiers chasseurs Jean-François Bouvier (Apremont - Savoie) et Jean-Marie Renaud (Messey-sur-Grosne – canton de Buxy – Saône-et-Loire)

Au premier plan Croix de bois plantée par la mère du capitaine Demmler après l'armistice en 1918 pour marquer l'endroit exact où son fils avait été mortellement [blessé] afin de faire ériger le petit monument qui y est *aujourd'hui*.

À l'hôpital au moment du départ le médecin chef et le père trappiste ont dit presque dans les mêmes termes : la mort du capitaine Demmler a été pour beaucoup ici une grande leçon dont le souvenir restera. Nous avons rarement vu si courageux, si patient et si doux. Tous les officiers sont braves devant le danger mais peu donnent un tel exemple de calme et de courage devant la souffrance morale et physique et la mort lente loin du champ de bataille. Quand on lui parlait de son état cherchant à le rassurer « Oh ! disait-il je n'ai pas peur de la mort ; depuis deux ans elle pouvait venir à tout instant, le sacrifice était offert chaque jour ! Mais je l'espérais sur le champ de bataille, à l'assaut à la tête de mes hommes. Il arrivera ce qui doit arriver ; je suis tout à fait calme. » Et comme il ne se plaignait jamais, on lui demandait s'il souffrait : « Oui beaucoup, mais cela ne fait rien, seulement je ne serai pas dans la Somme avec mes Hommes. Je désirais tant les mener à l'assaut. Voilà ce qui m'est douloureux ! »

Pièce officielle trouvée dans la poche de tunique : « Commandant, groupe de combat à commandant centre résistance : Par ordre du Colonel toutes les troupes de groupe de combat seront en alerte à partir de 17^{hres}. Les engins de tranchées de la Tête des Faux seront prêts à tirer à partir de ce moment. Des ordres de détail seront donnés ultérieurement, 6 juillet 14 h 15 Com^{nt} Huot. »

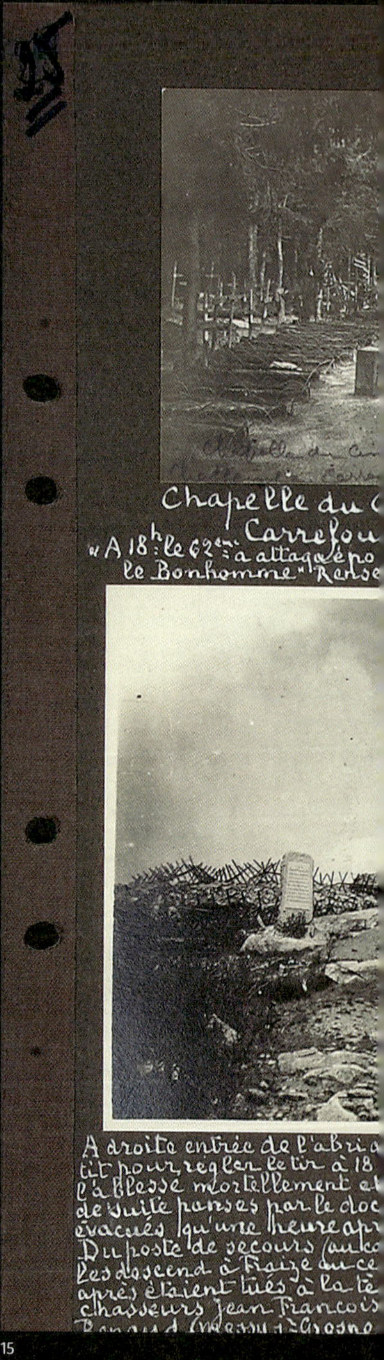

15

15. Page de l'album réalisé par Suzanne Marette relatant les circonstances de la mort de Pierre Demmler, oncle, parrain et « fiancé » de Françoise Marette.

Le sommet de la tête des Faux ci-contre et ci-dessous est classé monument historique. Tout y reste intact

au 1er plan Croix de bois plantée par la mère du Capitaine Demmler après l'armistice en 1918 pour marquer l'endroit exact où son fils avait été mortellement afin de faire ériger le petit monument qui y est aujourd'hui

re des Chasseurs au
chène
enir le 22e qui attaquait sur
donné par le Lnt Colomb à l'Hopital de Fraize

A. l'Hopital, au moment du départ le médecin chef et le père trappiste ont dit presque dans les mêmes termes : la mort du Capitaine Demmler a été pour beaucoup ici une grande leçon dont le souvenir restera. — Nous avons rarement vu si courageux si patient et si doux. — Tous les officiers sont braves devant le danger mais peu donnent un tel exemple de calme et de courage devant la souffrance morale et physique et la mort lente loin du champ de bataille — Quand on lui parlait de son état cherchant à le rassurer "Oh ! disait il je n'ai pas peur de la mort ; depuis 2 ans elle pouvait venir à tout instant, le sacrifice était offert chaque jour ! — Mais je l'espérais sur le champ de bataille, à l'assaut à la tête de mes hommes — Il arrivera ce qui doit arriver ; je suis tout à fait calme. Et comme il ne se plaignait jamais, on lui demandait s'il souffrait : "Oui beaucoup, mais cela ne fait rien, seulement je ne serai pas dans la Somme avec mes Hommes je desirais tant les mener à l'assaut. Voilà ce qui m'est douloureux ! — — —

it de PC au capitaine et d'où il sor
juillet 1915 quand une torpille aérienne
grièvement le Lnt Coulomb — Ils sont
agne et 2 infirmiers et ne sont
use de la violence du bombardement
Duchène) une auto de la croix rouge anglaise
pitalier à 3 heures ½ du matin — 1 heure
dux le Dr Espagne et les brancardiers
r (Apremont — Savoie) et Jean Marie
e Bourgogne et Loire)

Pièce officielle trouvée dans la poche de Tunique : Commandant groupe de combat à commandant centre résistance : Par ordre du Colonel toutes les troupes de groupe de combat seront en alerte à partir de 17 h. Les engins de tranchées de la tête des Faux seron

En mémoire de l'oncle Pierre

16

16. Croix de guerre et Légion d'honneur posthumes de Pierre Demmler, mort au Sphinx de la Tête des Faux (Vosges), le 10 juillet 1916.

17. Boîte contenant un fragment de vitrail de la cathédrale de Reims, détruite par un bombardement le 19 septembre 1914. Les débris de la cathédrale firent l'objet d'un commerce de reliques dès 1918 pour financer sa reconstruction.

17

18 a et 18 b. Pierre Demmler. À droite, « Photo sur laquelle on a ajouté ses deux décorations après sa mort » (dans l'album réalisé par Suzanne Marette).

19. « Voyage des Vosges et Alsace, 28 juillet - 6 août 1928 ». Double page de l'album personnel de jeunesse de Suzanne Demmler, « continué par Françoise Marette à qui sa maman donne cet album parce qu'elle garde les souvenirs du temps passé et de la famille, 1922 » (dédicace de la main de Suzanne Marette). Ce pèlerinage fut effectué par Françoise en compagnie de sa grand-mère Marguerite Demmler et de son jeune frère André Marette.

18 a

18 b

19

20. Carnet à dessin ayant appartenu à Suzanne Demmler (Marette) depuis 1899. « Ce livre m'a été donné par Maman, le 7 octobre 1919. Françoise Marette ».

21. Françoise Marette, le jour de sa première communion en l'église Notre-Dame-de-Passy, le 3 juin 1920.

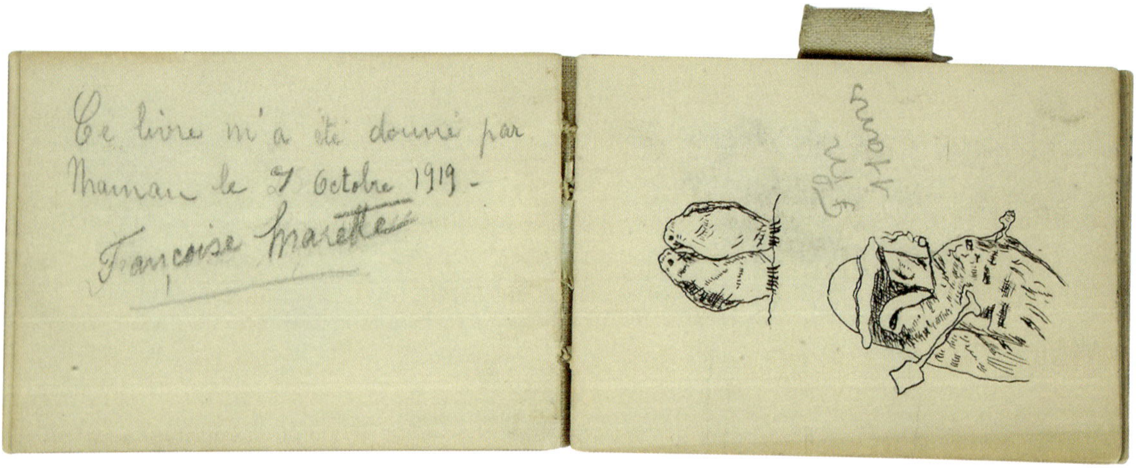

« Priez, Françoise, priez pour ne plus penser ! »

21

Françoise : ***J'ai fait ma communion tard pour une catholique, puisque je l'ai faite à douze ans, mais moi j'étais éduquée à la manière protestante, il faut attendre que les enfants comprennent quelque chose pour leur faire faire leur première communion. Et moi je réfléchissais, comme toujours !***

[...] Pendant la retraite, le curé dit : « Mes enfants, on a fini le catéchisme. Alors maintenant, vous allez me poser toutes les questions que vous voulez. Nous avons une heure devant nous, nous allons parler, comme vous voulez, vous allez me poser des questions. » Alors je lève mon petit doigt : « Monsieur le curé, je voudrais vous demander, ça m'est resté incompréhensible, pourquoi il n'y a pas de saint Judas ? » Alors, vous imaginez ! C'était vraiment un caillou dans une mare ! « Qui est-ce qui vous a raconté ça ? crie le curé. – Mais, je n'ai pas appris ça, ça me paraît évident, il n'a pas trahi, il a accompli le mandat qui lui a été confié par le Christ, et sans lui il n'y aurait pas eu la Passion... » [...] D'abord, il a fallu calmer tout le monde, les filles et les garçons disaient : « Ah oui, c'est vrai, on n'y avait pas pensé ! » Et après, quand tout le monde est parti, le curé m'a prise à part, et il m'a dit : « Avec qui avez-vous parlé de cette histoire de Judas ? – Avec personne, mais nous avons appris par cœur la Passion de saint Matthieu où Jésus dit : "Ce que tu as à faire, fais-le", et moi je crois que ce qu'il pensait, c'est que si Jésus allait devant [le peuple], alors ils seraient tous convaincus, et qu'il fallait donc trouver un moyen pour qu'il y aille, et c'est finalement ça qui a lancé la Passion. Sans ça, ça ne serait pas arrivé dans ces trois jours. C'est à lui que nous devons la Passion. »

Alors le prêtre m'a dit une chose très curieuse : « Je ne vois pas matière à péché. Ce n'est pas la peine que vous recommenciez votre confession générale. Mais demain, quand vous recevrez Jésus, priez, Françoise, priez pour ne plus penser ! » Et j'ai prié pour ne plus penser, mais ça n'a pas marché !

Extrait de « Traversée du siècle »

ÉVANGILE SELON SAINT MATTHIEU 91

l'Iskariote, alla trouver les chefs des prêtres et
leur dit : « Que voulez-vous me donner ? je vous 15 26
le livrerai. » Ils lui payèrent trentre sicles
d'argent[1]. A partir de ce moment, il chercha une 16
occasion favorable pour le livrer.

Préparation et célébration de la Pâque.

Le premier jour des Pains sans levain[2] les dis- 17
ciples vinrent à Jésus et lui dirent : « Où veux-tu
que nous te préparions le repas de la Pâque ? Il
leur répondit : « Allez à la ville, chez un tel et 18
parlez-lui ainsi : « Le Maître te fait dire : mon temps
est proche ; c'est chez toi que je célébrerai la
Pâque avec mes disciples. » Les disciples firent 19
comme Jésus leur avait ordonné et ils préparèrent
la Pâque.

Le soir venu, il se mit à table avec les douze[3], 20
et il dit pendant qu'ils mangeaient : « En vérité, je 21
vous le dis, un de vous me livrera. » Extrême- 22
ment affligés, ils se mirent chacun à lui demander :
« Est-ce moi, Seigneur ? » Il leur répondit : 23
« Celui qui a mis la main au plat avec moi[4],
celui-là même me livrera. Le Fils de l'homme 24
cependant s'en va, selon qu'il est écrit de lui ;

1 Le sicle d'argent valait 3 fr. 50 c.

2 Les jours *des pains sans levain*, on donnait ce nom à la fête de Pâque parce qu'il était ordonné de manger des pains sans levain pendant toute sa durée.

3 Plusieurs anciens manuscrits ajoutent *disciples*.

4 *Celui qui a mis la main au plat avec moi*, c'est-à-dire *celui qui a mangé avec moi*.

22

22. Signet dédié au « Sacre Cuore de Gesu » inséré dans un exemplaire du Nouveau Testament, traduit par Edmond Stapfer, pasteur de l'Église réformée de France, Paris, Fischbacher, 1894 (l'ouvrage porte un ex-libris « Demmler » daté de cette même année). Le signet marque l'emplacement d'une phrase qui a été soulignée en rouge : « Le soir venu, il se mit à table avec les douze, et il dit pendant qu'ils mangeaient : "En vérité, je vous le dis, un de vous me livrera." » Ce passage de l'Évangile (Mt. 26, 20), qui introduit la trahison de Judas, est le seul qui soit explicitement souligné dans cet exemplaire ayant appartenu à Françoise Marette. Il peut être mis en rapport avec la question de la « sainteté » de Judas, évoquée par Françoise dans le témoignage oral ci-dessus.

« L'autre drame, ç'a été la mort de ma sœur aînée. »

23. Faire-part de décès de Jacqueline Marette (12 avril 1902-30 septembre 1920), encadré. Françoise Dolto l'a conservé sa vie durant dans son bureau de la rue Saint Jacques. « Je ne serais jamais devenue psychanalyste sans ce drame familial ». Extrait de « Traversée du siècle »

Françoise : ***Elle tombe en montagne, à l'occasion de vacances qu'elle passe avec ma grand-mère en Savoie, elle se fait un hématome à la jambe, et cet hématome à la jambe se complique et devient un cancer de la cuisse, un ostéosarcome.***

Moi, je n'ai pas compris, j'ai vu les médecins qui arrivaient, les médecins qui ont dit qu'il fallait lui couper la jambe, et ma mère a dit : jamais ! Elle avait de très belles jambes... Ma mère a dit : jamais ! On n'a pas coupé la jambe, elle a eu une apparence de guérison extraordinaire, on a fait des rayons – on commençait déjà les rayons – et l'été de 1919, elle a fait le mont Blanc avec ma mère et mon frère aîné. Ma mère voulait absolument nier que cette fille était malade. Mais non, un miracle est possible, etc. [...] L'hiver suivant elle a fait une métastase pulmonaire, et elle est morte en septembre – nous étions à ce moment-là à Talloires – abandonnée par les médecins ; ils ont dit : « Écoutez, partez un peu parce que tous les médecins prennent du congé, puis ça ne pourra que lui faire du bien, du bon air, allez à Talloires. » Alors, chose étrange, j'ai eu la prémonition de sa mort, sans savoir du tout qu'elle était si malade, parce qu'elle est morte d'une embolie, heureusement finalement. Et nous devions rentrer à Paris, tout était retenu comme places de train, etc., et là, à Talloires [...] dans cet hôtel je me suis bien amusée, et puis tout d'un coup je me suis dit : ma sœur va mourir demain, alors que tout allait bien en apparence, elle était plutôt mieux d'être au bord de ce lac, dans un bon air. Et je suis allée rendre ma canne à pêche à un serveur qui me l'avait prêtée – parce que moi, je parlais avec tous les gens, quel que soit leur milieu social, c'était ça d'ailleurs que ma famille ne comprenait pas – et il a vu que j'étais triste, il m'a dit : « Mais vous êtes triste, mademoiselle ! » Je dis : « Oui, je suis triste parce que ma sœur va mourir cette nuit. – Comment, elle va mourir cette nuit ? Mais pourquoi vous dites ça ? – Parce que je le sais. »

Et je me rappelle qu'il m'a consolée, il m'a dit : « Mais non, il ne faut pas dire des choses comme ça, vous reviendrez l'année prochaine. »

Et puis nous sommes partis en train, elle, elle partait en voiture pour aller au train, nous, nous prenions la patache publique pour aller au train qui était à Annecy, et elle, elle venait avec le médecin, un médecin qui était à l'hôtel et qui se trouvait revenir aussi à Paris, et qui est parti ce jour-là avec maman et Jacqueline dans la voiture. Et en route, entre Talloires et Annecy, elle est morte d'une embolie, sa dernière phrase a été : « Quel beau coucher de soleil ! » et elle est morte.

Et quand nous sommes revenus de vacances où ma sœur est morte, il y avait à la maison trois lettres de garçons qui demandaient ma sœur en mariage, c'était effrayant.

[...] Elle est morte en septembre, et j'ai fait ma première communion en juin. À cette première communion, ma mère était venue me voir dans ma chambre un soir, et m'avait annoncé que ma sœur avait une maladie mortelle, ce dont je ne me doutais pas, j'avais bien vu qu'on l'avait opérée à la jambe,

mais c'est tout, et elle me dit : « Le jour de la première communion, on a déjà vu que Dieu faisait des miracles quand la prière était... », etc. Alors moi naturellement je fais ce que je peux pour prier pour ma sœur. La veille au soir de la communion, l'après-midi, j'apprends qu'il faut que je prie pour ne pas penser, le soir j'apprends qu'il faut que je prie pour que l'autre s'en sorte. Plus tard, je me suis sentie coupable quand ma prémonition qu'elle mourrait dans la nuit est arrivée. Ma mère n'a plus voulu me voir pendant presque un mois, à la mort de ma sœur, et heureusement il y avait Mademoiselle à la maison, Mademoiselle qui m'a dit : « Tu sais, ta mère souffre trop, tu comprends, ta sœur aînée, elle était blonde aux yeux bleus, elle était vraiment la préférée, il ne faut pas que tu t'en fasses de la peine, mais elle était blonde aux yeux bleus comme ton grand-père maternel, et comme la sœur préférée de ton père [...], tes deux parents, c'était leur premier enfant, il faut que tu comprennes... »

Mais moi je comprenais, je comprenais tout ce qu'on voulait, je ne comprenais rien, mais j'étais une bonne fille, quoi, qui vivait dans son monde à elle, et je me disais « pauvre femme de mère ». Et ma mère me disait, chaque fois qu'elle me rencontrait dans un couloir – je remonte en arrière en ce moment, je suis à douze ans – elle me disait : « Ah ! Pourquoi est-ce que ce n'est pas toi qui es morte, pourquoi est-ce que ce n'est pas toi qui es morte ? » Je disais : « Maman, je n'y peux rien, je te demande pardon. » Alors elle me disait : « Toi, tu me ressembles, tu me ressembles, tandis qu'elle, elle était belle, elle était jolie, elle était blonde, elle avait les yeux bleus », enfin, etc. Ma mère est devenue vraiment dingue. Elle avait quarante ans. Et nous avons eu un hiver épouvantable avec elle, dépressive, une chapelle ardente dans chaque pièce avec la photo de ma sœur, des bougies, des trucs... Et finalement elle a déraillé, l'été. Nous étions en vacances ; on a cherché un médecin, on ne comprenait pas ce qu'elle avait, un transport au cerveau, disait-elle, la typhoïde, disait-elle. Mon frère Jean, qui est juste avant moi, est allé jusqu'à trente kilomètres chercher un médecin, parce que le médecin était venu la voir, et disait : « Elle n'a rien. » On ne savait pas dire : cette femme, elle a une dépression nerveuse. Et il est allé chercher un médecin, nouveau, qui venait d'arriver de Paris, on lui a dit : « Mais il y a un nouveau médecin, il trouvera peut-être ce que c'est. » Il est venu, il n'a pas lâché ma mère pendant vingt-quatre heures, il n'avait pas encore une grosse clientèle, il a téléphoné à mon père en lui disant de venir immédiatement, et il a dit : « Votre femme va dérailler, si vous ne la remettez pas dans la vie, il faut absolument qu'elle ait un autre enfant. » Ma mère était dans le spiritisme, sa fille, etc. Et mon père, qui n'avait pas envie d'avoir un autre enfant, le dernier avait sept ans, il m'en a parlé, il m'a dit : « Écoute, Françoise, il faut que je te dise, ta mère va peut-être devenir folle de douleur de la mort de Jacqueline, mais ce médecin m'a convaincu, il y a peut-être un remède, c'est qu'elle soit mère une autre fois. » Alors, ma mère est devenue enceinte de celui qui est appelé Jacques. J'avais donc quinze ans à ce moment-là, c'était trois ans après la mort de ma sœur, qu'elle a attendu une fille, blonde, aux yeux bleus...

24. Françoise et son jeune frère Jacques Marette à Deauville, sans date (1924 ?).
« Un peu de sentiment avant de faire la sieste, à la Coccinelle »
(extrait de l'album réalisé par Suzanne Marette).
« C'est Jacques, celui qui est devenu sénateur, qui est né après et que j'ai élevé. [...]
Je ne savais pas que j'étais maternelle, je ne le savais pas. Je l'étais. »
Extrait d'*Enfances*

25. Henry et Suzanne Marette, sans date (fin des années 1930). Diptyque photographique, conservé par Françoise Dolto sur une étagère de son bureau.

24

25

Là-dessus c'est un garçon, noir aux yeux noirs qu'il est. [...] Ma mère a pleuré toutes les larmes de son corps que ce n'était pas sa fille qui revenait, et, chose étrange, elle ne voulait pas de prénom, elle ne savait pas, et elle a dit à mon père : « Tu lui donneras le prénom que tu veux, mais surtout pas Jacques. » Là-dessus mon père part à la mairie et n'a pas d'autre prénom en tête que Jacques, et il ne lui a même pas donné un deuxième prénom, alors que tous mes frères ont deux prénoms. Il est revenu, il lui avait donné le nom de Jacques. Enfin ç'a été dramatique, ma mère a fait un deuil pathologique, sans lequel je ne serais certainement pas devenue psychanalyste.

Si ma sœur avait vécu, moi qui étais dans la famille un canard, on m'aurait laissée faire ce que je voulais. Mais j'étais devenue la seule fille avec des garçons, il n'était plus question que je bouge, je devais tenir compagnie à ma mère toute ma vie si je ne me mariais pas.

Extrait de « Traversée du siècle »

« On reconnaît bien les familles des deux côtés, mais surtout pour des affinités ou des inimitiés, des tensions familiales. On reconnaît un peu que ce n'est pas le même style de vie, le côté Papa et le côté Maman ; qu'il y a sûrement un passé différent ; mais on n'en est pas vraiment conscient. […] Il y avait un style bourgeois-luxe du côté de Maman, XVIe arrondissement, et un style bourgeois-aisé mais simple du côté de Papa, XIVe arrondissement. »

*Extrait d'*Enfances

26. « Le bureau de papa. Sur cette table, il faisait ses réussites ou ses mots croisés ou lisait » (au dos, de la main de Françoise Dolto). Photographie prise après le décès de Suzanne Marette, 1962.

27. « Le bureau de maman. » Photographie prise après le décès de Suzanne Marette, 1962. « De la fenêtre on voit l'immeuble du 28 avenue de Lamballe où Do est venue habiter vers 1924, je crois, quand l'hôtel particulier (loué) 24, rue Desbordes Valmore qu'elle habitait (depuis 189? Suzanne s'y est mariée, grand père Demmler y est mort en 1912) a été démoli pour y construire un immeuble moderne. 28 avenue de Lamballe : cet immeuble où le 5e étage a été acheté par H. et S. Marette pour madame Marguerite Demmler née Secrétan ("Do") a été construit sur l'emplacement de la maison de santé mentale du Docteur Blanche (rue Berton). La porte à droite donne sur la chambre à coucher des parents » (au dos, de la main de Françoise Dolto).

27

« Le jardin des préférences »

Nom et date	H. Marette	Enazus Etteram	Françoise Marette	Françoise Marette
	14 janvier 1926	14 janvier 1926	14 janvier 1926	17 novembre 1928
Opinion politique	Monarchiste	Royaliste	Royaliste	Royaliste
Auteur littéraire préféré	Balzac	Musset Maeterlinck	E. Rostand et A. Daudet	Musset – Hello
Philosophe	Tristan Bernard	Marc Aurèle	Marc Aurèle	Pascal
Musicien	Wagner	Wagner Beethoven Haendel	Wagner et Beethoven	Wagner
Peintre	Rembrandt	Ingres Carrière	Delacroix	Fouquet – Rembrandt
Sculpteur	Praxitèle	Praxitèle – Rodin	Rodin	Landowsky
Œuvre préférée (litt. art)	*Eugénie Grandet*	*Parsifal L'Oiseau bleu*	*Cyrano*	*Victoire de Samothrace* la *Jeanne d'Arc* de Réal del Sarté *Requiem* de Berlioz
Grand homme préféré	Napoléon	Pasteur Napoléon	Napoléon	Lacordaire
Couleur préférée	Bleu	jaune	[Vert *: mot biffé*] jaune	bleu
Nom d'homme préféré	Jean	Jean	François[e *: lettre biffée*]	Dominique
Nom de femme	Jeanne	Françoise	Françoise	Françoise
Couleur de cheveux préférée	noir	blonds	noir	noir
Couleur d'yeux préférée	bleu	bleus	noir	noirs
Distraction	théâtre	musique	peinture	lecture
Sport préféré	alpinisme	montagne	alpinisme	tennis
Quel pays étranger vous attire le plus ?	France	tous	la Palestine et la Grèce	le Canada, la Palestine
Quel âge voudriez-vous avoir ?	35 ans	30 ans	mon âge 17 ans	mon âge 20 ans
À quel siècle auriez-vous préféré vivre ?	le mien	à aucun	fin XVIIIe et commencement XIXe	Moyen Âge

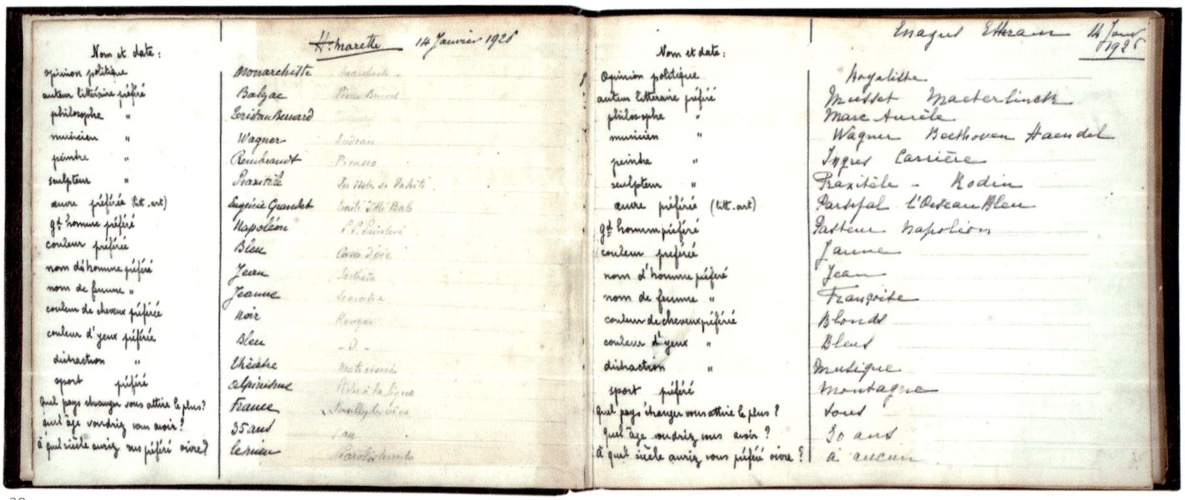

« Une chambre à mon gré »

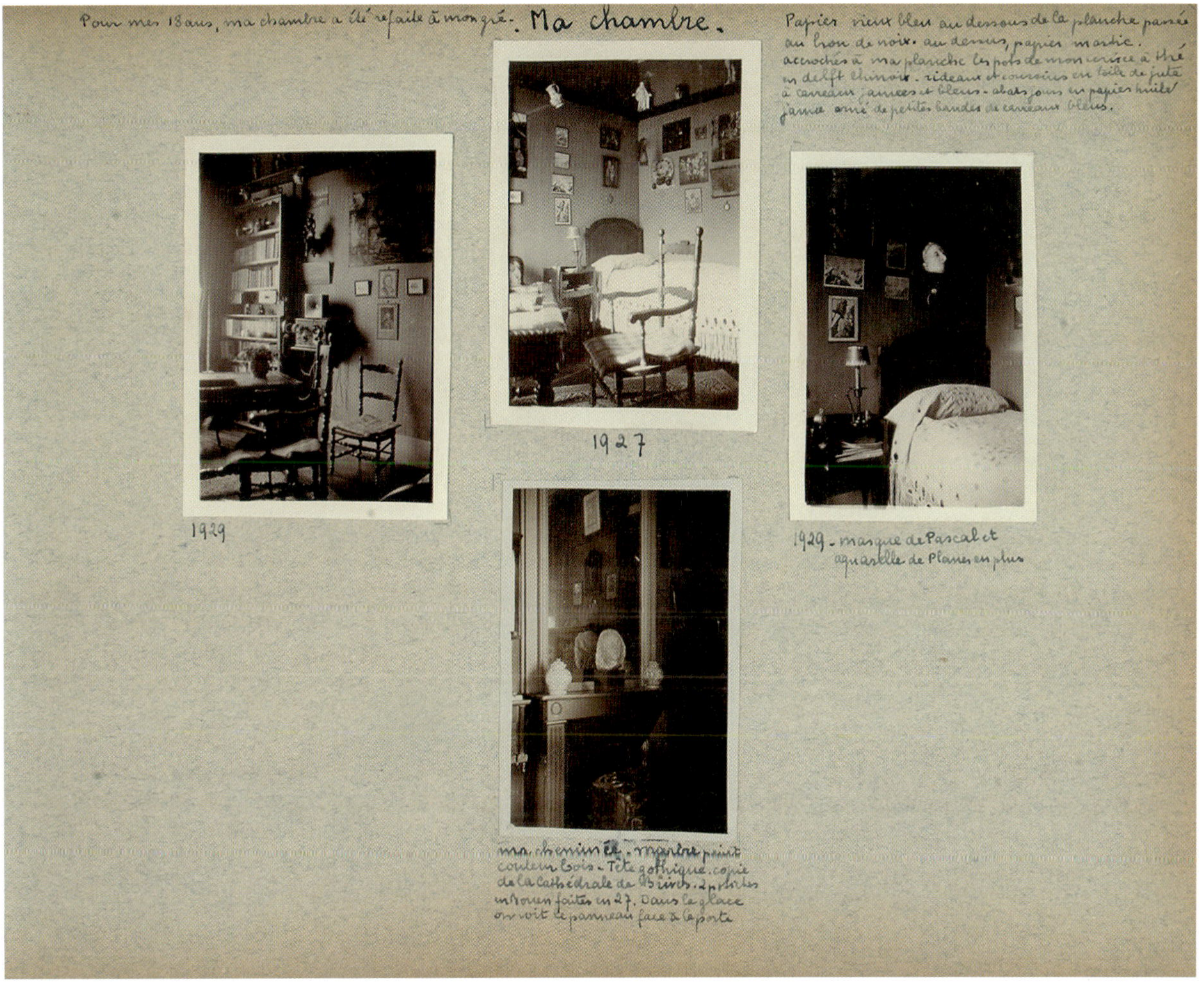

29

28. Recueil relié contenant le questionnaire intitulé « Le jardin des préférences ». Il s'agit d'un jeu pratiqué dans la famille Marette, où chacun écrivait chaque année ses préférences sur un questionnaire type. On remarque que Suzanne Marette a inversé les lettres de son nom, comme Françoise s'amusait souvent à le faire, pour signer Esioçnarf Etteram.

29. Page de l'album de Françoise Marette, 1927-1929. « Ma chambre. Pour mes 18 ans [6 novembre 1926], ma chambre a été refaite à mon gré. Papier vieux bleu, au dessous de la planche, passe au brou de noix au dessus, papier marbré. Accrochés à ma planche, les pots de mon service à thé en delft chinois. Rideaux et coussins en toile de jute à carreaux jaunes et bleus. Abat-jour en papier huilé jaune, orné de petites bandes de carreaux bleus. Ma cheminée. Marbre peint couleur bois. Tête gothique, copie de la cathédrale de Brives. Deux potiches en Rouen faites en 27. Dans la glace, on voit le panneau face à la porte. 1929 : Masque de Pascal et aquarelle de Planes en plus » (légendes de la main de Françoise Marette).

« ... mais je te préviens tout de même qu'il y aura fête ce soir. »

30. Jean et Suzanne Marette s'amusent sur la plage, sans date (années 1930). « Jean et Maman font leur révérence à la Mère Beaucaire » (légende de la main de Françoise Marette).

Françoise : ***Chez mes parents, on faisait des réceptions étonnantes, des réceptions d'ailleurs très amusantes, toujours avec musique. C'était quand mes frères étaient dans les grandes écoles. Après la mort de Jacqueline, ma mère s'est un peu remontée parce que son fils aîné était à Saint-Cyr, le second était à Centrale, enfin elle était contente de ses enfants. Et puis alors surtout elle s'était remise à faire beaucoup de musique, nous faisions tous les jours de la musique d'ensemble, tous les soirs et tous les dimanches de l'orchestre, et mon père chantait.***

Quand il y avait une fête à la maison, mes parents faisaient venir soit un trio, soit une pianiste et un violon, soit une chanteuse ou un chanteur. Alors on faisait un dîner très chic, et puis après on ouvrait les portes sur le salon, et on écoutait le concert. C'était tout à fait la cour des rois du Wurtemberg, comme genre. Nous avions un très bel appartement, et il y avait toujours une grande fête autour du jour de l'an, avec les amis de mes frères, tout le monde.

C'était des fêtes par thème, par exemple chacun devait présenter un titre de film, alors on se faisait soit une tête, soit un déguisement, et il fallait que les gens devinent le titre du film qu'on représentait. Une autre fois, c'était les romans parus, un titre de roman connu. Ou encore c'était une pièce de théâtre, alors il fallait se creuser la cervelle, tous les gens avaient beaucoup d'idées, c'était très amusant. Il y avait un jury, des prix, des objets que ma mère avait choisis… tout le monde votait pour tout le monde. […] C'était très vivant, c'était des fêtes qui commençaient à 5 heures du soir et qui finissaient à 4 heures du matin. Ma mère recevait très très bien et c'était très amusant.

[…] Une fois, justement, quand j'étais à Maison-Blanche, je suis arrivée déguisée en folle, puisque mes parents, ma mère surtout, voyaient d'un très mauvais œil que je fasse la médecine, et encore plus la psychanalyse. Et tous les amis et connaissances disaient : « La pauvre Françoise, elle va être complètement dingue. » Je suis arrivée déguisée en folle avec les cheveux hirsutes, avec une robe de folle, et j'ai fait un numéro incroyable en disant : « Vous êtes tous réunis là, vous êtes bien surpris de me voir, eh bien je suis Françoise. Mes parents n'ont pas voulu dire que j'étais folle, mais je suis dans un asile d'aliénés. » Les gens étaient de plus en plus atterrés, ils croyaient que c'était vrai ! Ç'a été un numéro extraordinaire. Et maman, qui ne s'y attendait pas du tout, a dit que j'avais tout de même exagéré, que les gens étaient affolés, ils ne savaient plus quoi faire… En effet je ne devais pas venir ce soir-là, elle m'avait dit, comme toujours : « Je pense que tu ne tiens pas à venir dans ta famille, alors ce n'est pas la peine que tu viennes, mais je te préviens tout de même qu'il y aura fête ce soir. »

Mais finalement c'était très drôle, tout le monde a beaucoup ri.

Extrait de « Traversée du siècle »

LE JE DES ÉCRITURES

1

1. Françoise Marette, sans date (années 1930).

2. *Hommage à Jean de La Fontaine* de Charles Correia (détail), jardin du Ranelagh.

« Je me souviens très bien de l'endroit où j'ai découvert l'ignorance des adultes. C'était à côté de la passerelle qui franchit le chemin de fer de ceinture, au bout de la rue du Ranelagh. »
Extrait d'*Enfances*

« *Boit l'obstacle* : caractère impatient, nerveux et irritable mais franchise sincère, spontanée et généreuse. Grande bienveillance. Aime le bruit, le mouvement, les jeux mouvementés et ne redoute rien », sous la rubrique « Les lunettes de tante Rolande », *Semaine de Suzette*, 21 juin 1921.

Françoise Marette ou celle qui « boit l'obstacle ». L'oracle de la *Semaine de Suzette* a parlé. Dans le reflet des lunettes de tante Rolande, le secret des écritures de jeunes filles se dévoile. Alimentée par les spécimens scripturaires que les demoiselles font parvenir au journal, la rubrique graphologique livre ses diagnostics, en attribuant des surnoms adaptés aux « caractères » que la forme des lettres est censée révéler. « Dans la *Sem. de Suzette* ma graphologie a paru » : Françoise n'est pas peu fière, en cet été 1921, d'annoncer à son père, dans une correspondance déjà florissante, qu'elle a enfin trouvé un miroir conforme à l'énergie qui anime sa sensibilité intime. Vingt ans plus tard, en 1941, le jeu des analyses d'écritures, auquel se prêtent Françoise et son futur mari, fait étrangement bégayer une morale graphologique qui s'efforce vainement depuis Alfred Binet de forcer les portes de la science. Celle qui se surnomme, et que l'on appelle, depuis la plus haute enfance, la bonne « Vava » trouve assurément logique que son identité personnelle puisse avoir partie liée avec la passion du mouvement et du bruit.

Moins d'un an après la mort de Jacqueline, la sœur survivante cherche obstinément un moyen de contourner l'obstacle que l'ombre de la morte représente. Exutoire d'un moi débordant, l'écriture autographe ne fait-elle pas partie de la panoplie des « jeux mouvementés » dont parle tante Rolande ? Curieux prolongement du corps, le geste manuscrit semble pouvoir matérialiser la projection des bruissements intérieurs. Dès l'âge de cinq ans, Vava affectionne ce murmure de la plume et du crayon sur le papier, alors qu'elle apprend à former, sur un petit cahier, les lettres, avant même de savoir les déchiffrer. Le docteur Françoise Dolto ne manquera pas, bien plus tard, de signaler cette inversion personnelle du processus traditionnel d'apprentissage de la lecture, puis de l'écriture. Écrire et dessiner sont destinés durablement, aux yeux de Françoise, à constituer deux mouvements graphiques indissociables.

En rigoureuse mémorialiste de ses enfants, Suzanne Marette a conservé la totalité des premières lettres rédigées par sa jeune virtuose de l'écrit. Sur l'enveloppe d'une de ces missives, datée du 11 décembre 1913 et adressée au Père Noël, la mère précise qu'il s'agit de la « première copie de Françoise ». Dans le petit cahier d'écriture, on retrouve en effet l'épreuve initiale de la prouesse graphique, recopiée au propre dans un second temps. Mais, en feuilletant les pages de ce cahier-matrice, le miroir originel de l'autographie se déforme néanmoins : les essais manuscrits de Vava s'y surimposent en effet aux modèles préparés à l'avance par son « institutrice », Élisabeth Weilandt – très fameuse « Mademoiselle », qui restera au service des Marette et de leurs enfants jusqu'à sa mort, en 1957. L'écriture de Françoise n'est donc que le décalque de celle de la fidèle mais sévère « Mémée ». Suzanne avait raison : l'écrivaine de cinq ans n'est qu'une copiste. Mais qui donc rédige alors, au nom de « Vava », cette lettre, authentique sinon autographe, adressée trois ans auparavant au même Père Noël ? Sous nos yeux distraits, les fautes d'orthographe qu'elle contient, volontaires ou non, créent une véritable illusion d'optique, un genre d'effet de réel propre à toute trace manuscrite. Et si l'écriture encore enfantine de cette correspondance littéralement altérée était celle de Jacqueline ? Je est un autre et l'écriture, une fable qui se joue à deux – destinateur et destinataire. À l'image des contes de La Fontaine, dont Vava croise, en compagnie de Mademoiselle, la statue plusieurs fois par semaine dans les jardins du Ranelagh, l'écrit accomplit sans cesse un renversement des positions et des situations.

Le miroir opaque des écritures de soi, qui rend si méconnaissable les autoportraits, ne reflète pas ce moi interne si fuyant mais bien l'image de l'Autre. Agnès Dognin, amie d'enfance et bientôt sœur d'adoption, joue de manière croissante, auprès de Françoise, le rôle de double scripturaire. Et c'est à l'ombre de cette relation gémellaire que la pratique du journal intime, presque proverbiale pour une adolescente issue d'un milieu bourgeois, s'enracine. Les demoiselles commencent tout d'abord par s'offrir mutuellement de jolis petits carnets vierges – en 1919 ou en 1927, par exemple – chargés d'épancher les débordements du moi et qui finissent par prendre pour objet ses aliénations successives. La confession personnelle se laisse peu à peu envahir par la profession de Foi : après l'extase mystique que provoque la contemplation du cadavre de l'arrière-grand-mère Secrétan en novembre 1926, le journal intime de Françoise recueille ainsi les souffrances coupables causées par la mort sociale d'Agnès, qui entre au couvent de Westgate en 1929. Le décès symbolique de cette sœur de substitution brise alors le miroir déformant des écritures intimes, et, quelques mois plus tard, Françoise abandonne son journal pour s'enfoncer durablement dans la crise de l'identité. Y. P.

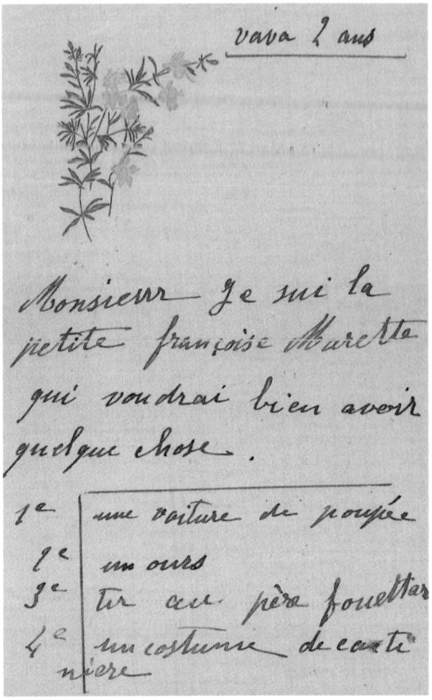
Vava 2 ans
Monsieur Je sui la
petite françoise Marette
qui voudrai bien avoir
quelque chose.
1e une voiture de poupée
2e un ours
3e tir au père fouettar
4e un costume de canti-
niere

3

3. Lettre non autographe de Françoise Marette au Père Noël, décembre 1910.

« Vava 2 ans
Monsieur Je sui la
petite françoise Marette
qui voudrai bien avoir
quelque chose.
1e une voiture de poupée
2e un ours
3e tir au père fouettard
4e un costume de cantiniere
Je pense a vous
Françoise Marette »

4. Élisabeth Weilandt, dite Mademoiselle ou Mémé, institutrice des enfants Marette, en 1919. « [Mademoiselle] m'a donné très vite le sentiment de responsabilité. Je lui suis très reconnaissante de ça, parce que, quand on a pu prendre ses initiatives jeune, eh bien on sait travailler. »
Extrait de « Traversée du siècle »

5. Page extraite du cahier d'écriture de Françoise.

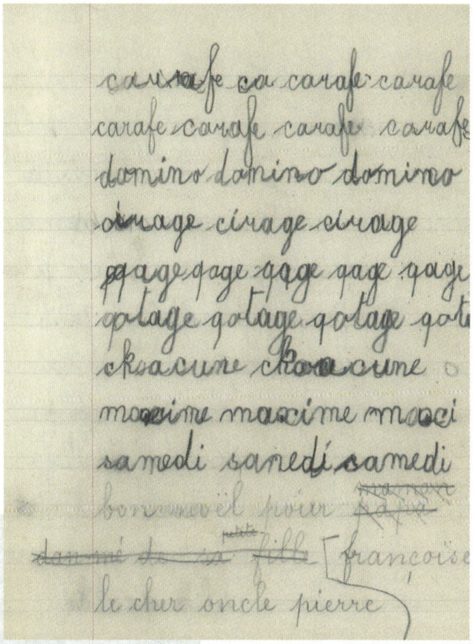
carafe carafe carafe
carafe carafe carafe carafe
domino domino domino
cirage cirage cirage
gage gage gage gage gage
gotage gotage gotage
chacune chacune
maxime maxime
samedi samedi samedi
françoise
le cher oncle pierre

5

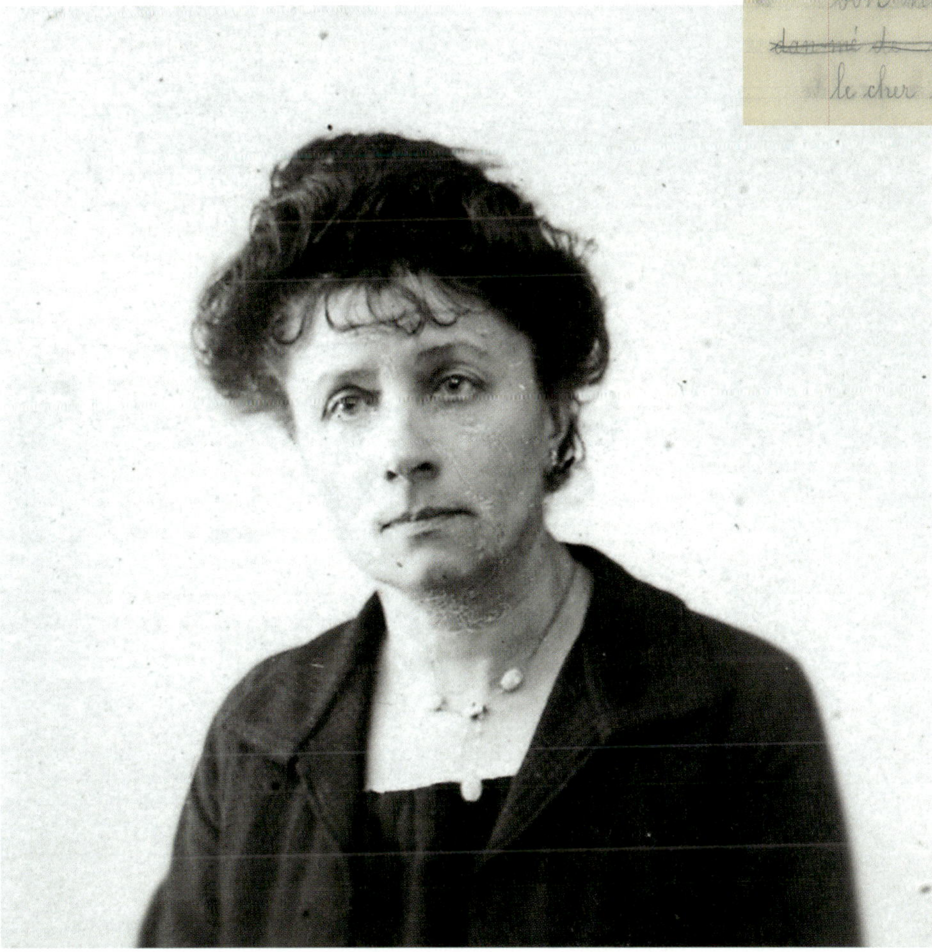

4

« C'était une joie pour moi d'écrire. »

Françoise : ***Alors, à partir du moment où j'ai su écrire, c'était une joie pour moi d'écrire, je ne savais pas relire ce que j'avais écrit, mais les autres pouvaient le relire… Oui, pour lire ç'a été comme ça, et pour écrire pareil. J'écrivais, comment il fallait mettre les syllabes, mais… Alors j'écrivais à l'oncle Pierre, qui était mobilisé ; c'était des lettres d'amour que j'écrivais à l'oncle Pierre […] je disais : « Je pense à toi, je te fais un cache-nez, on a mangé ceci et cela », n'importe quoi, je ne sais pas ce que j'écrivais, « j'espère que tu es brave devant les ennemis… »***

Extrait de « Traversée du siècle »

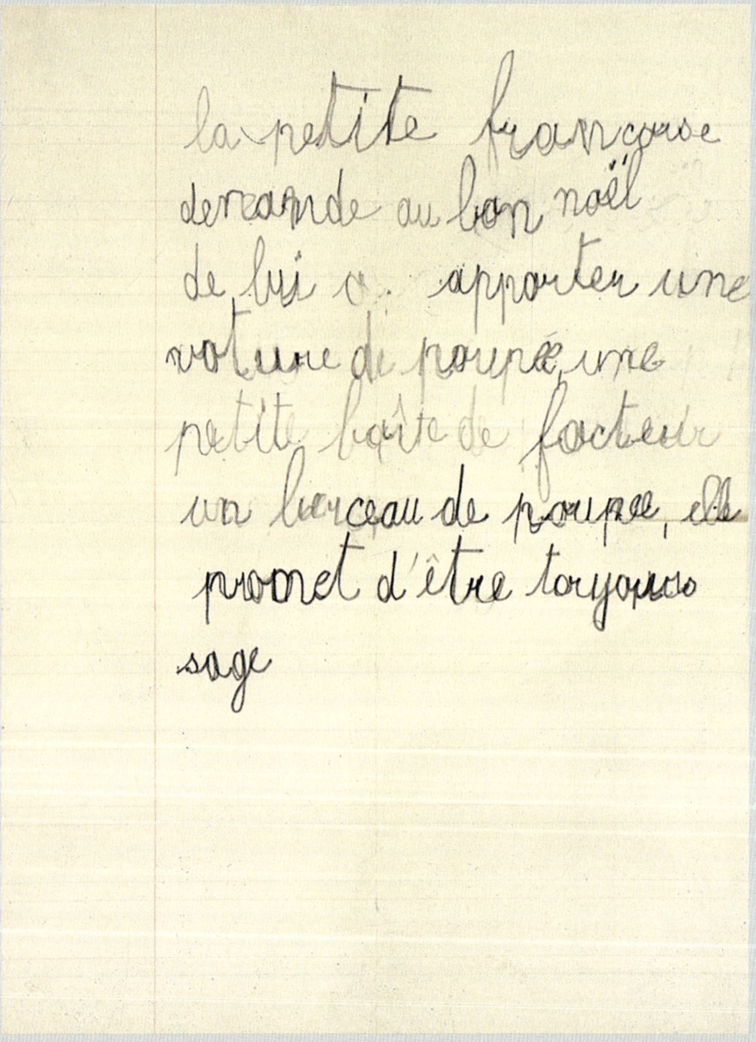
la petite françoise
demande au bon noël
de lui a apporter une
voiture de poupée, une
petite boite de facteur
un berceau de poupee, elle
promet d'être toujours
sage

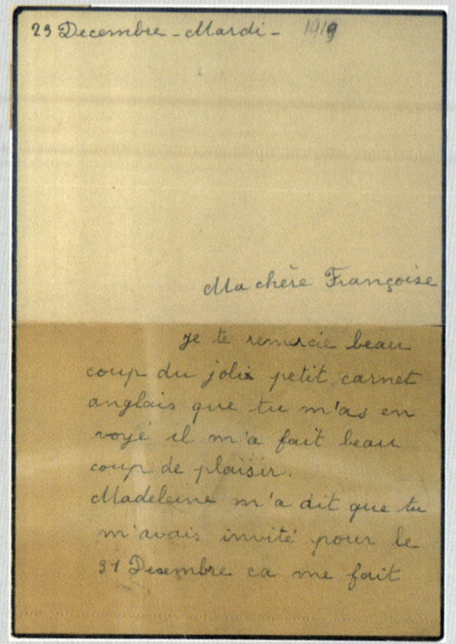
23 Decembre – Mardi – 1919
Ma chère Françoise
Je te remercie beau
coup du joli petit carnet
anglais que tu m'as en
voyé il m'a fait beau
coup de plaisir.
Madeleine m'a dit que tu
m'avais invité pour le
31 Decembre ca me fait

7

6. Brouillon d'une lettre autographe de Françoise Marette au Père Noël.
« 11 décembre 1913
la petite françoise demande au bon Noël
de lui apporter une voiture de poupee,
une petite boîte de facteur, un berceau
de poupee, elle promet d'être toujours sage »

7. Lettre d'Agnès Dognin à Françoise Marette.
« 23 Decembre – Mardi – 1919
Ma chère Françoise
Je te remercie beaucoup du joli petit carnet anglais que tu m'as envoyé il m'a fait beaucoup de plaisir. Madeleine m'a dit que tu m'avais invité pour le 31 Decembre, ca me fait beaucoup de plaisir parceque chaque fois que madeleine y allait je ne pouvais jamais y aller. Qu'as tu pour noël ? moi j'ai demandé une croix pour mettre a mon berceau de poupee et une petite boite pour mettre sa poudre.
Aurevoir ma chère françoise
Ta petite amie qui t'aime
Agnès »

8

8. Profils en ombres chinoises d'Agnès Dognin (à gauche) et de Françoise Marette (à droite), mai 1921.

« Voilà 17 ans que je suis sur terre. »

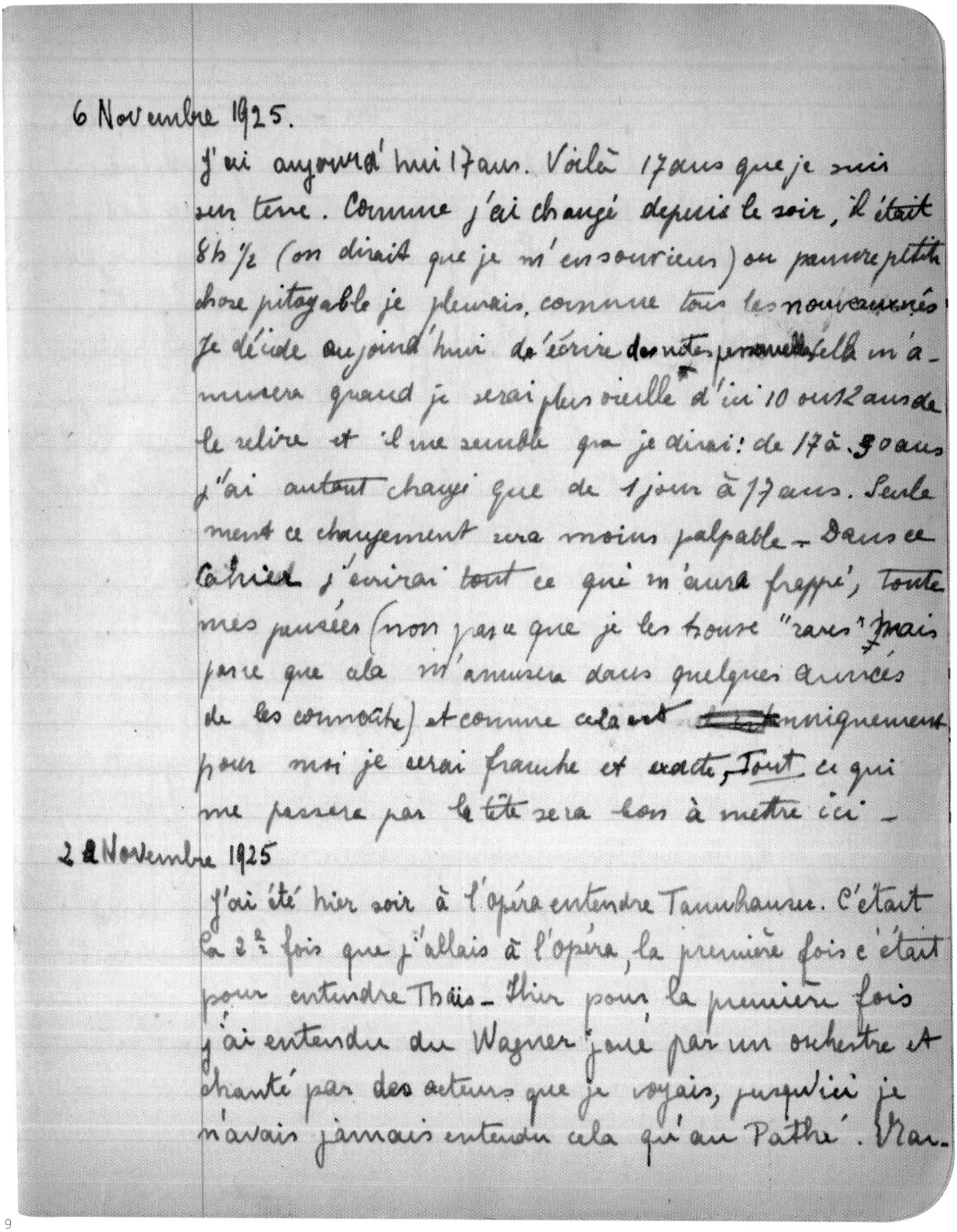

6 Novembre 1925.

J'ai aujourd'hui 17 ans. Voilà 17 ans que je suis sur terre. Comme j'ai changé depuis le soir, il était 8h ½ (on dirait que je m'en souviens) où pauvre petite chose pitoyable je pleurais, comme tous les nouveaux-nés. Je décide aujourd'hui de écrire des notes personnelles cela m'amusera quand je serai plus vieille* d'ici 10 ou 12 ans de le relire et il me semble que je dirai : de 17 à 30 ans j'ai autant changé que de 1 jour à 17 ans. Seulement ce changement sera moins palpable – Dans ce cahier j'écrirai tout ce qui m'aura frappé, toutes mes pensées (non parce que je les trouve "rares" mais parce que cela m'amusera dans quelques années de les connaître) et comme cela est uniquement pour moi je serai franche et exacte, Tout ce qui me passera par la tête sera bon à mettre ici –

22 Novembre 1925

J'ai été hier soir à l'opéra entendre Tannhauser. C'était la 2e fois que j'allais à l'opéra, la première fois c'était pour entendre Thaïs – Hier pour la première fois j'ai entendu du Wagner joué par un orchestre et chanté par des acteurs que je voyais, jusqu'ici je n'avais jamais entendu cela qu'au Pathé. Vrai-

10

9. Première page du journal intime de Françoise Marette, 1925-1927.

10. 1931. Françoise Marette.

11. Autoportrait au fusain, 15 novembre 1925.

« Moi, j'ai fait mon autoportrait à plusieurs reprises quand je ne savais pas quoi peindre. » Extrait d'*Autoportrait d'une psychanalyste*

6 novembre 1925

J'ai aujourd'hui 17 ans. Voilà 17 ans que je suis sur terre. Comme j'ai changé depuis le soir, il était 8 h 1/2 (on dirait que je m'en souviens) où pauvre petite chose pitoyable je pleurais comme tous les nouveau-nés. Je décide aujourd'hui d'écrire des notes personnelles, cela m'amusera quand je serai plus vieille, d'ici 10 ou 12 ans, de le relire et il me semble que je dirai : de 17 à 30 ans j'ai autant changé que de 1 jour à 17 ans. Seulement ce changement sera moins palpable. Dans ce cahier j'écrirai tout ce qui m'aura frappé, toutes mes pensées (non parce que je les trouve « rares » mais parce que cela m'amusera dans quelques années de les connaître) et comme cela est uniquement pour moi je serai franche et exacte. Tout ce qui me passera par la tête sera bon à mettre ici.

[...]

11

17 décembre 1925

Danmé Étan est morte avant-hier. J'ai été aujourd'hui la voir sur son lit. Jamais je n'avais vu une personne morte et bien que je m'attendais à voir une figure blanche, je n'ai jamais eu un tel saisissement de ma vie. Je n'avais pas du tout réalisé ce que ce serait. Tout le temps il me semblait que je la voyais respirer. C'est vraiment beau. C'est ma maman qui avait garni son lit de violettes et d'œillets, c'était ravissant. 2 bougies brûlaient de chaque côté de l'oreiller. Tout le reste de la pièce était dans l'ombre, sauf un coin de table et le fauteuil où était assise une bonne sœur et dont on pourrait croire qu'elle aussi était morte, si ce n'était le petit bruissement des grains de chapelet courant les uns après les autres. Danmé Étan était très changée, je n'aurais jamais cru qu'un corps pût avoir à ce point une telle noblesse. Sa figure et sa pose entière étai[en]t calme[s] et pas une ombre de tristesse ne venait la troubler. Maman me dit que Jacqueline avait l'air prodigieusement triste et pas du tout cet air calme. D'autres morts ont paraît-il l'air malheureux, ou gais. Maman me dit que cela doit tenir à ce que l'âme se retire progressivement du corps et ne le quitte vraiment que lorsque celui-ci est détruit, ce corps pourrait alors encore exprimer ce que l'âme ressent. Loti dit que c'est devant le cadavre de sa grand-mère qu'il a perdu la foi et commencé à douter de l'immortalité de l'âme. Au contraire jamais je n'avais si bien réalisé que cette après-midi ce qu'un soir toute petite j'avais, non pas rêvé puisque j'étais réveillée (je venais de m'agenouiller pour faire ma prière), mais que j'avais senti jusqu'au plus profond de moi avec la vitesse de l'éclair : la vie est un rêve, la mort est le réveil et à ce moment seul doit commencer la « vraie vie ». Et de penser que *tout le monde meurt* cela m'a consolée et m'a fait remercier Dieu, et je me suis dit : « Du courage pour tout puisqu'un jour tu mourras. » Après tout Dieu aurait bien le droit de me laisser mijoter dans mon coin sans jamais mourir mais puisqu'il ne l'a jamais fait je ne sais pas pourquoi il lui prendrait cette lubie. Tout de même, j'aimerais bien mourir en m'en doutant, en savourant ce dernier plaisir. Dans un rêve, c'est le dernier moment qui est le plus intéressant. Quand mon réveil sonne, alors c'est extraordinaire ce qui me passe par la tête, c'est trop et… je me réveille en me disant : « Et dire que je croyais que c'était vrai. » Si la mort est un réveil ce doit être la même chose en plus « formidable » encore. Mais ainsi que l'on peut repenser à ses rêves de même on doit pouvoir repenser à ceux qu'on a quittés.

12. « Mme Eugène Secrétan, vers 60 ans. M. et Mme Secrétan sont tous deux morts de congestions pulmonaires accidentelles et grippales, lui en 3 jours, 11 mars 1900, en pleine activité, elle en 8 jours, à 86 ans, en 1925. » (extrait de l'album réalisé par Suzanne Marette).

13

13. Portrait à l'huile de deux femmes non identifiées. « F. Marette, janvier 1926 ».

14. *Anne, ma sœur Anne, ne vois-tu rien venir ?*, gouache de Françoise Marette, sans date.

15. Agenda de 1927. En page de garde, Françoise Marette a inscrit l'ex-libris : « *Ce carnet est un cadeau d'Agnès pour Noël 1926* », et a rempli ainsi le « Mémorandum personnel » : « Nom : *Marette*, Prénom : *Françoise*, Profession : *folle* ».

16. Agnès Dognin au couvent de Westgate, janvier 1931.

17. Première page du journal intime de Françoise Marette, 1929-1930.

14

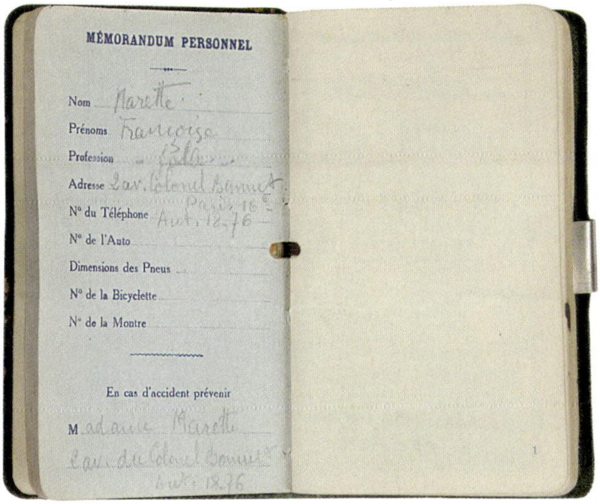

15

16

Samedi 16 juin 1929

matin – Je suis bien amorphe en ce moment. Je suis en panne sous tous les rapports, et cela parce que je souffre dans mon cœur. Quelle faiblesse ! Hier comme une imbécile en jouant au bridge avec Papa, maman et Jean, tout d'un coup la douleur d'être séparée d'Agnès (ce qui n'est pourtant pas nouveau puisque cela fait 12 jours qu'elle est partie) s'est si cruellement réveillée malgré moi que j'en ai pleuré ! Tu pleures comme ceux qui n'ont pas d'espérance. C'est lamentable de ne pas avoir plus de ressort. Et ta volonté alors ? aussi annihilée ? et ta foi ? impuissante ? et ta vie intérieure ? arrêtée ? Cela juste au moment où ce ne sont plus des pensées et des discours mais des actes. À la façon dont une âme reagit devant l'épreuve on peut la juger et ce m'est une grande humiliation de me trouver si dépourvue de « force » de cette vertu virile et vraiment chrétienne. Mon Dieu *je veux* sortir de cet état mou et malsain. Je ne peux rien par moi-même mais avec toi je peux tout. Donne-moi ta grâce, non pas la grâce de ne pas sentir l'épreuve, mais celle de m'en servir pour retremper mon âme. Chose bizarre, Cath[erine] m'a indiqué tout à fait par hasard car elle croyait que je lui en avais parlé alors que je l'ignorais totalement une retraite prêchée par le RP Gillet dominicain, retraite pour dames et jeunes filles. J'ai une carte pour y aller, maman aussi d'ailleurs. Cet homme est intelligent, ça peut ne pas être mal. Je me méfie beaucoup des retraites pour jeunes filles et dans ce moment je ne me sens vraiment pas en bonnes dispositions pour faire une retraite. Je suis comme dans une atmosphère isolante au point de vue spirituel, je n'ai plus de vie intérieure (si toutefois j'en ai jamais eu), entre Dieu et moi il y a un voile sombre. Ce n'est pas que pour cela je perde mes convictions religieuses. Au point de vue raisonnement et purement intellectuel ce m'est je crois trop difficile car j'ai trop bien compris la vérité et la beauté du catholicisme quoique je me sente tellement dépassée.

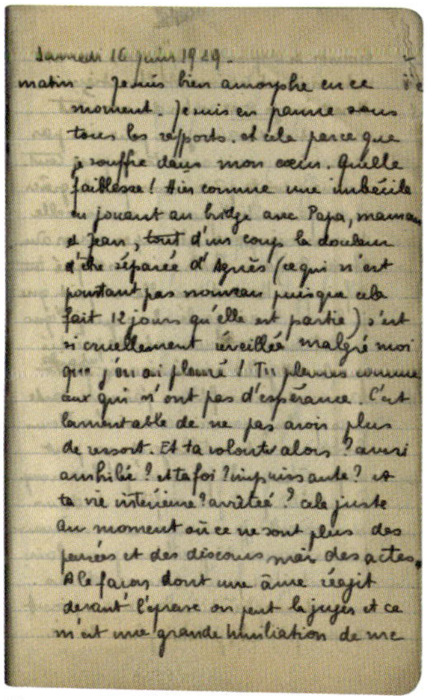
Samedi 16 juin 1929.
matin – Je suis bien amorphe en ce
moment. Je suis en panne sous
tous les rapports. et cela parce que
je souffre dans mon cœur. Quelle
faiblesse ! Hier comme une imbécile
en jouant au bridge avec Papa, maman
et Jean, tout d'un coup la douleur
d'être séparée d'Agnès (ce qui n'est
pourtant pas nouveau puisque cela
fait 12 jours qu'elle est partie) s'est
si cruellement réveillée malgré moi
que j'en ai pleuré ! Tu pleures comme
ceux qui n'ont pas d'espérance. C'est
lamentable de ne pas avoir plus
de ressort. Et ta volonté alors ? aussi
annihilée ? et ta foi ? impuissante ? et
ta vie intérieure ? arrêtée ? cela juste
au moment où ce ne sont plus des
pensées et des discours mais des actes.
A la façon dont une âme réagit
devant l'épreuve on peut la juger et ce
m'est une grande humiliation de me

17

Graphologie

18. Le docteur Boris Dolto à sa table de travail, sans date (fin des années 1930).

19. « Dominante de l'écriture de Boris Dolto », analyse graphologique par A. D. Hirtz, 3 avril 1941.

18

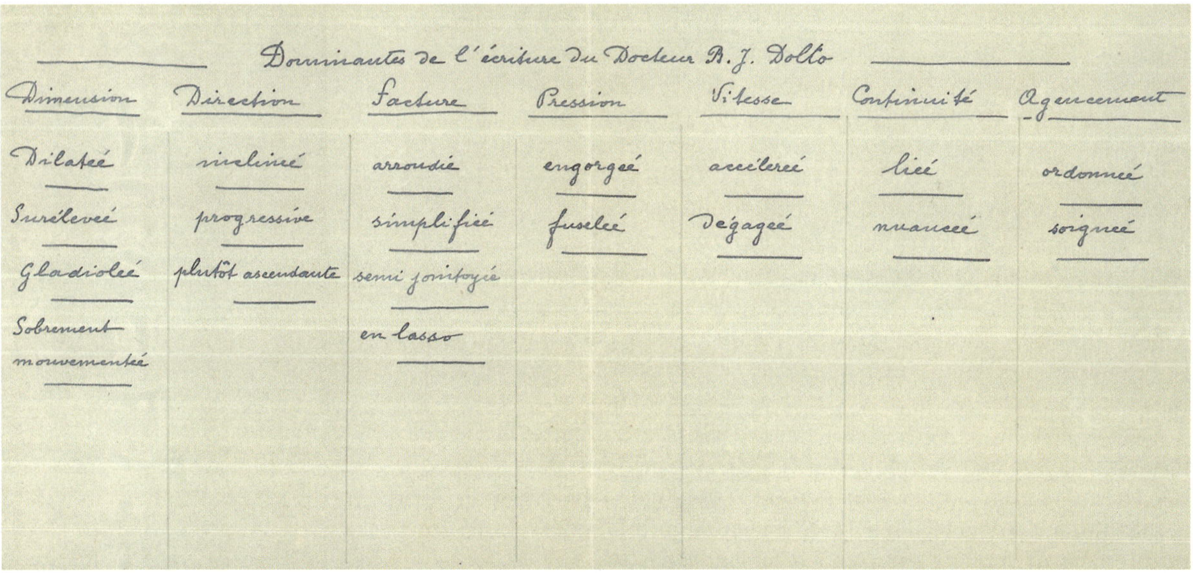

Dominantes de l'écriture du Docteur B. J. Dolto

Dimension	Direction	Facture	Pression	Vitesse	Continuité	Agencement
Dilatée	inclinée	arrondie	engorgée	accélérée	liée	ordonnée
Surélevée	progressive	simplifiée	fuselée	dégagée	nuancée	soignée
Gladiolée	plutôt ascendante	semi [illegible]				
Sobrement mouvementée		en lasso				

19

Madame F. M.

Cette écriture séduit immédiatement par son aspect si plein de sève et d'abondance de dons. Nous sommes exactement devant une manifestation de la vie, dans ce qu'elle a de libre, d'intense, d'intelligemment euphorique si j'ose dire. S'il n'y avait pas une telle simplicité, on pourrait presque croire à une volonté de bonheur. Mais l'allure en est si naturelle, si continue, si intense qu'on est bien amené à voir en elle une réussite de la nature ennoblie, cultivée par de rares qualités intellectuelles.

L'aisance, donc, du tracé montre avec quelle facilité toutes les tâches de la vie quotidienne, actives et intellectuelles, sont accomplies. L'intelligence est une des caractéristiques dominantes, elle n'est pas spécialement féminine. Il y a une rigueur, une autorité masculine dans sa façon de concevoir. L'attention vive, quelquefois un peu trop passionnée, la mémoire, l'imagination, la pénétration, lui assurent le talent. Mais elle est surtout une femme d'action. Son activité physique est très grande. Là encore elle se montrera masculine, le besoin de se dépenser, de prouver sa force, de communiquer ce qu'elle sait, est tellement inhérent à sa nature qu'elle se manifeste sous des formes très différentes, très intenses, et toujours avec le même besoin de servir la vie. Il y a comme un chant continuel à la liberté et à l'amour dans cette nature et qui doit certainement être contagieux.

Elle n'est cependant pas du tout ce qu'on peut appeler une femme virile. Au contraire, elle a de son sexe la douceur dans la résolution et surtout l'intuition. Elle est avide d'apprendre, de recueillir. Le sens artistique est indissolublement lié à ses activités, l'art médical est vraiment pour elle un art ; mais en dehors de lui tout la charme, tout l'émeut, tout la sollicite. Elle a une grande tendresse pour la nature, pour tout ce qui a besoin de compréhension et d'être soutenu, aidé, relevé.

Toute médaille, la plus belle médaille a un revers ! Cette femme est toujours projetée à l'extérieur, hors d'elle-même, constamment sollicitée par la vie. Elle est une active, une enthousiaste, une sorte de pionnier. J'ai peur que sa vie intérieure n'en souffre un peu, qu'elle arrive tout de même à se lasser, à dépasser ses forces. [...] Et à quoi bon entretenir des idées noires ? Elle qui sait si bien chercher chez les autres ce qui trouble leur comportement harmonieux, elle qui cependant possède un équilibre et une vitalité enviable, ne voit sans doute pas qu'elle aurait aussi besoin quelquefois de choisir dans la paix et la méditation. Elle a de l'autorité, une vitalité entraînante, des négligences aussi parfois – comme un laisser-aller dans sa façon d'être simple. Elle est très indépendante, elle est tranquillement rétive à tout ce qui peut entamer sa liberté. Secrète sur elle-même, elle n'a aucun désir de parler d'elle, ni de se mettre en valeur. Ce qu'elle fait est naturel, comme une fonction. Son cerveau est constructif, il y a une curieuse tendance qui semble opposée, de constructivité et de réceptivité. Elle est toute « donnée » à l'art et à la vie, et ayant reçu elle restitue sous une forme personnelle les leçons apprises de la nature et de la vie. Elle sait ce qu'elle vaut, trop intelligente pour ne pas sentir sa supériorité, trop simple pour le faire sentir aux autres.

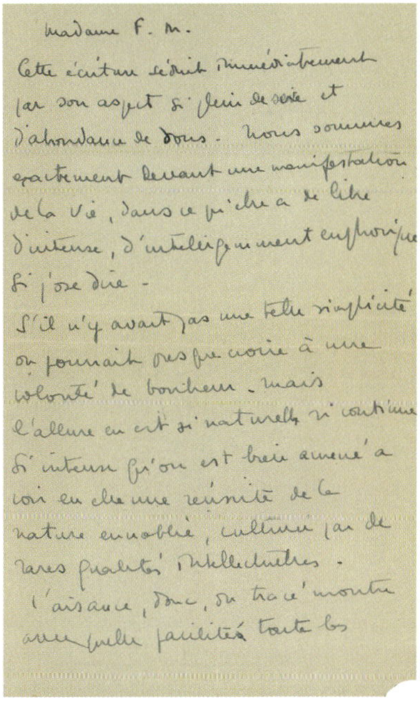
Madame F. M.
Cette écriture séduit immédiatement par son aspect si plein de sève et d'abondance de dons. Nous sommes exactement devant une manifestation de la vie, dans ce qu'elle a de libre d'intense, d'intelligemment euphorique si j'ose dire.
S'il n'y avait pas une telle simplicité on pourrait presque croire à une volonté de bonheur. Mais l'allure en est si naturelle si continue si intense qu'on est bien amené à voir en elle une réussite de la nature ennoblie, cultivée par de rares qualités intellectuelles.
L'aisance, donc, du tracé montre avec quelle facilité toutes les

20

20. Analyse graphologique de Françoise Marette par Mme Crighton, à la demande du docteur Boris Dolto, 1941.

LE JEU DES SAVOIRS

1

1. « Moi, Françoise, à ma table, mai 1928. »

2. Bibliothèque et salle de lecture de l'appartement de la famille Marette, photographie prise après le décès de Suzanne Marette, 1962.

« J'étais dans un cours Sainte-Clotilde, dans le XVIe arrondissement, qui était tout à fait bidon mais où nous avions tout de même des professeurs de lycée à partir de la 6e. Bon. Et quand j'étais dans les petites classes, Mademoiselle – qui faisait la classe pour mes petits frères après moi – s'est très vite rendu compte qu'il fallait que j'aie beaucoup d'initiative dans mon travail. Et à partir de la 8e ou de la 7e, elle m'a laissée lui dire quotidiennement ce que je voudrais faire dans la journée, établir moi-même ce que je voulais faire, et elle me disait : "Si tu veux me réciter ta leçon, tu la récites, si tu ne veux pas la réciter, tu fais comme tu veux, c'est à toi de savoir." [...] Je lui suis très reconnaissante de tout cela, parce que je crois que, si j'avais été élevée dans un lycée ou à l'école du matin au soir, je n'aurais jamais eu le temps de faire tout ce que je faisais et de lire autant que je lisais. »

Extrait de « Traversée du siècle »

« C'est à toi de savoir. » Le mirage des écritures de soi n'interdit pas de cultiver son « jardin des préférences », et tout d'abord celui qu'Henry et Suzanne Marette transmettent à leur fille. Le jeu des prédispositions sociales pèse ici d'une manière irréductible. Car Françoise est issue d'un milieu bourgeois cultivé, pour lequel le savoir est une valeur fondamentale : la bibliothèque est une pièce centrale dans l'appartement de l'avenue du Colonel-Bonnet. Grâce au temps que l'éducation à domicile libère quotidiennement, la bibliothèque familiale est susceptible de devenir la matrice d'un autre « jeu mouvementé », celui qui fait se déplacer les livres et se tourner les pages.

À propos de ses lointaines assises intellectuelles, Françoise est revenue à plusieurs reprises sur la figure tutélaire d'un père polytechnicien. Ce savoir reçu est bien loin de se limiter à l'amour des chiffres, du calcul et bientôt de la comptabilité, ainsi que les carnets de comptes de Françoise le démontrent. Des conférences d'Édouard Branly au Trocadéro aux abonnements à diverses revues et collections scientifiques, Henry Marette a transmis à sa fille les ferments d'une culture humaniste. Un tel engouement pour la science positive rencontre paradoxalement la culture maurrassienne de la famille. Dans le « jardin des préférences », Henry et Suzanne, comme leur jeune fille après eux, ne dissimulent pas leur inclination « royaliste ». Il n'est pourtant pas insensé de faire l'hypothèse que l'Action française fut un des lieux de contact possible entre la psychanalyse et Henry Marette, dont on sait par Françoise qu'il possédait les premiers ouvrages de Freud traduits en français, la *Psychopathologie de la vie quotidienne* et les *Cinq Leçons sur la Psychanalyse*. Ainsi que le signale Élisabeth Roudinesco dans le premier volume de son *Histoire de la psychanalyse en France*, un des douze fondateurs de la Société psychanalytique de Paris militait activement auprès de Charles Maurras pour intéresser son mouvement à la nouvelle science freudienne. Adhérent à l'Action française à partir de 1927, Édouard Pichon (1890-1940), qui peut être

considéré comme un des maîtres en psychanalyse de Françoise Marette, mena en effet une campagne active de vulgarisation de la psychanalyse à travers un cycle de conférences destiné aux sectateurs du « nationalisme intégral ».

Si Françoise Dolto a pu, à l'occasion, mentionner l'influence exercée par sa mère sur ses dispositions artistiques, généreusement illustrées par son travail d'affichiste ou de céramiste, le « jardin des préférences » permet d'identifier la source maternelle d'une réelle inspiration « philosophique », confirmée par certaines traces retrouvées dans les archives personnelles. La fille partage avec la mère un goût prononcé pour la lecture de Marc Aurèle et des grands auteurs de la tradition stoïcienne. À l'exemplaire annoté des *Pensées pour moi-même* et du *Manuel* d'Épictète fait écho le petit carnet à fleurs au sein duquel Françoise recueille, en guise de maximes, des citations extraites de ces textes. Il est probable que cette roche mère stoïcienne, qui a pu par ailleurs chez Suzanne rencontrer en partie une éducation d'inspiration protestante, a pu offrir à Françoise Marette une appétence pour l'éducation de soi et des autres, pour le contrôle du corps comme celui de la conscience. Et si la médecine était le prolongement naturel de ces jeux d'influence des savoirs ? Redonnons un moment la parole à Françoise :

« Je voulais être médecin d'éducation parce que, pendant la [Grande] guerre et après la guerre, je me suis aperçue que toutes les histoires qui se passaient avec mes jeunes frères, quand il y en avait, eh bien, elles venaient de ce qui se passait entre l'Irlandaise – qui s'occupait de nous, petits – et la cuisinière. [...] Après, les enfants faisaient des scènes, ils étaient grondés ou ils vomissaient, et on disait que c'était une indigestion. Mais moi, je savais que c'était parce que l'Irlandaise s'était saoulée et qu'elle avait eu des histoires avec la cuisinière. Et le petit qui se trouvait là... Philippe ou André..., on le mettait à la diète, il était furieux parce qu'il avait faim après avoir vomi... Le docteur venait – nous avions un médecin de médecine générale que maman appelait – et je disais : "Mais il n'y voit rien ! Il croit qu'il est malade mais, s'il savait la scène qui s'est passée entre la cuisinière et l'Irlandaise [...], il saurait que ce n'est pas de la maladie, et que de l'embêter pendant huit jours à rester, être surveillé, prendre la température tous les jours, alors qu'il n'avait rien du tout... Je serai médecin d'éducation". Alors on me demandait : "Mais qu'est-ce que c'est ?" Et je disais : "Je ne sais pas mais il faut que ça existe." »

Extrait de « Traversée du siècle »

Le jeu d'interaction entre passion scientifique et tentation éthique s'est donc progressivement cristallisé sur une expression – « médecin d'éducation » –, projet identitaire, sinon professionnel, que la lycéenne, puis l'étudiante se doit d'inventer de toutes pièces, du baccalauréat au doctorat, envers et contre tous les obstacles académiques et les résistances maternelles. Y. P.

3. Dissertation de littérature française, classe de seconde, par Françoise Marette, 1923.

Extraits : « Molière est le premier qui amena sur le théâtre des satires sociales. Pendant toute sa vie, il a soutenu une lutte ouverte contre la médecine et les médecins. [...] À son gré les médecins sont tous ignorants, ou du moins ignorants de ce qu'ils devraient savoir : "Ils savent la plupart de fort belles humanités, savent parler en beau latin, savent nommer en grec toutes les maladies, les définir et les diviser, mais pour ce qui est de les guérir, c'est ce qu'ils ne savent point du tout." [...] Jusqu'à quel point la médecine au XVIIe siècle méritait-elle les attaques de la comédie ? Il ne faut point traiter de charlatans tous ceux qui se consacrent au soulagement de leurs semblables. La médecine au XVIIe siècle était ce qu'elle pouvait l'être d'après les connaissances générales de ce temps. [...] Lorsque Molière mourut à la quatrième représentation du *Malade imaginaire*, on ne manqua pas de prétendre qu'il avait porté la peine de tous ses blasphèmes. La faculté était vengée. »

4

Françoise Marette

7-5-23.
Classe de Seconde

Molière et les Médecins

Préambule. Pendant que Corneille et Racine élevaient si haut notre scène tragique, Molière, reculant les bornes de la comédie se créait une gloire sans rivale. Jamais nous on n'avait peint l'homme ~~dans cette sphère de la vie~~ avec une vérité si profonde. Jamais on n'avait saisi avec cette sagacité pénétrante les caractères, leurs traits saillants et leurs nuances variées ; jamais on n'était descendu aussi avant dans les obscurs replis où se cachent les ressorts des actions humaines. Avant Molière le théâtre comique ne peignait que rarement la société contemporaine et s'inspirait le plus souvent de la poésie antique. Molière est le premier qui amena sur le théâtre des satires sociales. Pendant toute sa vie il a soutenu une lutte ouverte contre la médecine et les médecins. Il a attaqué ces derniers pour la première fois dans une scène de Don Juan mais si nous remontons plus haut nous trouvons la farce du Médecin Volant dont l'intrigue est reprise et développée dans l'Amour médecin. En 1666 on aura Le médecin malgré lui, en 1669 Mr de Pourceaugnac où la médecine tient une large place et enfin en 1673 le Malade imaginaire où Molière a rassemblé toutes ses forces contre les médecins,

Le miracle de la lecture

Françoise : ***Je me souviens très bien quand j'ai appris à lire, et je me souviens très bien du miracle… Ç'a été pour moi un miracle, comme ça d'une seconde à l'autre la lecture ça voulait dire quelque chose… C'est inoubliable. Tous les jours, Mademoiselle, comme on l'appelait, Mademoiselle me faisait lire dans un petit livre de lecture que je revois encore, et je lisais les syllabes les unes après les autres, comme ça ; et puis à la fin il y avait en grosses lettres des syllabes séparées, des exercices, quand on avait fait le premier livre de lecture, et puis le deuxième livre de lecture, et finalement très vite je savais par cœur, je n'étais même pas sûre que je lisais, on croyait que je lisais, mais ça ne me disait rien, à moi. Et puis elle m'a fait lire un petit livre de prix d'un de mes aînés, qui était un petit livre rouge qui s'appelait*** **Les Babouches d'Abou Kacem,** ***un conte oriental. Et il y avait une image, et je lisais… j'essayais que ç'ait un sens, alors je lisais n'importe quoi qui était pour moi mon interprétation de l'image. Alors elle n'était pas du tout méchante, c'est intéressant, elle n'était ni méchante ni sadique, elle me laissait faire un moment, et elle disait : « Où est-ce que c'est, ce que tu viens de lire ? » Je montrais n'importe quoi. Elle me disait : « Hum. Est-ce que tu crois que c'est ça qui est écrit ? » Je dis : « Mais, c'est ça qui est intéressant ! – Lire, ce n'est pas ça », me disait-elle. Alors elle me reprenait, et j'ânonnais les syllabes, on lisait une dizaine de lignes, je trouvais ça très difficile ; et puis relire, et je trouvais ça aussi difficile. Et elle disait : « C'est très bien, tu sais presque lire. » Je me disais : mais à quoi ça sert d'ânonner des syllabes qui pour moi ne veulent rien dire, cette image je ne sais pas ce qu'elle veut dire… Alors je dis : « Mais l'image ? – Quand tu sauras l'histoire, tu comprendras l'image. Il faut lire. » Gentiment, comme ça, et elle me donnait un bon point. Et puis un jour, tout à coup, la phrase s'est activée dans ma tête après l'avoir lue, enchaînée, et… ça y est, ç'avait un sens ! Quand on a un nouveau sens qui est ouvert dans le cerveau, tout d'un coup… Alors je lui ai dit : « Mais ça veut dire quelque chose ! » Elle me dit : « Mais oui, ça veut dire quelque chose. – Mais je ne savais pas ! » Elle m'a répondu : « Mais alors pourquoi crois-tu qu'on enseigne à lire aux enfants, si ce n'est pas parce que ça veut dire quelque chose ? »***

(suite p. 116)

4. Dans Épictète, *Manuel*, traduction de Paul Lemaire, Paris, Hatier, collection « Les classiques pour tous », 1930, Françoise Marette a ajouté des notes marginales :
« Caractéristique
1º) Force d'âme
2º) Liberté
3º) Distinction en ce qui dépend de nous et en ce qui ne dépend pas
4º) Question des richesses
5º) La Mort » ;
« Même pensée chez Marc-Aurèle ».

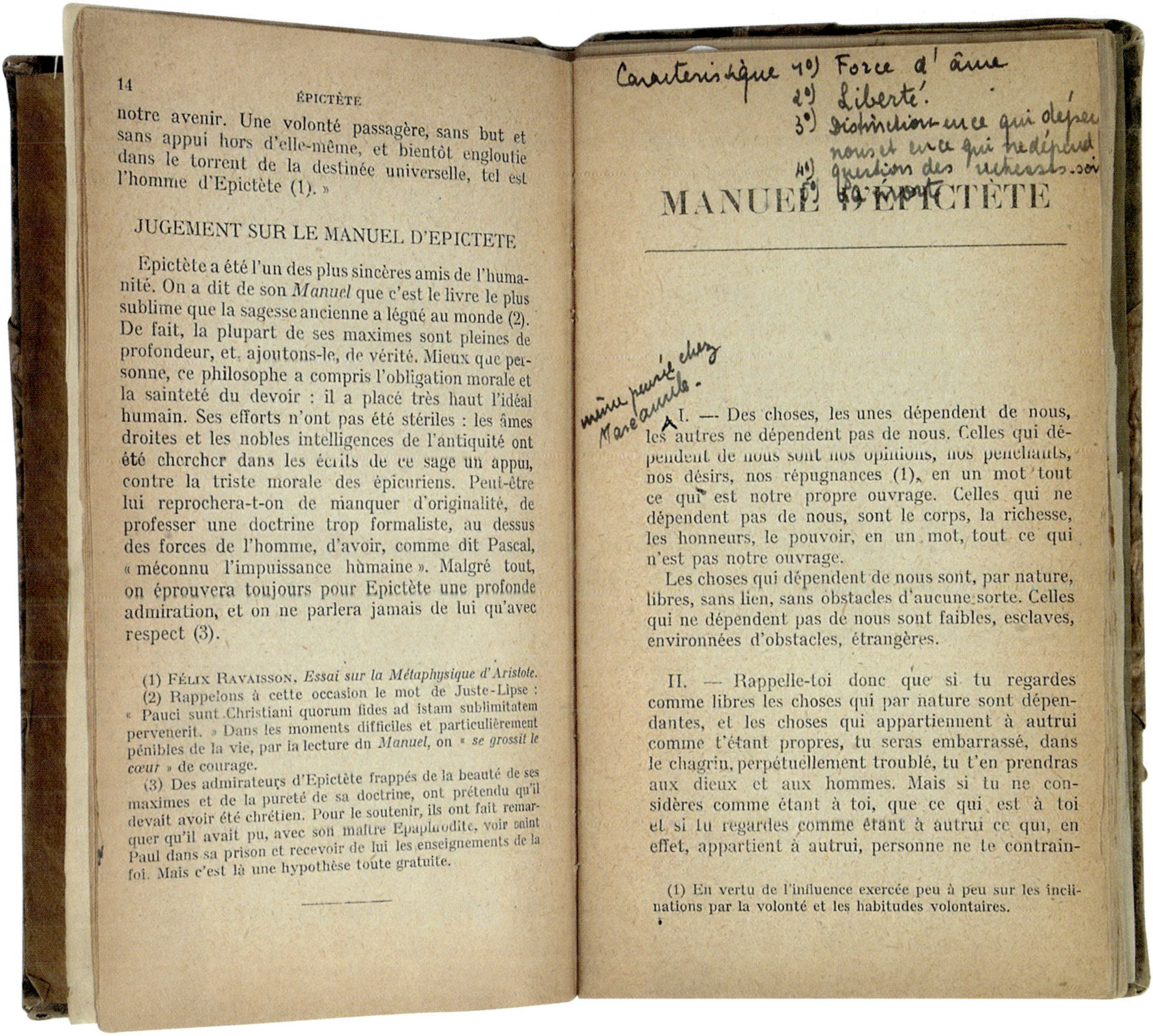

14 ÉPICTÈTE

notre avenir. Une volonté passagère, sans but et sans appui hors d'elle-même, et bientôt engloutie dans le torrent de la destinée universelle, tel est l'homme d'Epictète (1). »

JUGEMENT SUR LE MANUEL D'EPICTETE

Epictète a été l'un des plus sincères amis de l'humanité. On a dit de son *Manuel* que c'est le livre le plus sublime que la sagesse ancienne a légué au monde (2). De fait, la plupart de ses maximes sont pleines de profondeur, et, ajoutons-le, de vérité. Mieux que personne, ce philosophe a compris l'obligation morale et la sainteté du devoir : il a placé très haut l'idéal humain. Ses efforts n'ont pas été stériles : les âmes droites et les nobles intelligences de l'antiquité ont été chercher dans les écrits de ce sage un appui, contre la triste morale des épicuriens. Peut-être lui reprochera-t-on de manquer d'originalité, de professer une doctrine trop formaliste, au dessus des forces de l'homme, d'avoir, comme dit Pascal, « méconnu l'impuissance humaine ». Malgré tout, on éprouvera toujours pour Epictète une profonde admiration, et on ne parlera jamais de lui qu'avec respect (3).

(1) Félix Ravaisson, *Essai sur la Métaphysique d'Aristote.*

(2) Rappelons à cette occasion le mot de Juste-Lipse : « Pauci sunt Christiani quorum fides ad istam sublimitatem pervenerit. » Dans les moments difficiles et particulièrement pénibles de la vie, par la lecture du *Manuel*, on « *se grossit le cœur* » de courage.

(3) Des admirateurs d'Epictète frappés de la beauté de ses maximes et de la pureté de sa doctrine, ont prétendu qu'il devait avoir été chrétien. Pour le soutenir, ils ont fait remarquer qu'il avait pu, avec son maître Epaphrodite, voir saint Paul dans sa prison et recevoir de lui les enseignements de la foi. Mais c'est là une hypothèse toute gratuite.

Caractéristique 1°) Force d'âme
2°) Liberté.
3°) distinction entre ce qui dépend de nous et entre ce qui ne dépend
4°) question des richesses

MANUEL D'EPICTÈTE

même pensée chez Marc-Aurèle.

I. — Des choses, les unes dépendent de nous, les autres ne dépendent pas de nous. Celles qui dépendent de nous sont nos opinions, nos penchants, nos désirs, nos répugnances (1), en un mot tout ce qui est notre propre ouvrage. Celles qui ne dépendent pas de nous, sont le corps, la richesse, les honneurs, le pouvoir, en un mot, tout ce qui n'est pas notre ouvrage.

Les choses qui dépendent de nous sont, par nature, libres, sans lien, sans obstacles d'aucune sorte. Celles qui ne dépendent pas de nous sont faibles, esclaves, environnées d'obstacles, étrangères.

II. — Rappelle-toi donc que si tu regardes comme libres les choses qui par nature sont dépendantes, et les choses qui appartiennent à autrui comme t'étant propres, tu seras embarrassé, dans le chagrin, perpétuellement troublé, tu t'en prendras aux dieux et aux hommes. Mais si tu ne considères comme étant à toi, que ce qui est à toi et si tu regardes comme étant à autrui ce qui, en effet, appartient à autrui, personne ne te contrain-

(1) En vertu de l'influence exercée peu à peu sur les inclinations par la volonté et les habitudes volontaires.

4

Alors, à partir de ce moment-là, j'ai été captivée, et dès que j'ai su lire, je me levais très tôt [...] je faisais mon piano le matin, j'étais toute pleine de vitalité, et je lisais ; et en vacances je lisais... L'été il y a beaucoup de lumière, alors je lisais près d'un volet qui était mal fermé, je lisais et c'était mon bonheur, parce que figurez-vous que dans cette famille, si ma mère me voyait lire, elle me disait que je perdais mon temps, il fallait toujours faire des choses utiles... ce n'était pas utile de lire. Alors je me disais : comment est-ce qu'on peut vivre si on ne lit pas ?

Et c'est grâce à ça que j'ai énormément lu, parce que j'avais besoin de peu de sommeil, et que mon père m'a toujours permis de lire tout, sa bibliothèque, il lisait énormément. [...] Alors j'ai lu, très jeune, dès que ç'a paru dans la Bibliothèque contemporaine, j'ai lu sur la psychanalyse. À quinze ans j'avais lu un petit fascicule, **La Psychanalyse,** ***dans une petite bibliothèque orange, et ensuite les livres d'Hesnard qui ont paru sur la science des rêves selon Freud.***

Extrait de « Traversée du siècle »

5. Carnet à fleurs contenant de nombreuses citations philosophiques, tributaires notamment de la tradition stoïcienne, sans date (fin des années 1920 ?).

Extrait du carnet à fleurs :
« Les événements du dehors te donnent mille distractions, ménage-toi donc quelque loisir afin d'apprendre quelque chose de bien et de te soustraire au tourbillon qui t'emporte. (Marc Aurèle)
À quoi penses-tu ? Voilà à quoi je pense – je dois éloigner de moi tout sentiment dont je rougirais de faire l'aveu.
Tu peux toujours, à toute heure, te retirer au dedans de toi.
Un instant encore et tu auras tout oublié, un instant encore et tu seras oubliée de tous.
Celui qui craint la mort redoute ou d'être privé de tout sentiment, ou d'en avoir d'une autre sorte. Dans le premier cas il ne sentira donc plus aucun mal dans le second il deviendra un être d'espèce différente et ne cessera de vivre.
(Marc Aurèle)
Ce qui dépend de nous, c'est notre vie spirituelle.
Si j'étais rossignol, je ferais le métier de rossignol. Si j'étais cygne, celui de cygne ; je suis homme, il me faut chanter Dieu.
Tel est mon métier d'homme.
(Épictète) »

6

6. Françoise Marette et Ginette Dadin. « Moi et Ginette. Septembre 1931, à Sarlabot [près de Dives-sur-Mer] ».

7. Notes prises lors d'un conseil de classe au lycée Molière, auquel Françoise Marette assistait en tant que déléguée de classe, en juin 1925. Pour chaque élève, elle a rapporté le jugement d'un des professeurs, Mlle Dugard ; certaines notes sont rédigées en alexandrins. « Françoise Marette : Je suis content de moi comme de l'univers (ou optimiste) ».

Gray, 29 septembre 1924

Ma chère Françoise,

Je te remercie de ta bonne lettre. Elle m'a fait grand plaisir. Et j'ai constaté une fois de plus combien tu étais une gentille amie. Je te remercie de tes encouragements qui hélas ! sont vains ! Tu dois te dire durant mon long silence « Pauvre Ginette, comme elle doit travailler !!! » Eh bien ! non ma petite Françoise je ne travaille pas et je suis encore à Gray jusqu'en novembre. Voici pourquoi. Comme tu le sais j'ai beaucoup souffert de mon panaris et cela m'a encore plus anémiée. J'avais cependant recommencé à travailler voulant me représenter en octobre. Mais mes migraines reprirent et comme j'étais pâle maman a fait venir le docteur, qui m'a examinée et a déclaré que j'étais très anémiée, qu'il me fallait beaucoup de repos et de grand air, et il a défendu tout travail. Ainsi nous restons à Gray jusqu'en novembre et j'abandonne mon bachot pour l'instant. Je ne retournerai pas au cours l'année prochaine. Voilà pourquoi je suis encore à Gray.

Alors toi aussi tu arrêtes là ton élan ? Tu ne fais pas ta philo me dis-tu. J'espère que cet hiver nous nous verrons souvent. Je n'ai aucune nouvelle d'Henriette depuis quelque temps. Je ne vois pas du tout ce qu'Henriette peut avoir contre toi elle ne m'a jamais rien dit. Sans doute elle ne t'a pas écrit car elle était trop occupée à jouir de ses vacances bien méritées. Mais elle doit être rentrée et peut-être même l'as-tu revue. J'espère que toute ta famille va bien et que vous êtes contents de vos vacances. Je serais bien heureuse de te revoir. Je te quitte car voilà la migraine qui me reprend. Je t'embrasse bien tendrement.

Ton amie qui t'aime
Ginette.

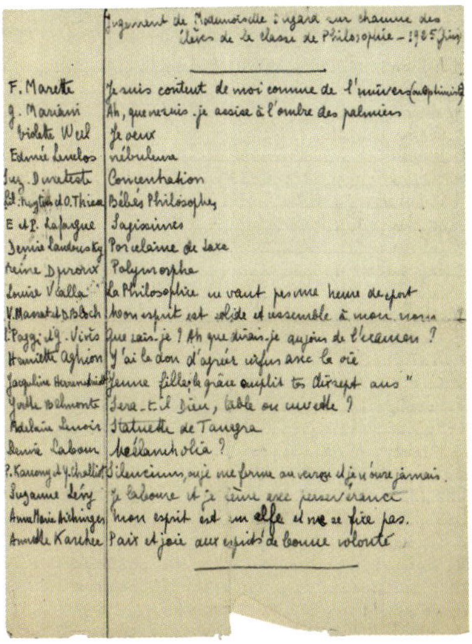

Jugement de Mademoiselle [illegible] sur chacune des élèves de la classe de Philosophie – 1925 (juin)

F. Marette	Je suis content de moi comme de l'univers (ou optimiste)
J. Mariani	Ah, que ne suis-je assise à l'ombre des palmiers
Violette Weil	Je veux
Edmée Lenclos	nébuleuse
Suz. Duratesta	Concentration
[illegible] et O. Thiem	Bébés Philosophes
E. et P. Lafargue	Sagissimes
Denise Landowsky	Porcelaine de Saxe
Reine Duroux	Polymorphe
Louise Vialla	La Philosophie ne vaut pas une heure de sport
V. Marat et D. Bloch	Mon esprit est solide et ressemble à mon nom
L. Poggi et G. Vivès	Que sais-je ? Ah que dirai-je au jour de l'examen ?
Henriette Aghion	J'ai le don d'agréer infus avec la vie
Jacqueline [illegible]	Jeune fille, la grâce emplit tes dix-sept ans"
Yvette Belmonte	Sera-t-il Dieu, table ou cuvette ?
Adelaïde Lenoir	Statuette de Tanagra
Denise Labour	Mélancholia ?
P. Kanony et Y. Chollet	Silencieuse, je me ferme au verrou et je n'ouvre jamais.
Suzanne Lévy	Je laboure et je sème avec persévérance
Anne-Marie Aichinger	Mon esprit est un elfe et ne se fixe pas.
Annette Karcher	Paix et joie aux esprits de bonne volonté

7

« Si elle a son bac, aucun garçon n'en voudra. »

Françoise : *Ma mère ne voulait pas que je passe le bac, parce qu'elle avait comme idée que, si une fille passe son bac, elle n'est plus mariable. Vous voyez ces histoires... Mais c'était merveilleux, j'avais lu par exemple* Princesses de science *par Colette Yver, c'était le début du féminisme ; alors le féminisme c'était bien d'en avoir la culture, comme les femmes du* XVIIIe *siècle, mais il ne fallait surtout pas passer les examens en rivalité avec les garçons, parce qu'alors on n'est plus mariable. Et d'ailleurs mes frères décrétaient toujours : « Je n'épouserai jamais une fille qui a son bac. »*

Donc, je devais avoir une dispense puisque je n'avais que quinze ans, et que je devais arrêter mes études à seize ans... c'était réglé. Et je disais à mon père : « Tu sais, moi, je voudrais être médecin plus tard. – Écoute, mon petit, plus tard, plus tard, n'en parle pas, tu sens bien que ça met ta mère en colère, n'en parle pas. Il y a beaucoup de choses qu'une femme peut faire sans avoir le bac. » Je dis : « Oui, mais je voudrais l'avoir. – Je ne suis pas contre, me dit-il, mais il faut que tu te débrouilles pour l'avoir très tôt. » Alors donc, à quinze ans, il fallait que j'aie une dispense. J'arrive au cours, et la directrice me dit : « Vous savez, Françoise, c'est trop tard pour demander votre dispense, vous ne pouvez plus la prendre. » Et alors elle me voit, tombant en larmes, désespérée, elle me dit : « Mais qu'est-ce que ça peut faire, et puis si vous aviez échoué... – Ben, je dis, j'aurais échoué, mais ne pas me présenter... Vous savez que je veux être médecin plus tard. – Vous savez aussi, Françoise, que vos parents » (vos parents, c'était ma mère) « sont tout à fait opposés à ce que vous fassiez des études supérieures. Alors, mon petit, il faut vous y faire, on ne peut pas aller contre la volonté de ses parents. » Et je suis revenue dans un état fou à midi, et je raconte ça à mon père, qui dit : « Comment, Suzanne ? » Suzanne c'était ma mère. Elle dit : « Écoute, tu veux que ta fille reste une vieille laissée-pour-compte, et ça sera ça, si elle a son bac, aucun garçon n'en voudra. » Alors mon père dit : « Suzanne, tu retardes ! » Et je dis à maman : « Tu as vu ces femmes pendant la guerre de 14, quand elles perdaient leur mari, elles tombaient de misère parce qu'elles n'avaient pas de métier. » Elle a dit : « Mais tu es très habile de tes mains, tu peux faire des métiers qui ne se sauront pas » (c'est extraordinaire cette éducation !), « et puis tu as la musique, et puis tu as la broderie, tu as la couture, tu sais bien que tu pourrais gagner ta vie toujours. » Je dis : « Oui, mais gagner sa vie comme ça, moi qui veux être médecin... – Ah ! Cette fille, cette fille ! Mais qu'est-ce que j'ai fait au monde pour avoir une fille comme ça ? »

Alors mon père s'est débrouillé l'après-midi, je ne sais pas comment, il m'a téléphoné, et il m'a dit : « Mon petit, prépare rapidement un dossier, va à la mairie, c'est dans deux jours ou demain, je ne sais plus quand, que se réunit la commission des dispenses pour le bac, et si tu m'apportes ce dossier je le fais passer. » Et j'ai eu ma dispense...

Le matin du bac, je n'avais pas un réveil personnel, c'était ma mère qui nous réveillait, qui réveillait les garçons puisqu'ils allaient à un collège, moi j'allais toujours à des cours qui étaient à 10 heures du matin... mais là, il fallait être

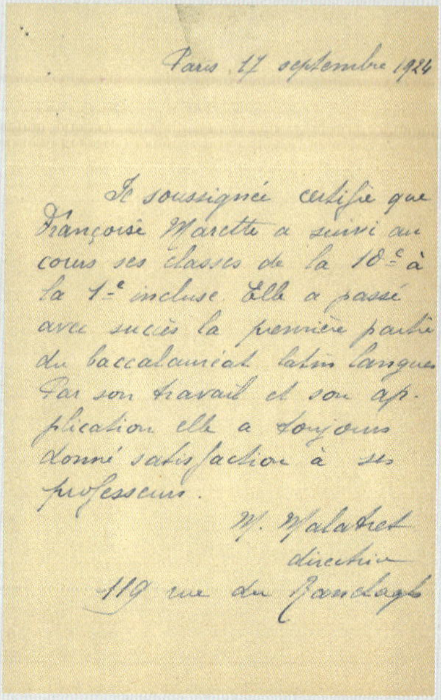

Paris 17 septembre 1924

Je soussignée certifie que Françoise Marette a suivi au cours ses classes de la 10e à la 1e incluse. Elle a passé avec succès la première partie du baccalauréat latin langue. Par son travail et son application elle a toujours donné satisfaction à ses professeurs.

M. Malatret
directrice
119 rue du Ranelagh

8

8. Certificat de scolarité au cours Sainte-Clotilde. « Paris, 17 septembre 1924. Je soussignée, certifie que Françoise Marette a suivi au cours ses classes de la 10e à la 1ère incluse. Elle a passé avec succès la première partie du baccalauréat latin langues. Par son travail et son application, elle a toujours donné satisfaction à ses professeurs. M. Malatret, directrice, 119 rue du Ranelagh. » Ce document était nécessaire en vue d'obtenir la « dispense » évoquée dans le texte ci-contre.

9. Livret scolaire de Françoise Marette, classe de première B, année scolaire 1923-1924, au cours Sainte-Clotilde. « *Français* : Bonne élève. Compositions nettes et bien proportionnées. Possède son cours de littérature. *Latin* : Traductions généralement bien conduites et assez pénétrantes. Effort très sérieux. *Histoire & Géographie* : Très bonne élève. Consciencieuse et intelligente. Possède très bien son cours. *Anglais* : A préparé consciencieusement son programme. Mérite de réussir. *Italien* : Élève intelligente, très bon travail. *Mathématiques* : Bonne élève. Intelligente et travailleuse. »

à 8 heures à la Sorbonne, donc il fallait que je sois réveillée. Et je dis à maman : « Surtout il faut que je sois réveillée à 6 heures du matin ! – Oui, oui, oui, compte sur moi. » Je me réveille à 7 heures un quart, ou 7 heures, affolée... et maman m'a fait une scène : « Mais c'est exprès, tu ne sais pas que tu vas à ta perte si tu passes ce bac, si tu as le malheur d'être reçue ! Et puis ça se saura que tu t'es présentée si tu es refusée ! »

Alors je n'ai pas épilogué. Mon père qui était là, qui s'habillait, m'a donné de l'argent pour un taxi, car je n'avais jamais un sou sur moi, et j'ai filé, et je suis arrivée juste à la fin pour entrer à la Sorbonne.

Et puis j'ai été reçue avec mention bien. Mon père se rengorgeait, il était très fier ! Moi j'étais tout étonnée, et ma mère absolument a pris le deuil... pratiquement... une tête comme ça.

Extrait de « Traversée du siècle »

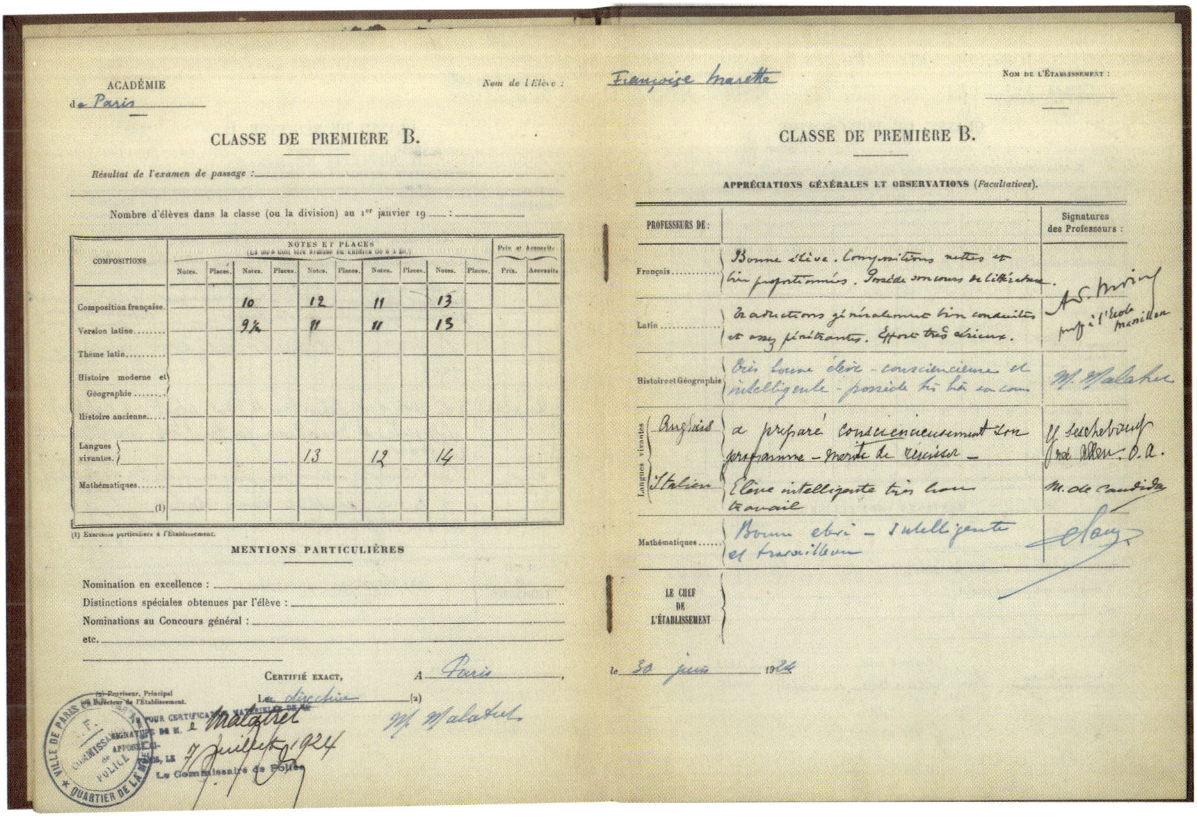

ACADÉMIE
de Paris

CLASSE DE PREMIÈRE B.

Résultat de l'examen de passage :

Nombre d'élèves dans la classe (ou la division) au 1er janvier 19__ :

COMPOSITIONS	Notes.	Places.	Notes.	Places.	Notes.	Places.	Notes.	Places.	Notes.	Places.	Prix.	Accessits.
Composition française			10		12		11		13			
Version latine			9½		11		11		13			
Thème latin												
Histoire moderne et Géographie												
Histoire ancienne												
Langues vivantes					13		12		14			
Mathématiques												
(1)												

(1) Exercices particuliers à l'Établissement.

MENTIONS PARTICULIÈRES

Nomination en excellence :
Distinctions spéciales obtenues par l'élève :
Nominations au Concours général :
etc.

CERTIFIÉ EXACT, A Paris,
Le directeur (2)

Nom de l'Élève : Françoise Marette

NOM DE L'ÉTABLISSEMENT :

CLASSE DE PREMIÈRE B.

APPRÉCIATIONS GÉNÉRALES ET OBSERVATIONS (*Facultatives*).

PROFESSEURS DE :		Signatures des Professeurs :
Français	Bonne élève. Compositions nettes et bien proportionnées. Possède son cours de littérature.	
Latin	Traductions généralement bien conduites et assez pénétrantes. Effort très sérieux.	
Histoire et Géographie	Très bonne élève – consciencieuse et intelligente – possède très bien son cours	
Langues vivantes – Anglais	a préparé consciencieusement son programme – mérite de réussir –	
Langues vivantes – Italien	Élève intelligente très bon travail	
Mathématiques	Bonne élève – Intelligente et travailleuse	
LE CHEF DE L'ÉTABLISSEMENT		

le 30 juin 1924

« J'étais très douée de mes mains. »

Françoise : *J'ai dit : « Puisque j'aime beaucoup le dessin, je pourrais travailler le dessin. » Alors il y avait une petite académie, rue Louis-David, dans le 16e, ma mère y va. On se dit une dame du 16e dont la fille veut faire du dessin, qu'elle vienne donc. Et je suis venue pour faire de la peinture, là, et ça m'a passionnée tout de suite, comme tout ce que je faisais, ça m'a passionnée de travailler la peinture. Et puis il y avait un professeur, qui était René Vincent, l'affichiste qui travaillait avec Cappiello, et j'avais énormément d'admiration pour les affiches de Cappiello. Depuis mon enfance, j'étais très intéressée par la publicité, qui commençait quand j'étais petite, et surtout après la guerre, la publicité s'est répandue sur les murs avec des affiches. Alors, il y avait ces belles affiches de Cappiello, de Carlu [...] de Colin... C'était René Vincent qui était un élève de Paul Colin, et qui travaillait aussi avec Cappiello. Là encore, on faisait des concours, les maisons Houbigant, Clos Vougeot, les bijoutiers, Cartier... donnaient en concours de faire de la publicité pour des boîtes de poudre, pour une affiche, etc., et notre petit atelier concourait. Et j'ai gagné trois fois le concours, j'ai gagné le concours Houbigant, j'ai eu un deuxième prix pour les bijoux, je ne sais pas... Si bien que René Vincent, au bout de la troisième année – donc je devais avoir vingt-deux ans à ce moment-là, je menais ça de front avec la couture –, me dit : « Mademoiselle, faites venir vos parents, il faut que je leur parle, il faut maintenant que vous alliez dans les imprimeries d'affiches, parce que vous avez du talent, c'est fini l'apprentissage maintenant. Il faut travailler réellement, aller voir la fabrication, passer à tous les bureaux. » Re-discussion tendue entre mes parents. Mon père ravi, enchanté, et ma mère : « Tu ne vois pas, Françoise, elle va nous ramener n'importe qui, de n'importe quel milieu... » Bon, alors ça tombe à l'eau.*

Extrait de « Traversée du siècle »

10

SOCIÉTÉ DES ARTISTES DÉCORATEURS

20e SALON — GRAND PALAIS

14 Mai - 13 Juillet — 1930 — N° 121

CARTE D'EXPOSANT

Porte Métro Champs-Élysées

Mlle Marette, Françoise

ACCOMPAGNÉ D'UNE PERSONNE

Signature du Titulaire : F. Marette

Le Président de la Société des Artistes Décorateurs : André Tardieu

11

10. Plat en céramique, signé : « Fra. 1930 ». Il s'agit d'une partie du cadeau de mariage offert par Françoise Marette à son frère aîné Pierre Marette, marié à Yvonne Hurel le 23 septembre 1930 à Pornic (plat conservé par la fille de Pierre, Nicole Marette).

11. Carte d'exposant de Françoise Marette au Salon des arts décoratifs, tenu au Grand Palais du 14 mai au 13 juillet 1930.

12. Trois affiches publicitaires à la gouache, réalisées par Françoise Marette, sans date (1927-1931).

MASQUES

VEUVE
CLICQUOT

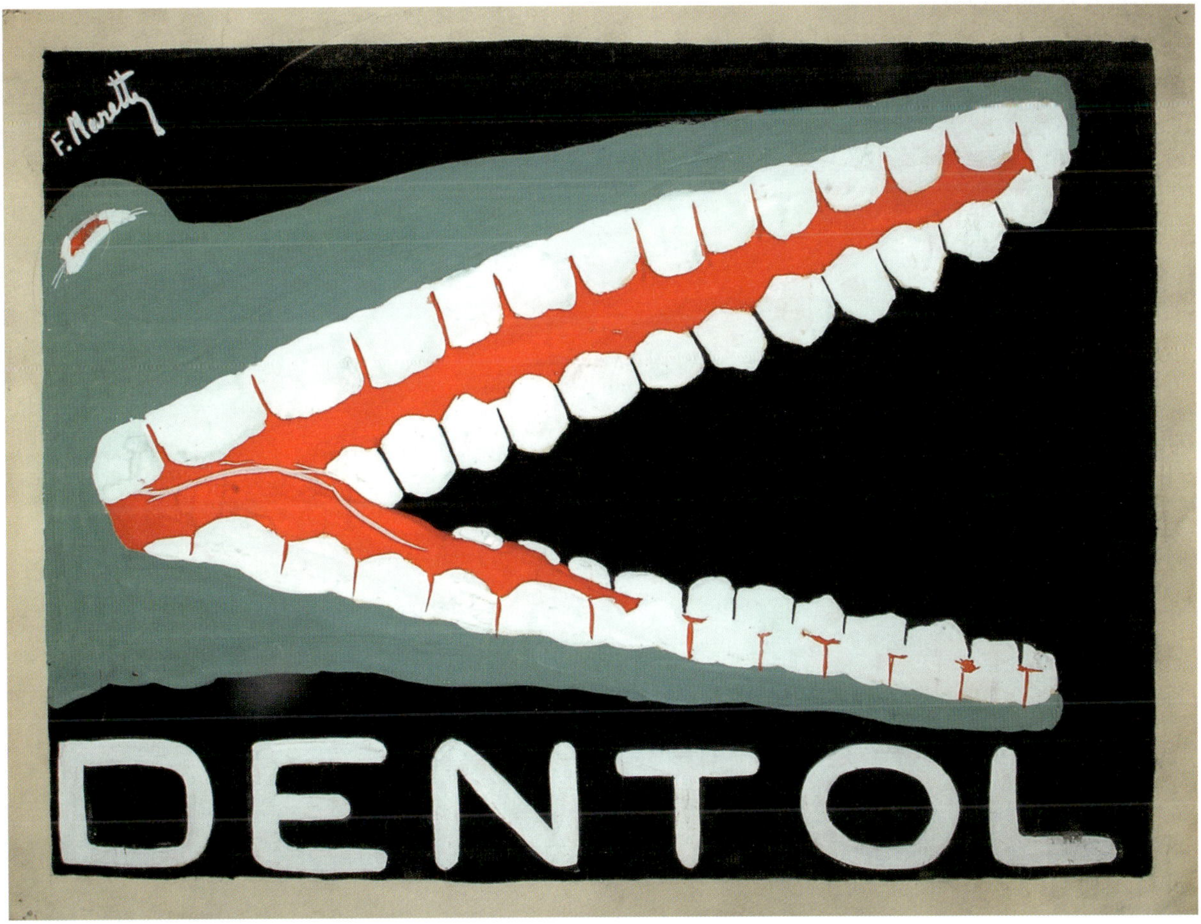
DENTOL

« Parce que cette fille, dans une université... »

13

Françoise : ***Nous avions tous une crainte de mon père, parce que c'est quelqu'un qui ne parlait pas, qui était bon mais on ne le savait pas puisqu'il ne parlait pas, et on craint beaucoup plus quelqu'un qui ne parle pas, et qui, lorsqu'il dit quelque chose, c'est seulement quand ça ne va pas, et jamais rien quand ça va. [...]***

Alors quand mon père rentre, je vais le voir, je dis : « Tu sais que Philippe est allé chez le médecin, l'acné, ce n'est pas quelque chose de physique, c'est d'ordre moral, et Philippe a quelque chose qui est un grand chagrin dans sa vie... – Quoi ? Qu'est-ce qu'il y a ? – Il a qu'il est inscrit à HEC, parce qu'il pensait qu'il n'aurait pas son bac qui pouvait lui ouvrir la médecine... Il y renonçait parce qu'il ne voulait pas être à charge trop longtemps et refaire une année, mais il voudrait faire la médecine. » Mon père me dit : « Mais, mes pauvres enfants, mais pourquoi est-ce que je vous fais peur comme ça ? Mais que ce garçon vienne ! Mais enfin qu'est-ce que c'est d'avoir acheté une planche à dessin et un té, voyons, mais s'il aime la médecine, mais qu'il fasse la médecine, je suis enchanté ! Je voyais bien que ce qu'il faisait ne lui plaisait pas, mais qu'il me le dise, pourquoi est-ce qu'il ne me disait rien... ? » [...]

Alors à ce moment-là ma mère dit : « Mais, Françoise qui doit faire sa médecine l'année prochaine » – parce que j'avais vingt-quatre ans – « puisque Françoise veut faire la médecine pour des idées tout à fait différentes de toi... » Philippe dit : « Je serai enchanté ! Tu sais combien j'aime Françoise, je serai enchanté qu'elle soit avec moi ! – Oui, au moins tu lui serviras de chaperon, dit maman, parce que cette fille, dans une université... »

Extrait de « Traversée du siècle »

13. Philippe Marette, frère cadet de Françoise, février 1943.

14. Carnet de comptes personnel de Françoise Marette, recettes et dépenses, 1933-1935.

15. Note comptable d'Henry Marette, à propos du soutien financier qu'il apporte à sa fille : « Françoise Marette, depuis plus de 2 ans a fait son installation et ses débuts, ce qui a écorné fortement l'avance d'hoirie de 150 000 francs qu'elle a reçue, la rente de 9 000 francs que je lui sers étant évidemment très insuffisante. Ses études et son doctorat n'étant pas terminés, mon devoir est de la défrayer davantage de ses dépenses. Je lui ai à cet effet remis, le 25 mars 39 [...] : 68 050,25 francs. »

« [Mon père] était obsessionnel pour ses comptes. Il achetait le journal, il sortait son calepin et il écrivait : "Journal, 0,20 f." » Extrait d'*Autoportrait d'une psychanalyste.*

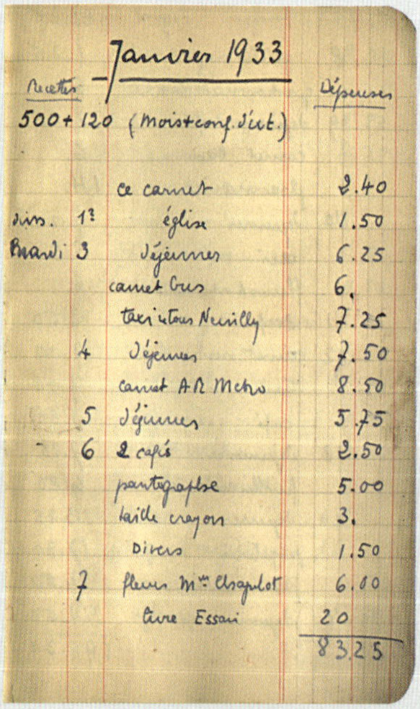

Janvier 1933

Recettes		Dépenses
500 + 120 (mois + conf. Dict.)		
	ce carnet	2.40
Dim. 1er	église	1.50
Mardi 3	déjeuner	6.25
	carnet bus	6.
	taxi retour Neuilly	7.25
4	déjeuner	7.50
	carnet AR Métro	8.50
5	déjeuner	5.75
6	2 cafés	2.50
	pantographe	5.00
	taille crayon	3.
	Divers	1.50
7	fleurs Mme Chapelot	6.00
	livre Essai	20
		83.25

14

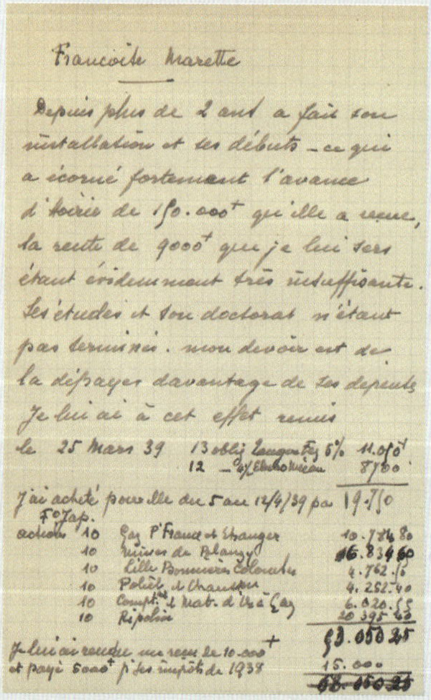

Françoise Marette

Depuis plus de 2 ans a fait son installation et ses débuts – ce qui a écorné fortement l'avance d'hoirie de 150.000f qu'elle a reçue, la rente de 9000f que je lui sers étant évidemment très insuffisante. Ses études et son doctorat n'étant pas terminés. mon devoir est de la défrayer davantage de ses dépenses. Je lui ai à cet effet remis

le 25 Mars 39 13 oblig. [illegible] 5% 11.050f
12 – [illegible] 8700

J'ai acheté pour elle au 5 au 12/4/39 par 19.750

actions 10	Gaz P. France et Etranger	10.784 80
10	[illegible]	16.834 60
10	[illegible]	4.762 50
10	[illegible]	4.252 40
10	[illegible]	6.020 55
10	Ripolin	20.395 40
		63.050 25

Je lui ai rendu un reçu de 10.000f + et payé 5000f p. ses impôts de 1938 15.000

~~68.050 25~~

15

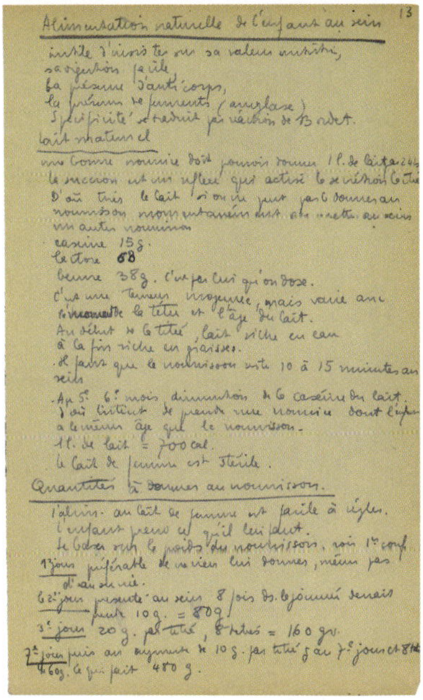

16

16. Notes prises par Françoise Marette lors de sept conférences de pédiatrie données par le docteur Jean Pautrat, année universitaire 1934-1935.

Alimentation naturelle de l'enfant au sein

Inutile d'insister sur sa valeur nutritive,
sa digestion facile,
la présence d'anticorps,
la présence de ferments (amylase).
Spécificité se traduit par réaction de Bordet.

Lait maternel
Une bonne nourrice doit pouvoir donner 1 l. de lait par 24 heures.
La succion est un réflexe qui active la sécrétion lactée.
D'où tirer le lait si on ne peut pas le donner au nourrisson
momentanément ou mettre au sein un autre nourrisson.
caséine 15 g.
lactose 63 g.
beurre 38 g. C'est par lui qu'on dose.
C'est une teneur moyenne mais varie avec
le moment de la tétée et l'âge du lait.
Au début de la tétée, lait riche en eau,
à la fin riche en graisses.
Il faut que le nourrisson reste 10 à 15 minutes au sein.
Au 5e, 6e mois, diminution de la caséine du lait,
d'où l'intérêt de prendre une nourrice dont l'enfant
a le même âge que le nourrisson.
1 l. de lait = 700 cal.
Le lait de femme est stérile.

Quantités à donner au nourrisson
L'alimentation au lait de femme est facile à régler.
L'enfant prend ce qu'il lui faut.
Se baser sur le poids du nourrisson, voir 1re conf[érence].
1er jour
préférable de ne rien lui donner, même pas
d'eau sucrée.
2e jour présenté au sein 8 fois dans la journée devrait
prendre 10 g = 80 g.
3e jour 20 g par tétée. 8 tétées = 160 g.
7e jour puis on augmente de 10 g par tétée jusqu'au 7e jour et 8 tétées
de 60 g ce qui fait 480 g.

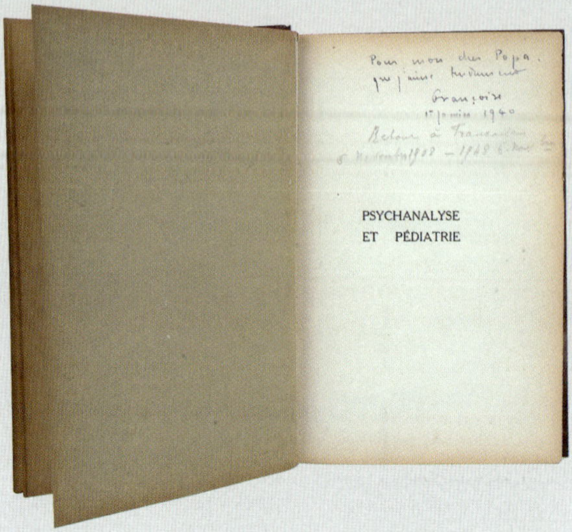

17

17. Françoise Marette soutient sa thèse de médecine le 11 juillet 1939, et la publie à compte d'auteur sous le titre *Psychanalyse et pédiatrie. Le complexe de castration. Étude générale – Cas cliniques*, chez Amédée Legrand. Un exemplaire de cette première édition porte la dédicace « Pour maman, Françoise, juillet 1939 » (à gauche ci-dessus). Au début de l'année 1940, l'ouvrage est réimprimé chez le même éditeur dans un format légèrement plus petit ; une préface d'Édouard Pichon remplace la liste des dédicataires qui ouvrait l'édition de 1939 ; un exemplaire porte la dédicace « Pour mon cher Papa, que j'aime tendrement, Françoise, 1er janvier 1940 », suivie de la mention : « Retour à Françoise, 6 novembre 1908 – 1948 6 Novembre » (à droite ci-dessus).

« Écrire ma thèse, ça a été héroïque. »

Françoise : ***Ma thèse était tout à fait en marche, mais je ne l'ai vraiment travaillée que l'année 38-39. J'ai eu un mal fou à la démarrer, j'avais des quantités de notes, mais démarrer, écrire ma thèse, ça a été héroïque. […] Je n'y arrivais pas, je mettais de la musique, j'essayais de commencer, la page blanche, rien… Impossible si je n'avais pas l'impression que je parlais à quelqu'un. Alors, à ce moment-là, à Alain Cuny, qui était de mes amis depuis longtemps puisqu'on s'était connus au Club des piqués chez Laforgue, je dis : « Il faudrait que j'aie quelqu'un, que j'aie des yeux qui me regardent et qui m'obligent à parler. » Alors il vient avec des yeux naturalisés de panthère, qu'on met dans les peaux de panthère, il dit : « Tiens, si ça peut t'aider, je t'apporte… » – je les avais dans les jeux, les enfants jouaient avec, je ne les ai plus maintenant. C'était des yeux en porcelaine, que j'ai posés sur ma table, et alors à ces yeux j'ai pu commencer à parler ma thèse… pour quelqu'un d'autre. Sinon, pour moi, je ne savais pas écrire, il fallait que j'aie des yeux qui représentaient des gens qui attendraient que je leur dise. C'est ce côté concret que j'ai.***

Extrait de « Traversée du siècle »

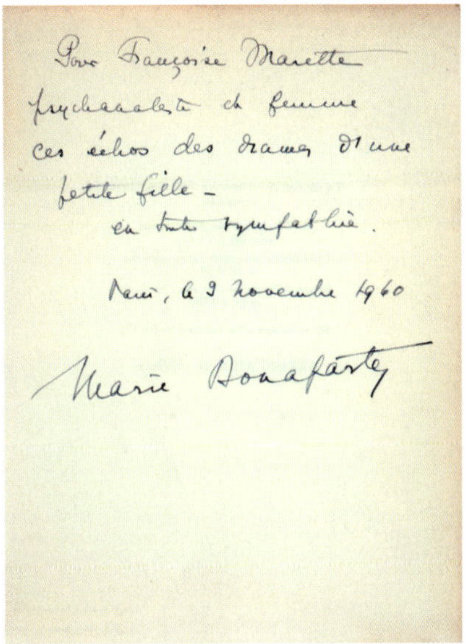
Pour Françoise Marette
psychanalyste et femme
ces échos des drames d'une
petite fille –
en toute sympathie.
Paris, le 9 novembre 1940
Marie Bonaparte

18

19

« Enfin, j'ai passé ma thèse, et j'ai demandé à mes parents de venir à la soutenance. Je crois que ma mère était contente que je passe ma thèse, la médecine l'a toujours intéressée. C'était très ambivalent. En même temps, le lendemain, elle a mis sur la thèse, dont je lui avais dédié un exemplaire, un paquet de saloperies pleines de graisse. Quand je l'ai vu, je lui ai dit que je lui apporterais un autre exemplaire. "Ce n'est pas la peine, c'est tout ce que ça mérite. C'est dégoûtant de faire une thèse de psychanalyse. Freud était un vilain monsieur". »

*Extrait d'*Enfances

20

18. Dédicace de Marie Bonaparte figurant sur le premier volume des *Cinq cahiers écrits par une petite fille, entre sept ans et demi et dix ans, et leurs commentaires*, Paris, imprimé pour l'auteur, 1939. « Pour Françoise Marette, psychanalyste et femme, ces échos des drames d'une petite fille. En toute sympathie. Paris, le 9 novembre 1940. Marie Bonaparte »

19. Françoise Marette devant sa bibliothèque, 13, square Henry-Paté, sans date (1937-1942).

20. À la sortie de la cité de Thèbes, en Béotie, le lieu mythique où Œdipe rencontra son père, Laïos, indiqué par une flèche. Photographie offerte par Roger Godel et accrochée par Françoise Dolto au mur de son bureau, sans date (avant 1961).

LA RÉVOLUTION DE L'INTÉRIORITÉ

1

1. Portrait de Françoise Marette par Boris Dolto, octobre 1941.

2. Entrée de l'immeuble du 13, square Henry-Paté, où Françoise Marette habita du 15 juillet 1937 au 6 août 1942.

Le récit de la « révolution » intérieure de Françoise Marette n'appartient qu'à elle. Agendas et correspondances, contemporains de la mutation fondamentale que l'analyse constitue, tracent, dans les pages qui suivent, un cheminement sans doute plus complexe que celui des reconstructions, parfois redondantes, de la mémoire. La libération envers la figure de la « mère monstrueuse », au cours de ces années 1933-1937, de la rupture des fiançailles aux lettres aux amants, en passant par la conquête de l'autonomie spatiale et professionnelle, est indissociable d'une ouverture au monde et à la sociabilité, que le déploiement des écritures hors du miroir de l'intimité manifeste. Y. P.

Françoise : Bon, qu'est-ce que je peux vous raconter d'autre ? [...] Comment j'ai décidé de faire une analyse ? Je vous avais raconté que ma mère et une de ses amies voulaient que, si je continuais de fréquenter un ami – qui était le frère de jeunes filles intellectuelles et dont l'aînée avait été une amie de ma sœur aînée –, il faudrait donc que nous nous appelions des « fiancés ». C'était pour moi vraiment une chose tout à fait prématurée, pour moi qui n'avais jamais eu ce style d'attachement avec ce garçon. Alors je me suis aperçue que j'étais dans une impasse extraordinaire avec lui, et je me suis sentie horriblement coupable de faire une chose si abominable, de lancer un garçon dans le désespoir en le plaquant, de faire de la peine à quelqu'un qui m'était très cher. Il m'était très cher, mais pas chair...

[...] Alors j'ai commencé une analyse avec Laforgue et, au bout de... je ne sais pas... trois mois d'analyse, je n'avais plus aucun des symptômes qui m'avaient fait entrer, c'est-à-dire cette impossibilité de me concentrer, ce sentiment de culpabilité, tout ça était balayé. Et, en même temps, était pour moi balayé tout ce que j'avais comme idéaux de générosité, de vie... comment dire... de vie pour les autres. Je m'étais sentie muter et devenir moi-même. Et alors je n'avais qu'une idée, c'était travailler, avoir un métier pour pouvoir quitter ma famille, puisque je me rendais compte que vraiment j'étais chez les Martiens. J'avais l'impression d'être chez les Martiens par rapport à qui j'étais, et d'avoir tenu, dans la vie, à un tout idéal de générosité pour les autres, parce que c'était la seule manière de tenir dans cette famille.

Et à ce moment-là j'ai eu une intense compassion pour ma mère. Je n'ai jamais pu avoir d'agressivité contre elle. Il a fallu que je joue un jour l'agressivité, sur le conseil de Laforgue, ç'a été étonnant... Parce que ma mère me faisait des scènes. Jusqu'à deux heures du matin, elle venait me faire des scènes dans ma chambre. Pauvre femme, je me disais, je la regardais comme quelqu'un qui souffrait et je ne savais que faire. Elle ne s'adressait pas à moi,

elle s'adressait je ne sais pas à qui, et c'est moi qui encaissais, et je pensais que ça lui était nécessaire. Mais moi ça me gênait, je ne pouvais plus travailler, je ne pouvais plus rien faire. Un jour, donc, Laforgue m'a dit : « Mais si vous ne lui répondez pas, ça empire chez elle. Elle a besoin de sentir quelqu'un qui lui dit : "Non ! Ça suffit comme ça, tu n'as pas à me dire tout ça !" » Alors je me suis dit : il le faut, peut-être... Mais pour moi, le respect de ma mère, c'était quelque chose de sacré, une mère pouvait dire n'importe quoi, pouvait vous frapper, elle me frappait, elle me pinçait, elle m'agressait, elle me tirait les cheveux... Et moi je ne savais que faire. J'étais là, devant quelqu'un qui était dans une espèce d'état maniaque, qui était provoqué par ma présence ! Alors, un jour, comme par application d'un médicament, je me suis dit : il faut que je lui réponde, je lui ai répondu très poliment mais d'une façon... [montrant] qu'il n'y avait rien à faire, et que, quoi qu'elle me dise, je ne changerais pas. Elle voulait que j'arrête ma médecine, toujours, c'était toujours ça.
Elle disait que j'étais in-mariable si je continuais ma médecine, qu'elle n'avait qu'une fille, qu'elle n'aurait pas de petits-enfants, que j'étais une anormale. Ça finissait toujours par « Tu es un monstre ! » Et moi je me demandais : est-ce que je ne suis pas un monstre ?

En fait, c'est une femme qui avait eu une mère tout à fait inhumaine avec elle, et je crois qu'elle aurait eu besoin d'une grande tendresse de ma part, mais je ne pouvais pas renverser les rôles. Je lui montrais une compréhension, mais je ne pouvais pas la dorloter comme un bébé, c'était ma mère.

Extrait de « Traversée du siècle »

3

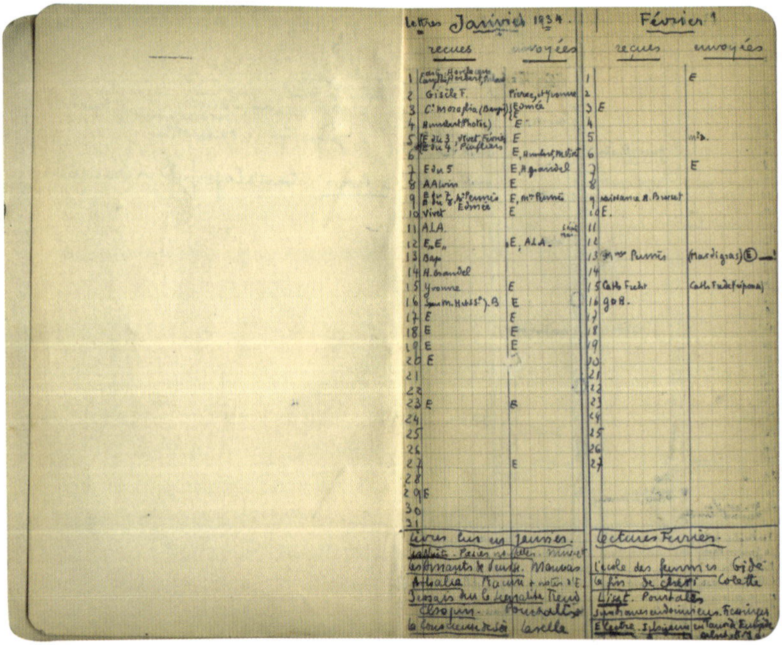

3. Portrait de Françoise Marette par Boris Dolto, octobre 1941.

4. Carnet dans lequel Françoise Marette a inscrit, jour par jour, ses lectures et les lettres reçues et envoyées, tenu de janvier 1934 à février 1937, soit la période qui correspond aux années de sa cure analytique avec René Laforgue. On peut donc supposer que ce carnet, comme un « livre de bord » spécialisé, est chargé de garder trace de l'élargissement du prisme des relations sociales et intellectuelles de l'analysante.

5. Françoise Marette en compagnie de ses amis du « Club des piqués », sans date (1936 ?). « Ceux du Club des piqués. Il manque les Berge, et quelques autres. Le fils Sandford, David, Françoise et Sandford [assis], Betty Sandford, René Laforgue, John Leuba et sa femme [debout] » (légendes manuscrites tardives, ajoutées par Françoise Dolto dans l'album de 1939). L'hôtel de la Loube, où logeaient les patients de Laforgue durant leur séjour estival à La Roquebrussanne, dans le Var, avait été surnommé le « Club des piqués ».
« C'est nous qui sommes les piqués
obsédés, névrosés,
nous venons tous voir René
Des quatre coins de la manie
on nous reçoit à bras ouverts aux Chaberts ! »
Extrait de la « chanson du Club des piqués » (vers 1936)

5

« Je ne savais pas encore du tout ce que c'était qu'aimer. »

Françoise : ***Les motivations premières de mon analyse, c'était des symptômes, parce que c'était quelque chose de terrible, j'avais connu un jeune homme, et ma mère voulait que ce jeune homme soit mon fiancé, parce que les mères avaient arrangé ça. Et moi, j'avais pour lui de l'amitié, c'est tout, mais une amitié très vive, et je connaissais ses trois sœurs qui étaient plus âgées, et lui était plus jeune que moi. Mais je les connaissais par hasard, parce que c'était des amies de ma sœur aînée, et un été on est passé les voir avec mes parents, ils ont dit : « Oh, mais si Françoise restait, ce serait formidable ! » Et moi... c'était en Provence du côté du Comtat Venaissin, et ils avaient une belle propriété, je suis restée pour les vendanges. Et alors ma mère a fait une scène épouvantable par lettre parce que j'y étais restée plus que huit jours ; j'étais si heureuse que je voulais y rester, je ne voyais pas pourquoi j'irais à Deauville où ils étaient en vacances. Et je dois dire que cette famille ne comprenait pas du tout que ma mère ne veuille pas me laisser. Quand je suis revenue à Paris, j'avais pris énormément de plaisir à rester chez eux, puisqu'on avait fait les vendanges, on faisait les marchés, on faisait des grandes balades. Et puis lui, il préparait l'agrégation de lettres, alors on lisait les tragiques grecs, on traduisait de l'anglais... J'attendais de faire la médecine, mais mes parents m'avaient obligée à attendre vingt-cinq ans. [...]***

« À vingt-cinq ans, rien ni personne ne m'empêchera de faire médecine. »

Mais je n'en étais pas encore là, je devais avoir vingt-deux ans, vingt et un ans. Et j'avais décidé d'apprendre l'italien avec sa sœur, qui faisait une licence d'italien. Je pouvais encore faire ça, l'italien, la peinture sur faïence, le violon, enfin tout ce qui m'intéressait. Et avec lui je m'étais passionnée pour les tragiques grecs.

[...] Et puis, quand on est rentré à Paris, ma mère me dit : « Je t'interdis de revoir ce garçon, à moins que vous soyez fiancés. » Alors moi j'ouvrais des yeux ronds... Fiancés... pourquoi ? Alors que je dois faire la médecine, j'en ai pour six ans, lui doit faire l'agrégation, faire son service militaire. Tout ça pour se voir les dimanches, aller au concert ensemble comme nous faisions. Alors, je lui raconte. Il me dit : « Mais je serais enchanté, vous ne vous rendez pas compte que je vous aime ! » Je dis : « Non. » Je ne m'étais pas rendu compte... On est contents d'être ensemble... En fait, j'étais une gosse. Là-dessus, on décide que oui, bon, on s'appellera fiancés. Et les mères jubilaient.

[...] Bon. Et puis, peu à peu, je me suis rendu compte que j'aimais bien lui écrire des lettres sur des tas de choses que je faisais, et puis surtout j'ai voulu faire la médecine. Ma mère espérait, de son influence, que je ne ferais pas la médecine. Et puis il n'y avait rien à faire, je lui ai dit : « Écoutez, non, il n'y a rien à faire, vous le savez, nous nous marierons dans sept ans, fiancés sept ans, pourquoi pas ? » Mais ce qui était embêtant, c'est qu'à partir de ce moment-là il ne voulait plus aller au concert, ni aller se promener, ni faire des trucs comme avant. Il fallait qu'il me fasse lire son journal dans lequel il écrivait tous les jours combien il m'aimait. Moi, ça me barbait ! Et un beau jour j'en ai eu marre et j'ai dit : « Non, moi, vraiment, je ne peux plus le voir, je l'aime beaucoup

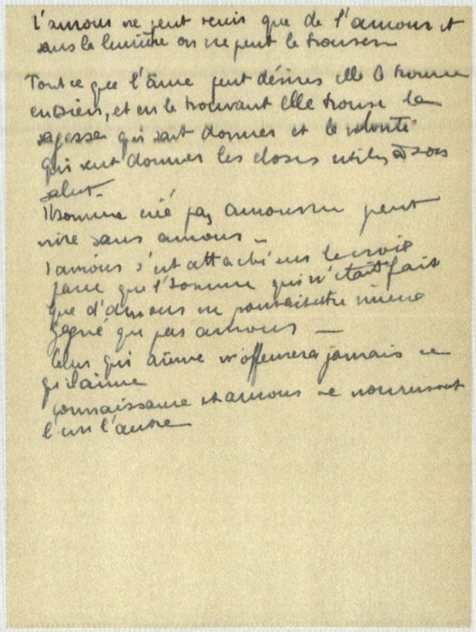

6

6. Note de Françoise Marette glissée dans le journal intime de 1925-1927, sans date.

« L'amour ne peut venir que de l'amour et sans la lumière on ne peut le trouver. Tout ce que l'âme peut désirer elle le trouve en Dieu, et en le trouvant elle trouve la sagesse qui sait donner et la volonté qui veut donner les choses utiles à son salut. L'homme créé par amour peut vivre sans amour. L'amour s'est attaché sur la croix parce que l'homme qui n'était fait que d'amour ne pouvait être mieux gagné que par amour. Celui qui aime n'offensera jamais ce qu'il aime. Connaissance et amour se nourrissent l'un l'autre. »

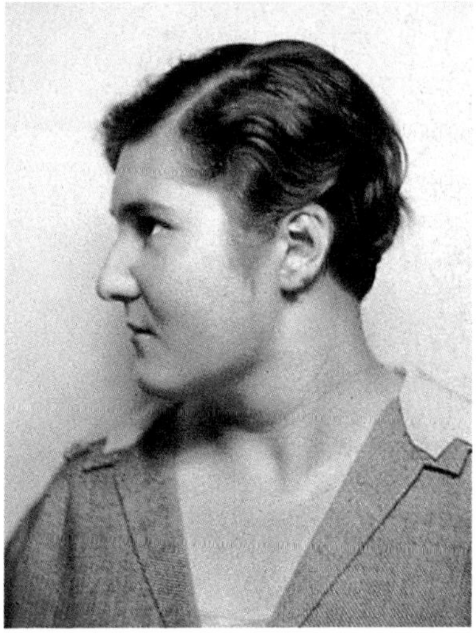

7

7. 1931. Françoise Marette à l'âge de 22 ans.

de loin et nous pouvons converser, mais vraiment passer son temps à dire qu'on s'aime c'est épuisant. » C'est vrai ! [...] Là-dessus, sa sœur, sa sœur aînée, est prise dans un accident, là où elle travaillait, un incendie. Et elle est brûlée, visage entouré de choses, etc., et elle me fait venir à son lit et me dit : « Je sais que ça ne va pas du tout avec Édouard, vous êtes une salope, vous lui avez laissé croire que vous l'aimiez. » Enfin, moi je me sentais toute coupable [...], je ne comprenais rien, parce que ça n'avait pas de sens pour moi. Mais ça m'a beaucoup culpabilisée. Et ma mère... quand je suis rentrée en lui disant : « Écoute, c'est fini maintenant avec Édouard, nous avons décidé, avec beaucoup de chagrin de sa part, qu'on verrait dans six mois, qu'on verrait dans un an. Mais moi il n'y a rien à faire, ça m'angoisse de le voir, je l'aime bien de loin, mais de près ça me porte sur les nerfs. » Alors elle me dit : « Tu es une salope et tu quitteras la maison ce soir même, je ne veux pas avoir une putain dans la maison ! Ce garçon va tourner mal à cause de toi, il t'adore et voilà ce que tu lui fais ! »

Je me sentais horriblement coupable, je pleurais, je ne savais pas où aller, dans la rue en ayant rien. C'était inouï comme était maman, les scènes qu'elle pouvait faire. Alors mon père rentre, il dit : « Ma petite, pas question, tu restes ici, tu es chez toi chez moi, et je suis très content que cette histoire Delebecque soit terminée, moi je ne disais rien parce que tu avais l'air d'être d'accord, mais ça n'a, à mon avis, jamais été un garçon pour toi. » Il m'avait comprise. Ce garçon avait deux ans de moins que moi, je le considérais comme un jeune ami, frère... Je ne savais pas encore du tout ce que c'était qu'aimer.

Extrait de « Traversée du siècle »

ment j'adore cette musique. On sent si bien que chaque accord est la traduction vraie d'une grande pensée. Il semble par moment que cette musique est si belle si grande qu'on ne peut pas la bien sentir, et qu'on ne pourra la comprendre que lorsque l'esprit sera détaché du corps. C'est trop majestueux, trop splendide. Ce que j'ai préféré c'est l'ouverture du 1er acte puis celle du 3e acte, puis le 3e acte, puis vraiment le 2e acte et le 1er acte que j'ai le moins aimé. Les chœurs de pèlerins au 3e acte sont d'une majesté vraiment saisissante. C'est décidément la musique de Wagner que je préfère. Je trouve que le sentiment religieux y est très intense. Après Wagner c'est Beethoven que je place tout de suite, il a toujours une très noble inspiration mais jamais je n'ai éprouvé en écoutant du Beethoven, les sentiments que m'inspire Wagner. Il me semble que l'âme se purifie à l'écouter. Que sera-ce que l'harmonie éternelle où sera plongée les âmes des justes, rien alors n'entravera le ravissement, et l'esprit pur et détaché du corps pourra s'exalter éternellement et sans limite, ce sera l'extase paradisiaque surnaturelle, le ciel du moins je ne peux l'envisager qu'ainsi.

17 décembre 1925

Sammé Etan est morte avant hier. J'ai été aujourd'hui la voir sur son lit. Jamais je n'avais vu une personne morte et bien que je m'attendais à voir une figure blanche, je n'ai jamais eu un tel saisissement de ma vie. Je n'avais pas du tout réalisé ce que ce serait. Tout le temps il me semblait que je la voyais respirer. C'est vraiment beau. C'est maman qui avait garni son lit de violettes et d'œillets, c'était ravissant. 2 bougies brûlaient de chaque côté de l'oreiller. Tout le reste de la pièce était dans l'ombre, sauf un coin de la table et le fauteuil où était assise la bonne sœur et dont on pourrait croire qu'elle aussi était morte si ce n'était le petit bruissement des grains de chapelet courant les uns après les autres. Sammé Etan était très changée, je n'aurais jamais cru qu'un corps peut avoir à ce point une telle noblesse. Sa figure et sa pose entière était calme et pas une ombre de tristesse ne venait la troubler. Maman me dit que Jacqueline avait l'air prodigieusement triste et pas du tout cet air calme. D'autres morts ont paraît-il l'air malheureux, ou gais. Maman me dit que

« Nocturne en *fa* dièse m'obsède[1]. » Du journal à l'agenda

... cette phrase simple et sans aucun espoir qui est conduite jusqu'au bout, inexorablement[2].

9

8. Extrait du premier journal intime de Françoise Marette, 1925.

9. 1932. Françoise Marette.

« Voilà 17 ans que je suis sur terre. Comme j'ai changé depuis le soir, il était 8 h ? (on dirait que je m'en souviens) où pauvre petite chose pitoyable je pleurais comme tous les nouveau-nés. Je décide aujourd'hui d'écrire des notes personnelles. Cela m'amusera quand je serai plus vieille d'ici 10 ou 12 ans de le relire et il me semble que je dirai : de 17 à 30 ans j'ai autant changé que de 1 à 17 ans. »

Commençant son journal, le 6 novembre 1925, jour de son anniversaire, Françoise Marette n'en est pas à ses premières écritures. Dans la famille, on s'écrit beaucoup. Très tôt, le petit enfant est sommé d'entrer dans ce jeu des écritures, encouragé à parler de lui en nommant ses goûts, ses plaisirs et ses peines tout en étant solidement maintenu dans les liens que créent les projections multiples dont il est l'objet. À ce jeu, elle se livre dès son plus jeune âge[3]. Les lettres à ses proches la montrent, enfant, plus que soucieuse de se plier aux règles de sagesse qui lui sont imposées. En 1926, elle participe encore joyeusement à l'efflorescence du « jardin des préférences » [voir document nº 28, p. 88-89], qui inscrit les variations dans le temps des goûts et couleurs de chacun de ceux qui constituent le grand corps familial auquel elle se sent fière d'appartenir. Au contraire, les écritures solitaires de son journal intime, mais plus encore par la suite celles de son agenda, vont nous rendre sensibles des lignes de malaise et de rupture qui finiront par être décisives : elles l'engageront dans ce processus de changement qu'à dix-sept ans, dans son journal, elle ose à peine appeler de ses vœux alors que, le 5 février 1934, il lui est devenu possible de noter dans son agenda : « C'est dans les familles seulement qu'on trouve ces sortes de haine raffinées qui sont une des formes tristes de l'amour[4]. » La lecture de ces documents inédits révèle à l'évidence que l'ouverture, par l'écriture, de l'espace intime réservé aux fragilités et aux souffrances de sa solitude, l'appropriation de lieux secrets à elle-même, encore inexplorés, l'ont aidée à creuser un chemin, inaliénable, celui de sa liberté. Sous l'apparente adhésion conformiste au modèle familial de ces écrits encore empreints des servitudes enfantines se dévoile dans sa radicalité l'isolement d'une jeune fille puis d'une jeune femme qui cherche encore désespérément à s'échapper et ne voit encore rien s'offrir à elle.

« Trop majestueux, trop splendide ! »

D'un bout à l'autre, la musique reste la voie royale dans l'ouverture de cette échappée. D'entrée, dans son journal, dès le 22 novembre 1925, celle du *Tannhäuser* de Wagner, qu'elle vient de découvrir la veille à l'Opéra de Paris, est l'objet de son exaltation. La seule écoute de ce flot musical lui fait pressentir qu'en saisir les nuances exigerait d'elle un arrachement dont elle ne peut encore se rendre capable. Happée par « l'intense sentiment religieux » qui, selon elle, porte cette musique et depuis toujours s'exalte en elle, elle s'empresse d'en assimiler les effets à la figure imposée de la séparation de l'esprit et du corps entraînant son cortège d'images dont celle, souveraine, d'une âme purifiée, plongée dans une éternité harmonieuse : « [...] rien alors n'entravera le ravissement et l'esprit pur et détaché du corps pourra s'exalter éternellement et sans limite, ce sera l'extase paradisiaque surnaturelle, le ciel du moins je ne peux l'envisager qu'ainsi. » Échappée sans limite et par trop définitive. Il faut noter : « Le ciel [...] je ne peux l'envisager qu'ainsi. » Dès les premières pages du journal, confisquant toute improvisation à cette jeune âme en expansion infinie, la promesse d'un ciel sans limite où elle accepterait de se dissoudre corps et âme avant même de commencer à vivre vient compromettre par court-circuit tout désir d'ouverture vers l'inconnu. Dans ces petits carnets recouverts de moleskine noire, le journal de l'adolescente Françoise Marette nous rapporte à chaque page les échecs d'un élan dont la vigueur est sans cesse menacée par l'imminence d'un danger qui la pétrifie et la livre à la tentation de disparaître à jamais.

La jeune fille et la mort

« Danmé Étan est morte avant-hier. J'ai été aujourd'hui la voir sur son lit. Jamais je n'avais vu une personne morte [...] je n'ai jamais eu un tel saisissement de ma vie [...] C'est vraiment beau. C'est ma maman qui avait garni son lit de violettes et d'œillets, c'était ravissant [...] Sa figure et sa pose entière étai[en]t calme[s] et pas une ombre de tristesse ne venait la troubler[5]. »

D'un ravissement à l'autre. 17 décembre 1925, dans son journal, le frémissement de Françoise devant le spectacle saisissant de la mort de son arrière-grand-mère est plein de pensées à peine formulées. Sans doute pressent-elle confusément la possibilité d'échapper à ce qui rôde dangereusement autour d'elle depuis si longtemps, car ici même, dissimulé, atténué, mais intimement associé au spectacle de cette mort pacifiée, quelque chose veille : « Tout le reste de la pièce était dans l'ombre, sauf un coin de la table et le fauteuil où était assise *une bonne sœur et dont on pourrait croire qu'elle aussi était morte*[6], si ce n'était le petit bruissement des grains de chapelet courant les uns après les autres. » À l'orée du spectacle rassurant et bénéfique de l'aïeule qui la protège, une autre vision la ravit aussi, mais à elle-même, présentifiant ce qu'elle n'a justement pas vu et à quoi la folle douleur de sa mère la maintient arrimée depuis cinq ans : celle de la dépouille d'une sœur aînée, Jacqueline. Cette si bonne sœur disparue à dix-huit ans – elle en a justement dix-sept – ne cesse d'étouffer en elle la vie, qui, depuis, échoue sans cesse à se déployer. La voix de maman ne manque jamais alors de se faire entendre pour ramener Françoise à cette vision au cas où elle l'aurait oubliée : « Maman me dit que Jacqueline avait l'air prodigieusement triste et pas du tout cet air calme. D'autres morts ont paraît-il l'air malheureux ou gais. » Et si, échappant au destin de Jacqueline, elle réussissait à faire une de ces mortes épanouies et ravies que Danmé Étan lui montre ce jour-là ?

Aujourd'hui, on peut se demander si ce souvenir de jeune fille ne la frôle pas quand, au temps de sa propre mort, en août 1988, riant avec les siens qui la croyaient perdue, elle revient de ce qu'elle nomme « mort pour de rire[7] » ? À dix-sept ans, dans son journal intime, elle pense plutôt à l'écrivain Pierre Loti qui, devant le corps de sa propre grand-mère, est allé jusqu'à perdre la foi.

10

10. 1933. Françoise Marette.

Qui sait si secrètement elle s'en inquiète pour elle-même ? Elle n'en dit rien mais témoigne à son tour : « Au contraire jamais je n'avais si bien réalisé que cette après-midi ce qu'un soir toute petite j'avais, non pas rêvé puisque j'étais réveillée (je venais de m'agenouiller pour faire ma prière), mais que j'avais senti jusqu'au plus profond de moi avec la vitesse de l'éclair : la vie est un rêve, la mort est le réveil et à ce moment seul doit commencer la "vraie vie". » Serait-ce une promesse qui l'a saisie « toute petite », faisant de la mort l'objet d'une attente curieuse, une bénédiction en quelque sorte dont il faut rendre grâce à Dieu ? Mais aussitôt dans cette pensée qui se veut ferme et rassurante se glisse un double inquiétant, déicide. Et s'il prenait à Dieu, ce qui ne saurait être de sa part qu'une « lubie », l'idée de « me laisser mijoter dans mon coin sans jamais mourir[8] » ? Comment donc pourrait-elle être l'oubliée de Dieu, elle qui ne pense qu'à Lui ? Pensée inconciliable, blasphématoire, contre laquelle elle tente de s'insurger. La priverait-Il ainsi de partir « *en savourant ce dernier plaisir* », de loin le plus intéressant, comme l'enseignent si bien les rêves au réveil : « [...] quand mon réveil sonne, alors c'est extraordinaire ce qui me passe par la tête, c'est trop [...] Si la mort est un réveil ce doit être la même chose en plus "formidable" encore. » Étranges pensées obsédantes d'une jeune fille de dix-sept ans, jouant discrètement avec l'interdit de penser et pour qui surtout il s'avère impossible, comme on pourrait s'y attendre dans ce lieu privé, secret, de s'adonner aux pensées amoureuses. L'amour pour elle demeure dans l'amour de Dieu. Tout l'y ramène sans cesse et, dans ces conditions, qu'Il l'oublie, ne serait-ce pas comme un rêve, le seul qui lui permettrait enfin de revenir à elle ? Mais c'est encore trop tôt pour qu'elle puisse se l'accorder. Presque au même moment, une autre adolescente née en 1908, Simone de Beauvoir, ose se projeter dans sa vie : « Ah ! cette vie seulement m'est donnée... Je ne dormirai plus. Contre tout j'éveillerai des présences splendides. Je tiens à moi. Il n'y a que moi[9]. » Il est vrai qu'ayant perdu la foi dès quatorze ans, elle en avait jalousement gardé le secret pour se construire sa propre vision de l'amour. Dans l'ombre de l'amour de Dieu, le journal de Françoise Marette s'écrit comme une longue prière s'adressant à ce seul interlocuteur, de prières en prières, il s'égrène comme le chapelet aux mains de la bonne sœur qui veille Danmé Étan, sans lui laisser trouver la porte de sa vie.

(suite p. 138)

Pavane pour une infante défunte

Quelque neuf ans plus tard, vendredi 9 février 1934, alors qu'à vingt-cinq ans Françoise Marette a commencé à prendre son destin en main, elle note dans son agenda : « La religion n'est qu'une exaltation de soi, la plus totale possible, et surtout quand on s'abandonne jusqu'à se perdre en Dieu (en l'amour) c'est toujours par une hyperprolifération de l'instinct de conservation. Refuge = la religion. Pouah ! – Non. »

Réflexion qui se poursuit dès le lendemain, le 10 février 1934 : « En réfléchissant à ce que je pensais hier, je suis encore plus convaincue aujourd'hui que la religion ne vit que parce qu'elle exalte l'instinct de conservation chez des êtres qui sont impuissants par raisons endogènes ou exogènes (constitutionnelle ou occasionnelle). Comme les intéressés sont ignorants de ce qui les meut, ils placent les preuves de la foi très loin au-dessus d'eux. De la sorte, il n'y a pas de danger qu'ils trouvent la vérité qui est leur instinct vital bafoué. Ceux qui n'ont pas la religion deviennent aigris révoltés, se vengent de leur impuissance en donnant libre cours à leur agressivité → détruire tuer. C'est encore mettre ailleurs qu'en soi la cause du mal. »

Que s'est-il donc passé ? Depuis le 16 janvier 1934, Françoise Marette vient d'entreprendre une analyse avec René Laforgue. Pour s'y engager, il lui a fallu vivre l'épreuve essentielle d'une rupture amoureuse qui lui aura permis d'apprendre longuement, difficilement, à se préférer à un autre. Jour après jour, heure après heure, dans son agenda, elle égrène le temps de sa reconstruction : ses rêves au réveil exposés dans la plus grande précision sont suivis de ses cours en faculté de médecine qui s'accompagnent d'observations fines et pleines d'humour sur ses maîtres et ses camarades. Çà et là, les déjeuners avec des amis, le cinéma en famille, les rendez-vous chez le coiffeur, la retoucheuse, la corsetière ou le chapelier, les grands magasins. Après dîner, elle travaille, écoute la radio, de la musique : « Il n'y a qu'une chose qui puisse faire quelque chose pour moi, c'est le nocturne en *fa* dièse de Chopin. » À travers l'épaisseur des occupations quotidiennes nous parviennent, bruit et fureur, les événements politiques : l'affaire Stavisky et ses retombées, les manifestations violentes de l'extrême droite du 6 février 1934. Mais de plus en plus souvent, envahissant l'espace de la page dans une écriture microscopique, illisible, elle décrypte ses émotions et ses pensées les plus infimes, s'accable pour ses faiblesses et ses régressions ou au contraire se réjouit, prenant la mesure de l'immense travail accompli pour réussir à se dégager de l'effondrement intérieur qui la menaçait. Bien sûr, plusieurs fois par semaine, dans l'après-midi, les rencontres avec Laforgue, dont les interventions clairvoyantes, percutantes parfois mais toujours profondément humaines, originales, la jettent dans une rage folle, la précipitent dans l'abattement ou l'apaisent pour un temps. Ces rencontres font toujours l'objet d'un compte rendu circonstancié. Pour tout cela, l'année 1934 de l'agenda est un document essentiel, unique, sur le tournant de sa vie, année lourde de conséquences et dans laquelle arrivent enfin des jours où tout s'ouvre, où l'on se

11

11. 1933. Françoise Marette, à la veille de ses 25 ans.

12. Lettre de Catherine Delebecque à Françoise Marette, envoyée quelques jours après la rupture officielle des fiançailles entre cette dernière et son frère Édouard Delebecque. 15 février 1933

[*Françoise Dolto a entouré et souligné deux fois le second chiffre 3, et a écrit 4 à côté.*]

« Ma petite Françoise,
Vous êtes toujours mon amie, même si, pour le moment, cela vous importune de m'entendre le dire. Voilà ce que j'aurais voulu vous faire comprendre au téléphone. Ne croyez pas que je vous en veuille le moins du monde. Je sais seulement que vous êtes très malheureuse et cela me fait de la peine. Mais vous avez toute la vie devant vous ! Ce n'est pas parce que vous vous êtes trompée au début qu'il est trop tard pour recommencer. Ne perdez pas courage, ma petite Françoise, ne vous désespérez pas, je suis sûre que vous ferez de votre vie quelque chose de chic. Adressez-vous à moi quand vous le voudrez, je serai toujours là. Je vous envoie le meilleur de mon affection.
Catherine »

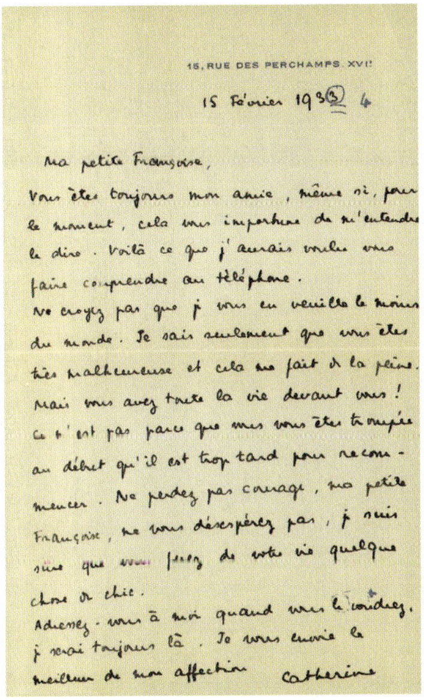
15, RUE DES PERCHAMPS. XVIe

15 Février 193③ 4

Ma petite Françoise,

Vous êtes toujours mon amie, même si, pour le moment, cela vous importera de m'entendre le dire. Voilà ce que j'aurais voulu vous faire comprendre au téléphone.

Ne croyez pas que je vous en veuille le moins du monde. Je sais seulement que vous êtes très malheureuse et cela me fait de la peine. Mais vous avez toute la vie devant vous ! Ce n'est pas parce que vous vous êtes trompée au début qu'il est trop tard pour recommencer. Ne perdez pas courage, ma petite Françoise, ne vous désespérez pas, je suis sûre que vous ferez de votre vie quelque chose de chic.

Adressez-vous à moi quand vous le voudrez, je serai toujours là. Je vous envoie la meilleure de mon affection

Catherine

12

dit que l'on va continuer et aller jusqu'au bout : « Ce soir il est 9 heures après le dîner je viens d'entendre par TSF *La Pavane pour une infante défunte* de Debussy que je connaissais déjà bien. Ce soir pourquoi ai-je pleuré en l'écoutant ? Sans doute je suis fatiguée mais cette phrase simple et sans aucun espoir qui est conduite jusqu'au bout inexorablement, c'est la mort de l'amitié d'Édouard qu'elle évoquait pour moi sans doute parce que nous sommes le 28 septembre et parce que le ciel est plein d'étoiles et qu'il fait doux. Il y a la mort et il y a la contemplation. »

Entre fin août et septembre 1933, Françoise Marette avait déjà secrètement rompu ses fiançailles avec Édouard Delebecque. Il faudra attendre le 11 février 1934 pour qu'enfin les familles en soient informées. Le 28 septembre 1934, un an plus tard et deux jours avant l'anniversaire de la mort de Jacqueline, tout est là enfin, dehors, nouveau. Dans ce temps partagé entre l'acceptation intérieure de la mort et de la séparation et la contemplation du ciel étoilé sous lequel la vie peut enfin commencer pour cette jeune femme qui s'est assurée qu'elle pouvait s'avancer « jusqu'au bout inexorablement », sans crainte et sans pitié. Elle s'avance au rythme lent de la pavane, dans cette fière et majestueuse démarche des processions de l'Europe des XVIe et XVIIe siècles. Pour Ravel – et non Debussy comme le croit Françoise –, cette pavane évoque la danse d'une jeune princesse à la cour d'Espagne. Elle marche d'un pas assuré telle la Gradiva, autre jeune femme issue de la « fantaisie pompéienne » de Jensen, dont Sigmund Freud a placé le bas-relief au pied de son divan d'analyste, celle « qui avance, qui éveille[10] ». Au grand plaisir de ceux qui la connaissaient, auditeurs et amis, Françoise Dolto aurait pu ajouter cette formule, si musicale, frappée à son propre rythme et devenue pour eux leitmotiv : « dans l'allant-devenant du génie de son sexe », comme elle le disait si souvent des enfants en devenir.

Muriel Djéribi-Valentin

1. Agenda, le 22 janvier 1934. **2.** Agenda, le 28 septembre 1934. **3.** Voir Françoise Dolto, *Lettres de jeunesse. Correspondance 1913-1938*, textes réunis et notes établies par Colette Percheminier, Gallimard, 2003. **4.** Agenda, lundi 5 février 1934. **5.** Journal, 17 décembre 1925. Danmé Étan est son arrière-grand-mère maternelle, Cécile Overnay (1839-1925), mariée à Eugène Secrétan (1837-1899). **6.** C'est moi qui souligne. **7.** Françoise Dolto, *Une vie de correspondances, 1938-1988*, édition établie, annotée et présentée par Muriel Djéribi-Valentin, Gallimard, 2005, lettre 707, p. 899. **8.** Pensée qu'elle évoquera dans un entretien avec Jean-Pierre Winter en 1986, reproduit dans F. Dolto, J.-P. Winter, *Les images, les mots, le corps*, Gallimard, 2002, p. 170. **9.** Simone de Beauvoir, *Cahiers de jeunesse 1926-1930*, texte établi, édité et présenté par Sylvie Le Bon de Beauvoir, Gallimard, 2008, p. 423. **10.** Voir J.-B. Pontalis, préface à Sigmund Freud, *Le Délire et les rêves dans la « Gradiva » de W. Jensen*, coll. « Folio essais », Gallimard, 1992.

Livre de bord, 1934

Dimanche 18 février

Mort du roi des Belges Albert 1er.
Se tue en tombant d'un rocher près de Namur.

10 h Baruch : confusion mentale Sainte-Anne parle de la « confusion au petit pied »

Je lis Katherine Mansfield déjà aujourd'hui le dictionnaire m'est moins nécessaire. Lire dans une langue étrangère aide à se fuir.

Nocturne en fa dièse mais il y a aussi le scherzo de la sonate en si bémol mineur.

Après le déjeuner Jean qui a vu Édouard ce matin veut essayer de ratiociner. Je veux la paix. Pauvre Édouard. J'ai failli frapper Jean.
De 3 h 1/2 à 4 h 1/2 je vais voir Ginette.
Pas mieux. Me parle de Max et de Jean-Claude. Je voudrais bien qu'elle en sorte et soit heureuse.

J'ai refini en totalité aujourd'hui Les Troyennes, Iphigénie et Hécube. Je me rappelle comme à l'époque du 1er orage en septembre j'avais pleuré abondamment sur la douleur d'Andromaque. Aujourd'hui ce qui me fait le plus réfléchir ce sont les deux jeunes filles liées par une seule ressemblance : la condamnation à mort. 2 magnifiques figures.
Celle qui renonce à toutes les promesses : Iphigénie. Celle qui quitte une vie sans espérance : Polyxène.
Toute la journée les larmes me sont venues aux yeux à chaque instant car je pense que maintenant je ne pourrai même plus savoir ce que devient Édouard. Je ne peux plus avoir de ses nouvelles. Inamovible c'est insensé.
[...]

Mardi 27 février

À l'hôpital, consultation. Revient Mlle Rossignol la jeune fille sur laquelle j'avais fait avec l'aide de Jean-François Wittmann une observation. Laignel m'en fait compliment.
Il fait froid, ça pince, ça sent la neige et pourtant ce matin il n'a pas neigé.

Ce matin j'ai pensé combien j'étais heureuse de n'avoir plus besoin d'être *près* d'Édouard et aussi combien j'étais triste de ne plus jamais recevoir ses conseils *d'ami supérieur*. Si je ne l'avais pas connu, ce qu'il y a de moins sale et de moins bas en moi n'existerait pas. À chaque minute je me demande si telle de mes pensées ou tel de mes actes sont conformes au sens de la vie qu'il a fait naître en moi. L'inimaginable c'est que je lui ai brisé le cœur par loyauté. Je ne peux pas me prouver que j'ai mal agi.
Téléphone Milou. Déjeuner chez Pierre avec Philippe et Marc. *Good.*
Ça va mieux. J'embête Philippe longtemps. terribles remords ensuite.
TP physique. Fond d'œil.

3 à 5 1, rue des Cerisoles. Lunch du mariage Suzanne Ducreux-André Boulte
Très bien. la mariée et les demoiselles d'honneur. Vu Nicole D. et son fils. Vu Denise Demaroux revenant des sports d'hiver, brunie et gaie. Suit une retraite prêchée par un « bédouin » et chaque exercice de retraite lui fait faire 22 péchés !! Rires. Esclaffes. Quelle chance elle a d'être une femme enfant.
Puis grande maison de blanc, soldes, achète robe pour Florence, vu 2 anglaises caricatures scrupuleuses et jacassantes.
Le coucher de soleil était très beau, des bandes d'or autour de nuages aux lignes droites avec des strates vert Véronèse. Couleurs froides. Avenue des Champs-Élysées. C'était beau.

« And you know the voices of people before sunrise – how different they are? »...
Et je revis les aubes des 2 journées de cet été à Lure et au Verdon. délicieux et douloureux !!

Mercredi 28 février

4 rêves notés sur Laforgue, sur une jolie femme brune.
« We are the sport of circumstances [...] But how tired the dice get of being rattled and thrown! » Katherine Mansfield, letter 30 nov. 1919
Pitié : 1er cours de Sympathologie
Déjeuner à la maison.
Fini le 1er volume des lettres de Katherine Mansfield en anglais.

3 h. Laforgue : la séance se passe à expliquer des rêves de cette nuit.
Au retour je vois maman qui revient de chez les Delebecque, c'est M. Jacques Delebecque qui s'oppose à ce qu'Édouard voie qui que ce soit de la famille. Édouard passe ses dimanches dans sa chambre. Il n'est plus suffisamment occupé à Saumur. Les oraux sont en train. Les autres jouent au bridge. Lui, je ne sais. Françoise craint qu'il ne s'ennuie beaucoup. Françoise sort.
Elle n'a plus de [pansements : *mot incertain*]. Elle va bien mais forcément encore faible. Françoise et les Delebecque sont très gentils avec maman. Françoise dit qu'il ne faut à aucun prix jamais qu'Édouard et moi nous rapprochions de nouveau. Elle a raison. Je l'approuve. Et cependant dans ce moment l'idée de ne plus jamais revoir Édouard dont l'amitié serait pour moi la meilleure chose au monde comme elle l'a été jusqu'au 28 août et même encore après. Édouard ne comprend pas ce qui s'est passé en moi. Moi-même je ne le comprends pas. Je sais qu'il me manque indiciblement et je sais que je suis moins dégoûtée de moi-même depuis qu'il ne m'aime plus. Je ne me lasserais pas de faire parler maman sur les Delebecque.
Chez Tsverkoy, pour porter bon de radio pour Necker.
Un accident d'auto est arrivé hier soir aux Ducreux-Givon grave. C'est Denise Demaroux qui me l'apprend.
Le soir c'est le 1er cours de Laforgue mais je n'ai pas osé lui demander si je pouvais y aller.

13. Extrait de l'agenda personnel de Françoise pour l'année 1934, « Baptisé par Philippe : livre de bord » (inscrit sur la première page). Ici, pages du 27 et du 28 février.

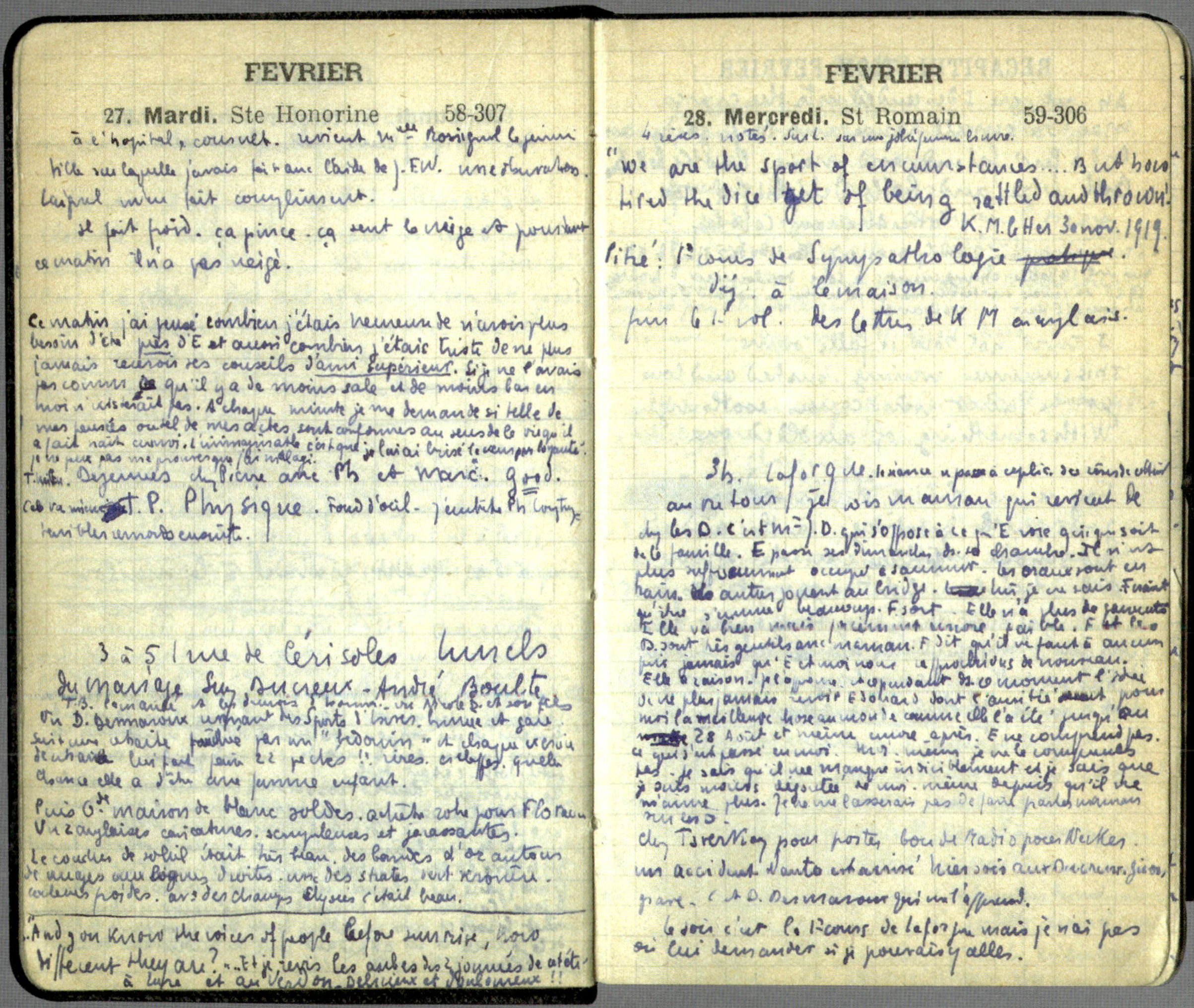
FEVRIER
27. Mardi. Ste Honorine 58-307
FEVRIER
28. Mercredi. St Romain 59-306
"We are the sport of circumstances... But how tired the dice get of being rattled and thrown!"
K.M. 30 nov. 1919.

13

Quatre rêves

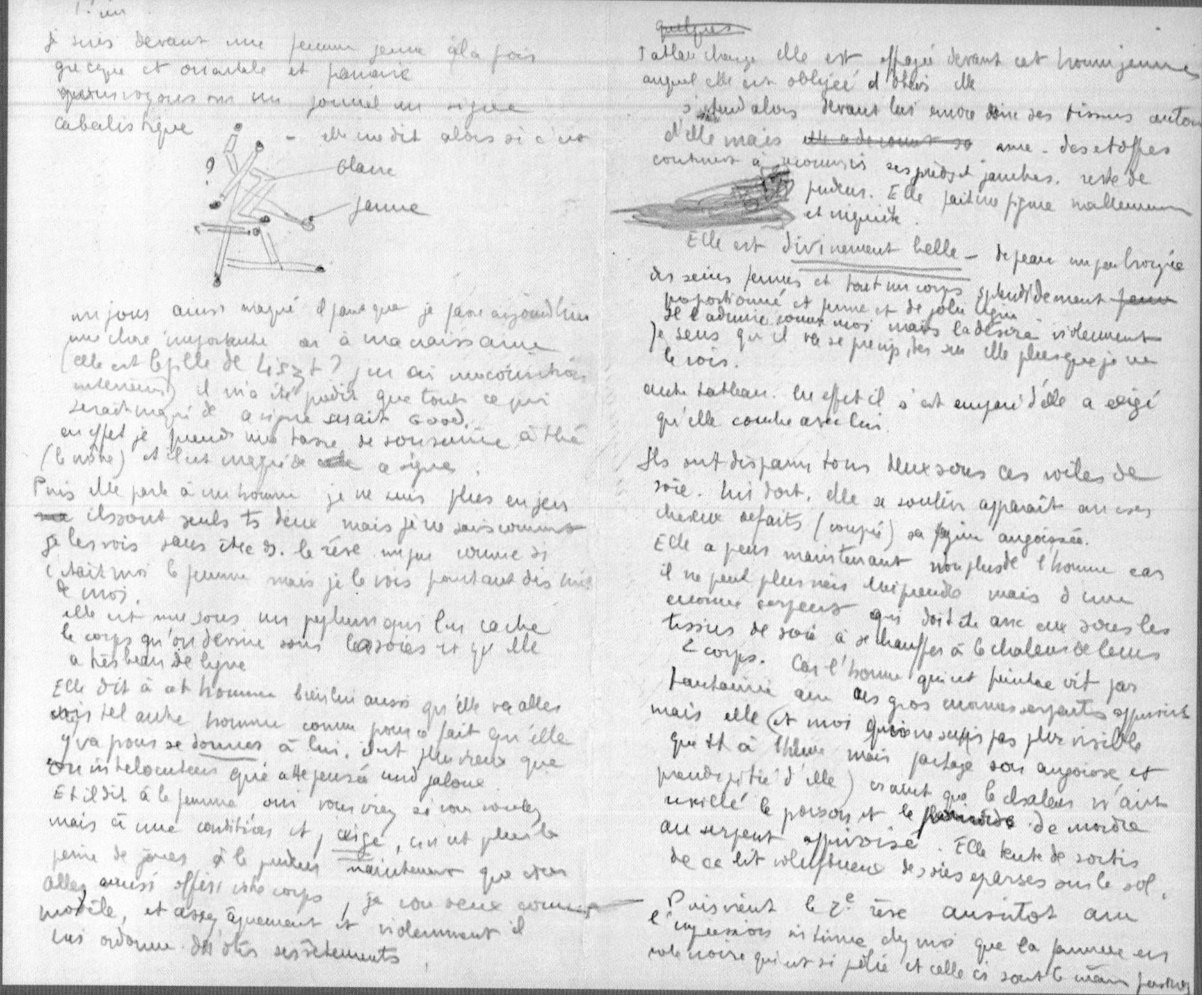

14

14. Cette séquence de quatre rêves, rédigée au verso de l'invitation au mariage auquel se rend Françoise Marette l'après-midi du 27 février 1934, se déroule au cours de la nuit du 27 au 28, selon l'ordre du récit qu'elle en fait. Si le lendemain notant « rêves sur Laforgue » dans son agenda, c'est le patronyme de son analyste qui s'impose comme dominant l'ensemble des différents tableaux du rêve, c'est assurément parce que, au matin, il lui est apparu en être la clef. N'est-ce pas, en effet, dire de façon transparente qu'elle le reconnaît dès le premier rêve dans la personne d'âge mûr à qui « elle va se donner », provoquant la jalousie du jeune peintre, ainsi que dans la personne du médecin qui lui ouvre les yeux à la fin de son deuxième rêve ? C'est dire surtout que ces rêves ne sauraient s'interpréter que dans le cadre de son transfert analytique, dans son désir d'analyse.

Muriel Djéribi-Valentin.

1er rêve

Je suis devant une femme jeune
à la fois grecque et orientale et française.
Nous voyons sur un journal un signe cabalistique.
Elle me dit alors : « si c'est un jour ainsi marqué il faut que je fasse aujourd'hui une chose importante car à ma naissance (elle est la fille de Liszt ? j'en ai une conviction intérieure) il m'a été prédit que tout ce qui serait marqué de ce signe serait *Good.* » En effet, je prends une tasse de son service à thé (le nôtre) et il est marqué de ce signe.
Puis elle parle à un homme, je ne suis plus en jeu, ils sont seuls tous deux, mais je ne sais comment je les vois sans être dans le rêve, un peu comme si c'était moi la femme, mais je la vois pourtant désunie de moi.
Elle est nue sous un péplum qui lui cache le corps qu'on devine sous les soies et qu'elle a très beau de ligne.
Elle dit à cet homme, bien lui aussi, qu'elle va aller voir /chez tel autre homme connu pour ce fait qu'elle y va pour se *donner* à lui. Il est plus vieux que son interlocuteur que cette pensée rend jaloux. Et il dit à la femme : « oui vous irez si vous voulez mais à une condition et *j'exige*, ce n'est plus la peine de jouer à la pudeur maintenant que vous allez ainsi offrir votre corps, je vous veux comme modèle », et assez âprement et violemment il lui ordonne d'ôter ses vêtements.
Tableau change. Elle est effrayée devant cet homme jeune auquel elle est obligée d'obéir. Elle s'étend alors devant lui encore donc des tissus autour d'elle mais nue. Des étoffes continuent à recouvrir ses pieds et jambes. Reste de pudeur. Elle fait une figure malheureuse et inquiète. Elle est *divinement belle*, de peau un peu bronzée, des seins fermes et tout un corps splendidement proportionné et ferme et de jolie ligne. Il l'admire comme moi mais la désire violemment. Je sens qu'il va se précipiter sur elle plus que je ne le vois.
Autre tableau. En effet, il s'est emparé d'elle a exigé qu'elle couche avec lui.
Ils ont disparu tous deux sous ces voiles de soie. Lui dort, elle se soulève, apparaît avec ses cheveux défaits (coupés) sa figure angoissée. Elle a peur maintenant, non plus de l'homme car il ne peut plus rien lui prendre, mais d'un énorme serpent qui doit être avec eux sous les tissus de soie à se chauffer à la chaleur de leurs 2 corps. Car l'homme qui est peintre vit par fantaisie avec des gros énormes serpents apprivoisés, mais elle (et moi qui ne suis pas plus visible que tout à l'heure mais partage son angoisse et prends pitié d'elle) craint que la chaleur n'ait réveillé le poison et le plaisir de mordre du serpent apprivoisé. Elle tente de sortir de ce lit voluptueux de soies éparses sur le sol.
Puis vient le 2e rêve aussitôt avec l'impression intime chez moi que la femme en robe noire qui est si jolie et celle-ci sont le même personnage.

2e rêve

J'arrive dans un salon où des gens gais qui dansent.
– une femme petite assez gentille danse avec un homme ?
– une autre dans laquelle je suis moi + ou –
– dame dans ce salon danse,
je crois sur le piano, avec g[ars] très bien
Je vois alternat[ivement]
cette personne figurée par un flou. (**Fig. a**)
Dans ce salon quatre personnages ridicules :
– 1 qui ressemble à rien
– 1 qui ressemble à un baril ou à peu près
– 1 qui ressemble à un gros type
– 1 autre moche que je ne reconnais pas
tous gros, des petits cols mous serrés serrés et une petite cravate ridicule et des figures poupines et semblent fardées de grotesques et tous typés.
Je les regarde un peu et je me mets *à rire, à rire*, à m'esclaffer. Après m'être arrêtée de danser, parce que Ph[ilippe] est arrivé fulgurant de colère.
Alors arrive près de moi un monsieur d'âge, avec un peu de ventre, un veston brun, il veut faire le docteur et m'interroge avec confiance en son adresse pour m'interroger. Alors dans ma verve aiguë et douloureuse, dans ma gaîté forcée, je me moque de lui bruyamment et en effet il y a de quoi. Ses yeux sont assez laids avec ses paupières qui rentrent complètement sous la peau quand les yeux sont ouverts, juste les cils passent un peu attestant qu'il y a des paupières cachées, et il y a un contour (**Fig. b**) fictif en gaz néon mauve qui entoure l'œil et qui bouge, l'œil est mal centré.
Dans ce cadre lumineux alors je lui ris au nez en disant : « Et puis vous, si vous croyez, votre œil et vos sourcils sont sur un même plan ! » hahaha, et lui me dit : « Qu'y a-t-il donc et qu'y avait-il chez vous, depuis longtemps : vos yeux à vous étaient mal ouverts », et il me montre comment étaient mes yeux morts, sans vie et l'air terriblement tristes et abrutis et retirés de la vie. (**Fig. c**) Alors j'ai honte et je me dis cet homme est très fort qui avait deviné toute mon histoire de ce mois-ci mais je ris pour lui cacher que je suis piquée au vif.
Et lui me laisse en disant à Ph[ilippe], qui s'est approché de moi : « Oui qu'elle rie, mais nous nous sommes compris. Il faut savoir n'être pas pressé, le doigté ! j'ai l'expérience ! nous irons progressivement. »

3e rêve, sur Laforgue

Papa à Deauville, interview
puis moi chez L[aforgue].
puis Papa et Maman.

4e rêve

Bateau étroit qui part pour l'Angleterre.

a.

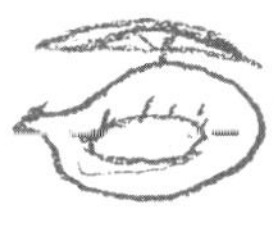

b.

c.

« La rue Vineuse, ça te dit quelque chose ? »

Françoise : *C'était à la fin de mon analyse, alors que j'étais sur le divan, un jour sans que je comprenne le rapport, moi, avec ce que j'avais dit depuis, paraît-il, quelques séances, Laforgue me dit : « Demandez donc à votre mère si la rue Vineuse, ça lui dit quelque chose. » Alors, je me rappelle, [...] que j'avais fait pas mal de rêves autour de ce que je croyais être* Quo vadis, *c'est-à-dire assister à des orgies, et dans mes rêves c'était à travers des cheveux auburn, que je décrivais, des cheveux auburn qui sentaient très bon. Et j'assistais à des grandes tables servies, comme on raconte dans* Quo vadis, *les repas des Romains,mais c'était des gens... dans mon souvenir il y avait des gens très très grands, habillés comme des généraux russes, qui étaient avec des brandebourgs [...].*

Alors je reviens et dis à maman, qui était déjà furieuse que je fasse une analyse : « Est-ce que la rue Vineuse, ça te dit quelque chose ? – Oh, pourquoi la rue Vineuse ? – Je ne sais pas, moi, je te demande. » Elle me dit : « Oh, la rue Vineuse, c'est une histoire, tu étais toute petite. » Et alors elle me raconte l'histoire suivante. [...] Elle avait pris une nurse irlandaise pour s'occuper de moi, qui était une jeune fille de bonne famille, dont le père était juge et le frère avocat, et qui parlait un très bon anglais, parce que maman parlait anglais et elle aimait beaucoup renouveler son anglais en parlant avec des Anglais, enfin c'était des Irlandaises parce que la famille est de souche irlandaise, du côté de ma mère. Elle me raconte alors que cette nurse irlandaise était folle de moi, le bébé dont elle s'occupait, et que j'ai d'ailleurs parlé anglais avant de parler français, mes parents devaient me parler anglais pour que je comprenne. Et alors, maman me raconte qu'un jour un bijou avait disparu, mais elle l'avait retrouvé, elle s'est dit : j'ai mal cherché. Un autre jour, c'est le tour d'une robe du soir, elle ne la trouve pas. Puis c'est sa rivière de diamants, qu'elle avait eue à son mariage [...]. Alors, elle a porté plainte à la police. [...] Ils ont examiné toute la situation, et puis ils ont filé la nurse irlandaise qui poussait ma voiture, et ma voiture était toujours rue Vineuse, devant un hôtel chic, un hôtel de passe très chic, où cette Irlandaise allait parce qu'elle prenait de la coke. Il y avait des soirées de coke et des orgies, avec des gens très huppés... Le liftier portait en effet un costume en brandebourgs, très chic, celui-là même que je voyais dans les rêves,et puis elle, maman m'a dit, elle avait des cheveux admirables auburn, des longs cheveux, qu'elle défaisait, et qui étaient ravissants, c'est une fille qui avait un très joli teint. [...] Alors quand on a su ça... elle a parlé, elle a supplié maman.

Mais pour ma mère – mon père n'a pas voulu la garder non plus –, c'était une trop grosse responsabilité, et puis maman était furieuse de ce que, au lieu d'aller me promener, elle m'emmenait dans ce lieu. Alors elle l'a renvoyée sur-le-champ. Et j'ai été très malade, mais maman n'a pas fait le rapprochement. J'ai été très malade, double broncho-pneumonie, et mon grand-père est venu chez ma grand-mère en disant : « Suzanne ne se rend pas compte, Françoise sent le sapin... » Ça voulait dire le cercueil. Grand-père était comme ça, le père de maman... Et maman m'a gardée. Ma mère m'a raconté tout ça.

Extrait de « Traversée du siècle »

15

15. « Miss Brice. Pierre, 6 ans ; Jean 3 ans 1/2, Françoise 1 an, Jacqueline 7 ans 1/2 » (extrait de l'album réalisé par Suzanne Marette pour son fils Pierre), sans date (décembre 1909 ?). La nurse qui figure sur cette photographie est celle qui a succédé immédiatement à la fameuse nurse irlandaise associée aux réminiscences de la rue Vineuse. Il est intéressant de noter que cette même photographie se retrouve dans l'album-mémorial destiné à Françoise, découpée selon un contour qui élimine la nurse de la photo : censure de la mère, qui, trente ans plus tard, accomplit le même geste de rejet.

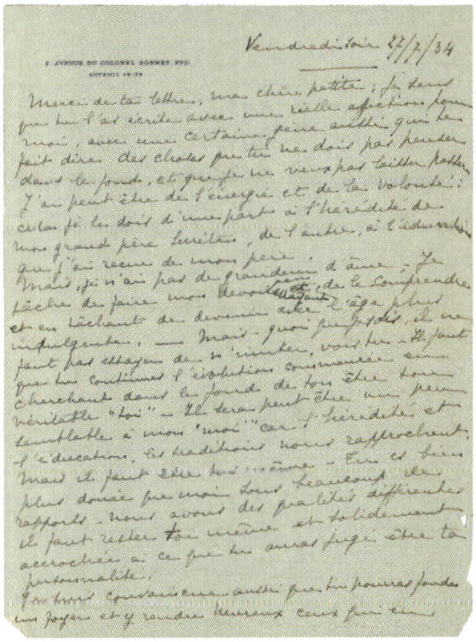

16

16. Lettre de Suzanne Marette à sa fille. Ce document permet de modérer la figure de la « mère monstrueuse » fréquemment mise en avant par Françoise dans ses multiples entretiens autobiographiques.

<u>Vendredi soir 27/7/34</u>

Merci de ta lettre, ma chère petite ; je sens que tu l'as écrite avec une réelle affection pour moi, avec une certaine gêne aussi qui te fait dire des choses que tu ne dois pas penser dans le fond, et que je ne veux pas laisser passer. J'ai peut-être de l'énergie et de la volonté : cela je le dois d'une part à l'hérédité de mon grand-père Secrétan, de l'autre, à l'éducation que j'ai reçue de mon père.

Mais, je n'ai pas de grandeur d'âme. Je tâche de faire mon devoir en essayant de le comprendre et en tâchant de devenir avec l'âge plus indulgente. Mais, quoi que je sois, il ne faut pas essayer de m'imiter, vois-tu. Il faut que tu continues l'évolution commencée en cherchant dans le fond de ton être ton véritable « toi ». Il sera peut-être un peu semblable à mon « moi » car l'hérédité et l'éducation, les traditions nous rapprochent mais il faut être toi-même. Tu es bien plus douée que moi sous beaucoup de rapports. Nous avons des qualités différentes. Il faut rester toi-même et solidement accrochée à ce que tu auras jugé être ta personnalité.

Je suis convaincue aussi que tu pourras fonder un foyer et y rendre heureux ceux qui en font partie. Tu sais que ce jour-là je serai très heureuse.

Je ne voudrais pas quitter ce monde en te laissant seule ici-bas pour faire le chemin. Il est souvent dur et on a plus de courage pour supporter les mauvais jours quand on cherche à les adoucir pour les autres.

J'ai eu du chagrin pour toi cet hiver, et surtout pour ton manque de confiance en moi que je n'avais pas mérité, c'est entendu. Mais tout cela est oublié, je n'y pense plus. Il ne faut jamais regarder en arrière, mais bien en avant où il y a toujours du bien à faire. J'espère que l'arrêt de tes séances avec Mr Laforgue te sera bon, et qu'à la rentrée tu avanceras plus rapidement vers l'amélioration souhaitée.

Pour la politique je ne peux rien te dire. Depuis la guerre on n'a jamais parlé aussi ouvertement de nouveaux conflits. C'est fou – ds la TSF dans les journaux c'est net, mais je crois qu'Hitler a un peu peur, et qu'il a l'air de vouloir se calmer. C'est un fou, il ne s'est pas rendu compte du mouvement qu'il a mis en route. Souhaitons que maintenant il ne soit pas entraîné malgré lui s'il veut freiner. Généralement je mets la TSF ds le c de toilette pendant que ns ns habillons pour avoir les nouvelles tout de suite le matin. Ce matin (samedi) car je n'ai pu terminer ma lettre hier soir, je ne l'ai pas fait et ne sais pas encore les nouvelles. Ton père ne sait rien. Pierre voyait <u>très noir</u> le 1er jour, maintenant croit aussi que cela peut s'arranger. Rouy l'autre jour voyait très noir ; d'ailleurs on ne pouvait voir autrement ! Ah ! que les hommes sont fous ! Si l'Italie prend nettement l'attitude de protection envers l'Autriche, cela fera réfléchir les Boches, je crois. Du côté A.F. je n'ai vu personne et n'ai aucune nouvelle qui puisse donner des tuyaux. Je file chez Margte et ferme pour que cette lettre parte.

Je t'aime toujours autant, sois-en persuadée, et j'ai confiance en toi pour l'avenir.

Je t'embrasse.

Suz.

Rue Dupuytren, « enfin j'y étais... »

17. Françoise Marette dans son « logis de la rue Dupuytren » (extrait de l'album réalisé par Suzanne Marette). Le 3 novembre 1936, à la veille de ses 28 ans, Françoise quitte l'appartement familial et, pour la première fois, le XVIe arrondissement. L'installation dans cette habitation située à proximité de la faculté de médecine est comme le signe d'une nouvelle vie. Dès le mois de juillet 1937, Françoise quitte ce petit logement pour le square Henry-Paté. La rue Dupuytren restera toujours associée à la prise d'autonomie symbolique liée à la fin de son analyse et à ses trois premiers patients.

Françoise : ***Et alors, je me rappellerai toujours, donc, j'avais ces patients qui étaient rue Dupuytren, dans cette petite pièce... au-dessus du concierge... un endroit très drôle, et où j'oubliais souvent ma clé, parce que je n'étais pas très organisée : j'étais obligée de monter [...] avec l'échelle à la petite fenêtre qui était au premier étage – je vous montrerai cet appartement, vous verrez – qui était toute petite. Il y avait un faux plafond pour mettre le lit au-dessus, et puis en dessous c'était un tout petit bout de cabinet de toilette, et puis juste un petit fauteuil, il n'y avait pas la place de mettre un divan, une petite table grande comme ça, et mon fauteuil derrière, et c'était tout petit comme ça ; minuscule, mais enfin j'y étais...***

Extrait de « Traversée du siècle »

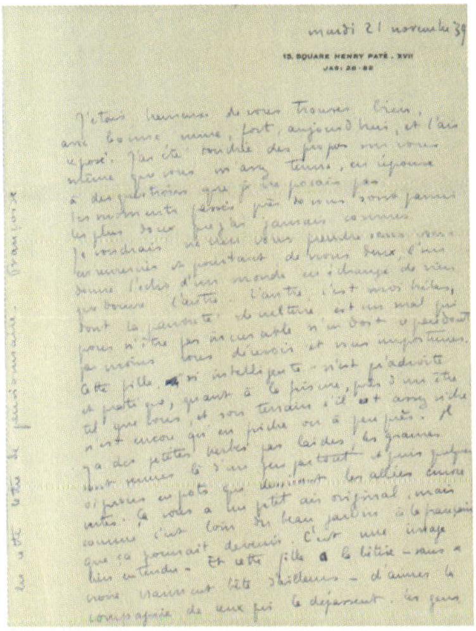

18

18. Lettre de Françoise Marette à Jean Dars. La correspondance entretenue avec cet avocat, rencontré par l'intermédiaire d'Hubert Jausion, commence à la veille de la soutenance de la thèse de Françoise, le 8 juillet 1939, sans qu'il soit possible de préciser la date de leur rencontre. Quoi qu'il en fût de la nature exacte de leur relation, Françoise éconduit cet amant dès le mois d'octobre 1939, selon un motif qui semble correspondre à ses allégations ci-jointes. La lettre précédente, datée du 21 octobre, semble en témoigner : « Hélas Jean, comme je vous aimais. Ce vous n'était pas vous. Je me suis trompée et sans doute est-ce pour cela que je souffre car je ne peux en vouloir qu'à moi-même. » Une réelle ambiguïté affective perdure néanmoins jusqu'au printemps de 1941 et à la rencontre avec Boris.

Mardi 21 novembre 39

J'étais heureuse de vous trouver bien, avec bonne mine, fort, aujourd'hui, et l'air reposé. J'ai été touchée des propos sur vous-même que vous m'avez tenus, en réponse à des questions que je ne posais pas.

Les moments passés près de vous sont parmi les plus doux que j'ai jamais connus.

Je voudrais ne rien vous prendre sans vous en remercier et pourtant, de nous deux, l'un donne l'écho d'un monde en échange de rien que donne l'autre. L'autre, c'est moi hélas, dont la pauvreté de culture est un mal qui pour n'être pas incurable n'en doit cependant pas moins vous décevoir et vous importuner.

Cette fille, « si intelligente », n'est qu'adroite et pratique, quant à la présence, près d'un être tel que vous, et son terrain s'il est assez riche n'est encore qu'en friche ou à peu près. Il y a des petites herbes pas laides, les graines sont venues là d'un peu partout et puis quelques oignons en pots qui dessinent les allées encore vertes. Ça vous a un petit air original, mais comme c'est loin du beau jardin à la française que ça pourrait devenir. C'est une image bien entendu. Et cette fille a la bêtise – sans se croire vraiment bête d'ailleurs – d'aimer la compagnie de ceux qui la dépassent. Les gens frustes et ignorants sont fréquemment ainsi, ils ne réfléchissent pas à l'ennui qu'ils causent à ceux qu'ils aiment rencontrer, et à l'obstacle insurmontable qu'est l'ennui pour toute rencontre affective.

Voilà pourquoi je suis partagée chaque fois que je vous ai vu entre le violent désir de ne plus jamais vous voir et le souhait ardent que vous me fassiez signe.

Même dans les moments que vous êtes malade, vous êtes si grand et riche que je suis confuse de mon dénûment, comme si je mettais par ma présence une faute de goût rustaude dans votre cadre si conforme à vous.

Ne croyez pas que je joue à me déprécier. Je me sais des qualités qui me font aimer, ce dont je suis flattée souvent. Mais si la flatterie peut donner du plaisir, le plaisir ne suffit pas au bonheur.

Ne soyez pas étonné puisque vous êtes attachant qu'on s'attache à vous. Vous qui aimez le jeu, sans doute avez-vous oublié les jeux de carte auxquels on se plaît quand on est enfant. Parmi eux, le jeu de mistigri, le valet de cœur. Par grande vérité, il ne fait pas bon l'avoir dans son jeu et c'est à qui le fera prendre au voisin. J'étais très vexée quand on voyait si bien à ma figure déconfite que j'avais mistigri et, pour qu'on m'en débarrasse je la mettais si bien, cette carte-là, seule, en évidence ou en retrait, que mistigri me restait toujours sur les bras. Vous êtes un terrible mistigri dans mon jeu. Qui me débarrassera de vous, hélas.

Ne riez pas trop fort de l'importune, un peu sotte, que je fais, cela me ferait mal de vous entendre. Souffrez que j'abdique toute dignité mais pour que je n'aie pas honte de moi, ne me dites jamais que vous avez lu cette lettre de pensionnaire.

Françoise

avez pour écrire en lettres ce que
je pense, et demander la vérité.
Ah si je vous voyais, si nous
pouvions parler. Pourquoi donc
avez vous attendu si tard pour
me voir. Tout cela ne pourrait pas
se dire en deux jours et puis
près de vous si peu d'heures nous
avions que je ne pouvais pas
penser autrement qu'en me
taisant. Et vous, Louis, vous
ne parliez pas non plus. Nous
étions si bien ainsi. Existe-t-il
accord plus manifeste que celui
que traduit le silence calme
entre deux êtres humains heureux.
Car vous étiez heureux et je
heureuse l'étais aussi, près de vous.

Je vous ai donné
ceux de mon
corps, voulez
vous les
bras de mon
âme. Dites.

19. Extraits d'un cahier personnel de Françoise Marette, dédié à un dialogue intérieur avec Louis Manguin. Ce journal intime d'un genre particulier est donc consacré à une correspondance impossible, ou du moins perturbée par la « drôle de guerre ». Louis Manguin est en effet un officier mobilisé dans les affaires indigènes, à Talsint, dans le sud du Maroc. La rencontre avec Françoise est sans doute peu antérieure au printemps 1940. L'extrait choisi témoigne d'une situation quelque peu inverse à celle de la lettre précédente de Jean Dars. Le cahier permet de suivre la chute progressive des sentiments de Françoise, pour se terminer en mars 1941 par ces mots : « Je ne répondrai pas. Il lui faudra encore beaucoup de voletages dans sa cage avant de s'apercevoir que la liberté est dans le choix volontaire et non dans les "situations de fait" comme il appelle le mariage qu'il fera. »

8 avril 1940

J'écris ce cahier pour vous, pour moi aussi, d'ailleurs vous et moi – pour moi – cela ne fait déjà plus qu'un et chaque minute de ma vie me serre davantage près de vous qui pourtant à chaque minute vous éloignez davantage de France. Voilà 8 jours que nous nous sommes séparés, après deux jours pour moi inoubliables.
Et pour vous le seront-ils ?

[...]

15.4.40

Et je vous ai écrit, quoi, je ne le sais même plus mais une lettre qui tremblait déjà d'être reçue par vous. Comment ? et puis qu'y pouvais-je dire. Je vous ai parlé comme si elle n'était pas très importante cette lettre, est-ce que vous aurez compris tout ce qu'elle ne disait pas, parce qu'il ne faut rien dire.

C'est parce qu'il ne faut rien dire et que je ne peux pas que j'ai entrepris d'écrire sur ce cahier, cela m'aide à vivre et, si un jour j'ai le droit d'être sincère, vous comprendrez combien je vous ai aimé, au moment même où peut-être vous en doutez et où je le crois, vous l'espérez.

Vous m'avez dit que je devais être une femme qui fuyait ceux qui s'attachent à moi. Pourquoi avez-vous permis cela puisque ce n'est pas vrai. Voilà ce que je me demande et je crois que c'est parce que vous êtes ainsi, vous m'avez prêté votre façon d'être. Si j'ai fui jusqu'à présent ceux qui s'attachaient c'est parce que je ne les aimais pas mais je n'ai jamais cherché à ce qu'ils s'attachent à moi et la sujétion où ils se mettaient je l'ai refusée dès le début et ne l'ai tolérée que par pitié pour leur souffrance.
Au contraire, Louis, je ne me suis attachée à vous que parce que j'ai senti – le croirez-vous que quelque chose venait de vous à moi, en plus de ce que je sentais de moi à vous.

Si je savais aujourd'hui que je me suis trompée je suis sûre que je guérirais vite de vous. Vous voyez, je parlerais alors de vous comme d'une maladie.

Mais alors, pourquoi m'aviez-vous dit « posez-moi des questions, je vous répondrai » ? pourquoi m'auriez-vous laissé parler si simplement et si naturellement de « si je devenais votre femme » ? pourquoi, si vous n'avez pensé que je pourrais être une vraie compagne de vie ?

Il faudrait pourtant que je sache. Comment ? Puis-je avoir confiance assez pour écrire en lettres ce que je pense, et demander la vérité ?
Ah si je vous voyais, si nous pouvions parler. Pourquoi donc avez-vous attendu si tard pour me voir ? Tout cela ne pouvait pas se dire en deux jours, et puis près de vous si peu d'heures nous avions que je ne pouvais pas penser autrement qu'en me taisant. Et vous, Louis, vous ne parliez pas non plus, nous étions si bien ainsi. Existe-t-il accord plus manifeste que celui que traduit le silence calme entre deux êtres humains heureux ?

Car vous étiez heureux et heureuse, je l'étais aussi, près de vous.
Je vous ai donné ceux de mon corps, voulez-vous les bras de mon âme ? Dites.

LE CORPS À DEUX

1

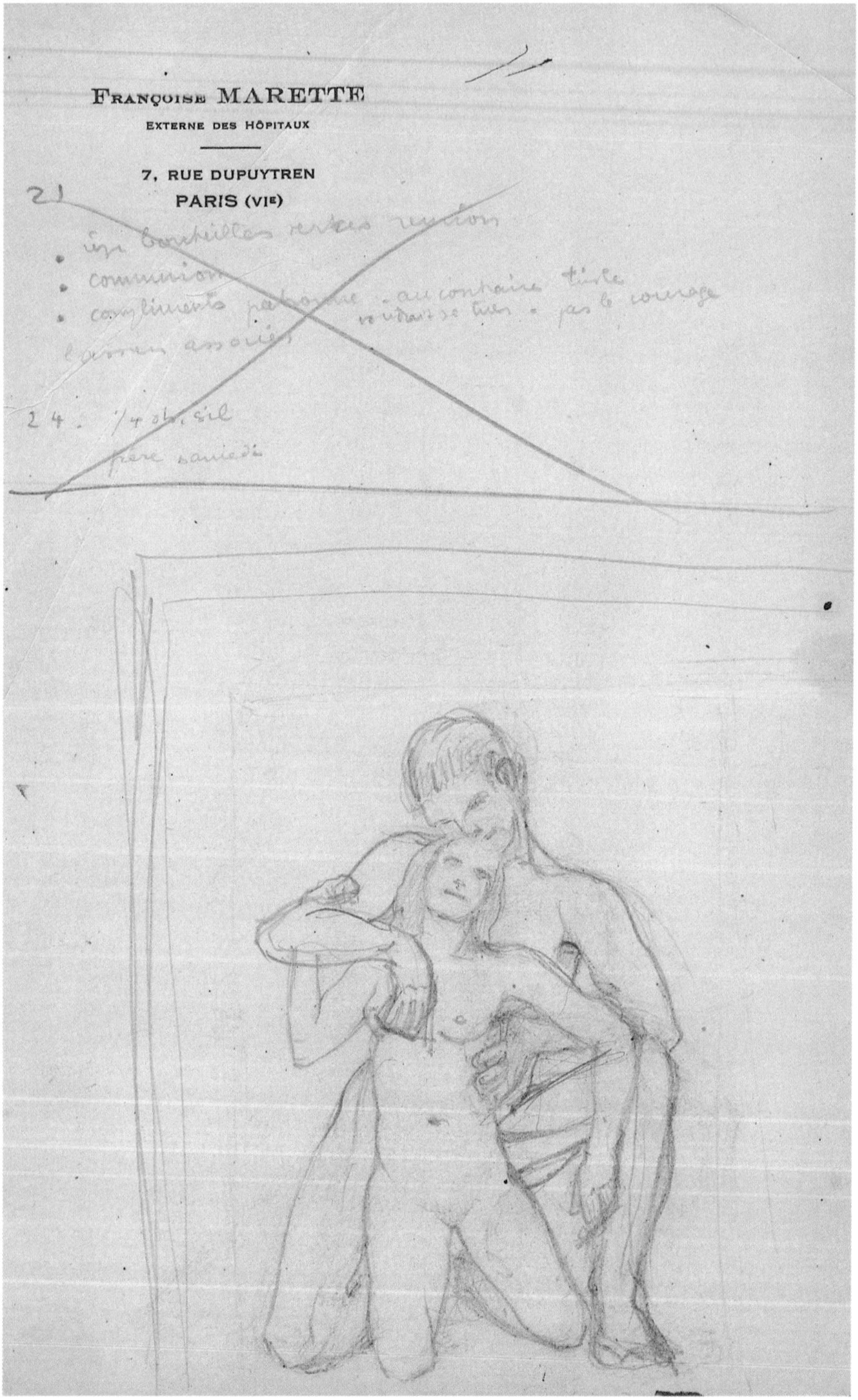
FRANÇOISE MARETTE
EXTERNE DES HÔPITAUX

7, RUE DUPUYTREN
PARIS (VIe)

1. Françoise et Boris Dolto, photographie des studios Harcourt, 1942.

2. Dessin de Françoise Marette, sans date (1936-1937 ?).

« Le 11 février 47,
Mon Raton chérie,
C'est demain le 12 février – l'anniversaire de notre mariage, c'est cinq ans et trois progénitures – et pour moi c'est comme si c'était hier et que les garnements étaient toujours en devenir en nous.

Mon bon Raton Soussien à moi, merci pour tout, pour ton amour, pour nos enfants pour tout ce que tu m'a apporté et révélé dans la vie, dans notre existence qui est indissoluble maintenant.

Hier soir j'ai entendu ta voix par les ondes, c'est très bien, dommage seulement qu'ils n'ont pas coupé les deux silences, ou peut-être c'est mieux, car cela donnait l'impression en écoutant et ce qui fut réel que tu n'avais pas préparé le jus à l'avance prêt pour débiter mais cela sortait du plus profond d'une âme sensible et qui parle des choses si profondes, que d'autres cherchent à dissimuler en minimisant la Vérité.

Le timbre est très joli, vibrant, entraînant. Je suis sûr que cela a porté. [...]

Je t'embrasse très fortement comme depuis cinq années que Dieu m'a donné la chance de te rencontrer mon Soussien à moi.

Boris »

Un couple parmi d'autres, peut-être, mais formant un corps à deux « indissoluble ». Ce surnom, débordant d'affection, de « Soussien », qui joue sur la déformation phonétique d'un « mon tien », précipite dans le langage quotidien l'indistinction fusionnelle de Boris et Françoise. La manière dont ils rapportent ensemble ici leur rencontre emprunte les accents d'un mythe fondateur, où la foi en la préfiguration semble tout entière reposer sur le pouvoir intime de l'archive. Lorsqu'ils n'étaient pas réunis pour l'occasion, Boris n'a jamais manqué d'écrire à sa femme pour fêter l'anniversaire de leur union corporelle et spirituelle. L'identité des protagonistes de la cérémonie de mariage dit assez le goût partagé pour le syncrétisme et la réconciliation des cultures spirituelles, de la Chine à l'Europe : le 12 février 1942, en l'église uniate de Paris, joliment appelée par Boris « orthodoxe catholique », l'union entre un Russe orthodoxe et une « catholique éduquée à la manière protestante » fut bénie par un prêtre dominicain, Christophe Jean Dumont. Le hasard a voulu que cette église de la Sainte-Trinité, consacrée au dépassement du schisme entre les églises d'Orient et d'Occident, se situât à Paris rue François-Gérard, au pied de l'appartement, qui fut aussi le premier cabinet d'analyste, que le docteur Marette occupait square Henry-Paté dans le XVIe arrondissement.

L'installation, en août 1942, au numéro 260 de la rue Saint-Jacques, à proximité de cette rue Cujas où Boris Dolto révolutionne depuis une dizaine d'années l'enseignement de la kinésithérapie, scellera définitivement, dans l'espace du Quartier Latin, le destin parisien de cet androgyne médical, qui semblait s'être distribué, sans vouloir jamais les dissocier, médecine de l'âme et médecine du corps. Y. P.

3

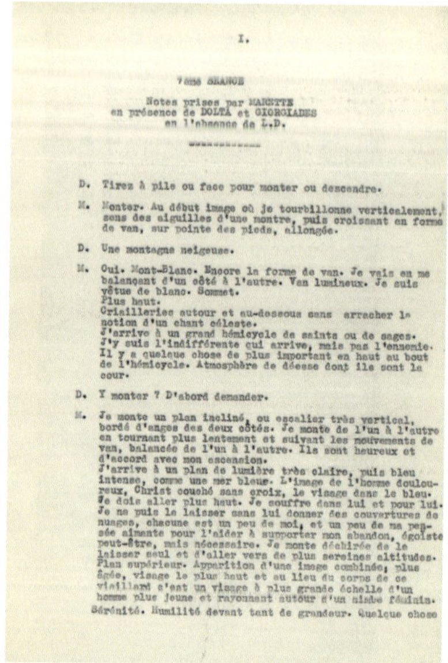

I.

7ème SÉANCE

Notes prises par MARETTE
en présence de DOLTA et GIORGIADES
en l'absence de L.D.

D. Tirez à pile ou face pour monter ou descendre.

M. Monter. Au début image où je tourbillonne verticalement, sens des aiguilles d'une montre, puis croissant en forme de van, sur pointe des pieds, allongée.

D. Une montagne neigeuse.

M. Oui. Mont-Blanc. Encore la forme de van. Je vais en me balançant d'un côté à l'autre. Van lumineux. Je suis vêtue de blanc. Sommet.
Plus haut.
Criailleries autour et au-dessous sans arracher la notion d'un chant céleste.
J'arrive à un grand hémicycle de saints ou de sages. J'y suis l'indifférente qui arrive, mais pas l'ennemie. Il y a quelque chose de plus important en haut au bout de l'hémicycle. Atmosphère de déesse dont ils sont la cour.

D. Y monter ? D'abord demander.

M. Je monte un plan incliné, ou escalier très vertical, bordé d'anges des deux côtés. Je monte de l'un à l'autre en tournant plus lentement et suivant les mouvements de van, balancée de l'un à l'autre. Ils sont heureux et d'accord avec mon ascension.
J'arrive à un plan de lumière très claire, puis bleu intense, comme une mer bleue. L'image de l'homme douloureux, Christ couché sans croix, le visage dans le bleu. Je dois aller plus haut. Je souffre dans lui et pour lui. Je ne puis le laisser sans lui donner des couvertures de nuages, chacune est un peu de moi, et un peu de ma pensée aimante pour l'aider à supporter mon abandon, égoïste peut-être, mais nécessaire. Je monte déchirée de le laisser seul et d'aller vers de plus sereines altitudes. Plan supérieur. Apparition d'une image combinée; plus âgée, visage le plus haut et au lieu du corps de ce vieillard c'est un visage à plus grande échelle d'un homme plus jeune et rayonnant autour d'un nimbe féminin. Sérénité. Humilité devant tant de grandeur. Quelque chose

4

Rêve éveillé

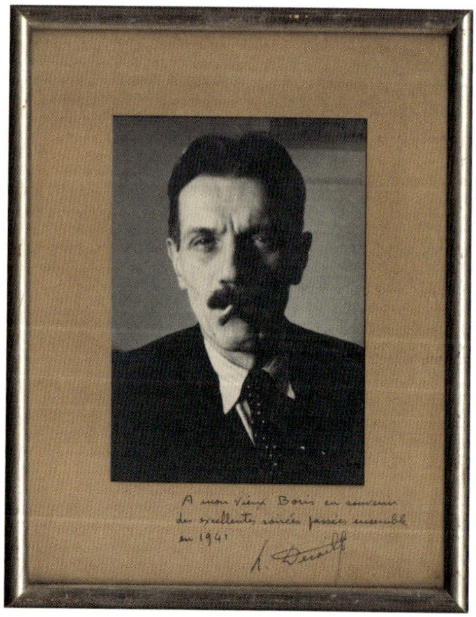

5

3. Boris Dolto pris en photo par son ami et compatriote russe le peintre Paul Voïvodine (dit « Popaul ») au début des années 1930.

4. Notes, dactylographiées à partir d'un manuscrit autographe de Françoise Marette, prises lors d'une séance de rêve éveillé. « Septième séance. Notes prises par Marette, en présence de Dolto et Giorgiadès, en l'absence de Lucie [Desoille], 16 septembre 1941 ».

Entre mars et décembre 1941, Françoise Marette participe à des séances collectives de « rêve éveillé dirigé » chez Robert Desoille (1890-1966) qui en est alors le théoricien et le praticien confirmé. En 1950, dans son intervention au symposium portant sur cette technique, elle soutient que celle-ci peut être un apport pour comprendre ce qui reste non verbalisé dans une psychanalyse freudienne. Dans un premier temps, le rêve éveillé procède par la mise en mouvement de l'imaginaire dans des associations visuelles, « images en devenir » que le patient en état de relaxation reproduit en suivant la direction spatiale, d'ascension ou de descente, suggérée par le thérapeute alors qu'en psychanalyse, les associations sont toujours obtenues dans le transfert, sans incitation extérieure. Dans un second temps, le compte-rendu écrit par le patient de ses associations visuelles permettra l'analyse du contenu affectif des images et des conflits psychiques qu'elles suggèrent. Toutefois, Françoise Dolto insiste sur un élément de cette technique qui ne saurait se concilier avec la psychanalyse : dans le « rêve éveillé dirigé », cette direction est entendue par Desoille dans un sens pédagogique qui demeure spécifique à son approche.
Muriel Djéribi-Valentin.

5. Portrait de Robert Desoille, qui figurait au mur du bureau de Boris rue Saint-Jacques. « À mon vieux Boris, en souvenir des excellentes soirées passées ensemble en 1941 ».

[Robert] Desoille : Tirez à pile ou face pour monter ou descendre.
[Françoise] Marette : Monter. Au début image où je tourbillonne verticalement, sens des aiguilles d'une montre, puis croissant en forme de van, sur pointe des pieds, allongée.
D. : Une montagne neigeuse.
M. : Oui. Mont Blanc. Encore la forme de van. Je vais en me balançant d'un côté à l'autre. Van lumineux. Je suis vêtue de blanc. Sommet. Plus haut.
Criailleries autour et au-dessous sans arracher la notion d'un chant céleste. J'arrive à un grand hémicycle de saints ou de sages. J'y suis l'indifférente qui arrive, mais pas l'ennemie. Il y a quelque chose de plus important en haut au bout de l'hémicycle. Atmosphère de déesse dont ils sont la cour.
D. : Y monter ? D'abord demander.
M. : Je monte un plan incliné, ou escalier très vertical, bordé d'anges des deux côtés. Je monte de l'un à l'autre en tournant plus lentement et suivant les mouvements de van, balancée de l'un à l'autre. Ils sont heureux et d'accord avec mon ascension.
J'arrive à un plan de lumière très claire, puis bleu intense, comme une mer bleue. L'image de l'homme douloureux, Christ couché sans croix, le visage dans le bleu. Je dois aller plus haut. Je souffre dans lui et pour lui. Je ne puis le laisser sans lui donner des couvertures de nuages, chacune est un peu de moi, et un peu de ma pensée aimante pour l'aider à supporter mon abandon, égoïste peut-être, mais nécessaire. Je monte déchirée de le laisser seul et d'aller vers de plus sereines altitudes. Plan supérieur. Apparition d'une image combinée, plus âgée, visage le plus haut et au lieu du corps de ce vieillard c'est un visage à plus grande échelle d'un homme plus jeune et rayonnant autour d'un nimbe féminin. Sérénité. Humilité devant tant de grandeur. Quelque chose va m'être donné. Je ne sais pas quoi. J'attends, recueillie. C'est une étoile brillante, les lignes seulement la délimitant. Le vieillard me la donne de sa main gauche, dans ma paume ouverte gauche, je crois. Je suis alors comblée. Je comprends que c'est une communion ineffable pendant que l'étoile se fond en moi en pénétrant dans ma peau et me remplit tout entière. Je repense au plan où j'ai laissé l'homme de douleur. Je ne suis plus déchirée, c'était dans l'ordre des choses. Je pense à lui sans déchirement, mais avec un grand sentiment de charité. C'est sa manière à lui de communier par la douleur. Moi, je devais aller plus loin. La pyramide divine, solaire et femelle réunies, sorte d'hermaphrodite mystique m'attendait. L'étoile devait s'incorporer à moi et me marquer d'un signe qui m'a paru renoncement, mais le mot n'a plus de sens ici. Je vois alors un rayon lumineux qui monte de la pyramide divine et remonte à sa source qui est une étoile vraie, une étoile cosmique. La lumière vient à travers les espaces interstellaires. Tout cela au-delà des limites de la pensée terrienne.
D. : Me dit : « La prochaine fois », et me fait redescendre.

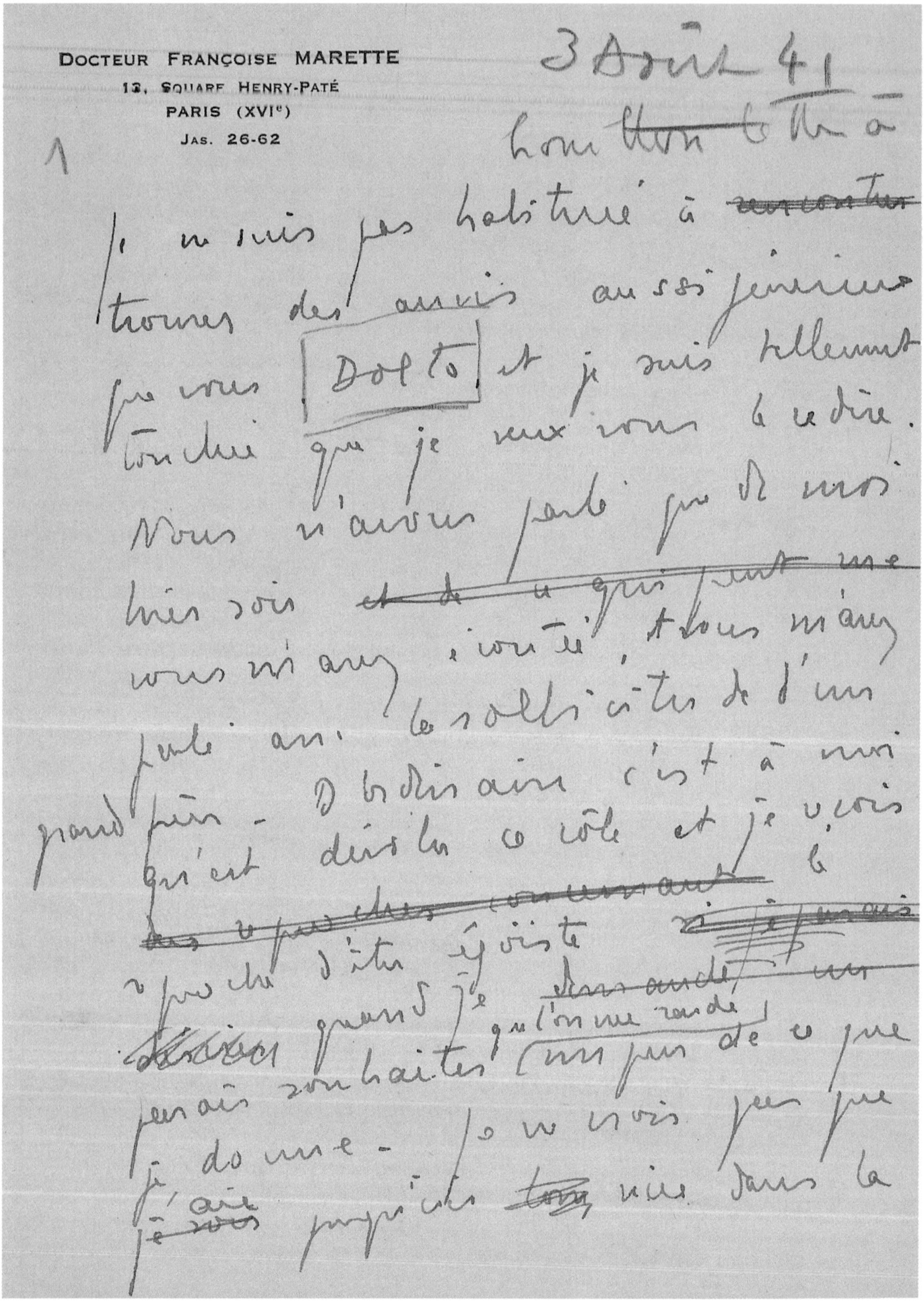

DOCTEUR FRANÇOISE MARETTE
13, SQUARE HENRY-PATÉ
PARIS (XVIe)
JAS. 26-62

3 Août 41

1

Je ne suis pas habituée à ~~[illegible]~~ trouver des amis aussi généreux que vous [Dolto] et je suis tellement touchée que je veux vous le redire. Vous m'avez parlé que de moi [illegible] ~~[illegible]~~ vous m'avez écoutée, vous m'avez sollicitée de [illegible] parler aussi. [illegible] c'est à mon grand [illegible] – [illegible] qu'est dans le rôle et je vois le [illegible] d'être égoïste ~~[illegible]~~ [illegible] quand je ~~[illegible]~~ souhaitais [illegible] peu de ce que je pensais [illegible] donne – Je ne crois pas que j'aie ~~[illegible]~~ [illegible] vie dans la

6. Brouillon de lettre de Françoise à Boris Dolto, 3 août 1941.

Je ne suis pas habituée à trouver des amis aussi généreux que vous Dolto et je suis tellement touchée que je veux vous le redire.

Nous n'avons parlé que de moi hier soir. Vous m'avez écoutée, et vous m'avez parlé avec la sollicitude d'un grand frère. D'ordinaire c'est à moi qu'est dévolu ce rôle et je reçois le reproche d'être égoïste quand je pouvais souhaiter que l'on me rende un peu de ce que je donne. Je ne crois pas que j'aie jusqu'ici vécu dans la tombe, je crois que c'est votre expression d'hier soir, mais simplement je n'avais jamais rencontré quelqu'un de vraiment généreux. J'avais honte en pensant vous avoir ennuyé et fatigué en vous laissant m'accompagner. (Cela ne m'est jamais arrivé qu'on me reconduise chez moi le soir et même du temps où il y avait des taxis pour rentrer !)

Enfin pour le reste je vous avouerai que j'ai mis plus de deux heures à fermer l'œil en pensant aux arguments permettant d'espérer et que j'ai contrés parce qu'ils ont tous été miens depuis quatre ans et que la réalité hélas me les a tous contredits.

Je prends si souvent mes rêves pour la réalité que cela m'a fait mal terriblement mais sans me laisser aucun doute.

Voilà que vous plaidez la cause d'un amour que je veux tuer en moi pour pouvoir être seulement la sœur et l'amie qui donne le réconfort puisque c'est cela seul qui m'est demandé. Vous m'avez replongée dans ce drame.

Je crois pourtant que je ne saurai pas suivre vos conseils. C'est trop tard. Je suis usée d'attendre et de donner sans jamais rien avoir reçu. Je ne regrette pas. Je ne pouvais pas faire plus sinon j'aurais fait plus. Cela a été tout mon bonheur et toute ma vie. Il n'est pas une chose que j'ai faite depuis 4 ans – quel qu'en soit le domaine – qui ne l'ait été dans le but direct ou indirect de le conquérir, de me former, de me préparer ou de m'apaiser, pour être telle qu'il paraissait me souhaiter.

Je ne me suis dérobée que devant une seule expérience, celle que vous me conseillez vous aussi, et qui ne me tente pas pourtant. Je sais qu'il aurait désiré que j'en aie triomphé mais maintenant, c'est trop tard. Encore cela pour être aussi pauvre ensuite. Je cours après une chimère, lui-même me l'a dit. Jamais peut-être il n'avait été aussi simple, aussi direct et aussi affectueux que ce jour où il m'a définitivement obligée à voir clair.

Je suis sûre que c'est par amitié et générosité et selon votre propre conviction que vous m'avez parlé hier soir c'est pourquoi je vous remercie du plus profond de mon cœur.

Mais en fin de compte, je ne veux plus rien essayer, rien tenter, je n'espère plus rien « de moi ». J'ai jeté tous mes dés et j'ai perdu. Je ne suis pas assez femme et assez forte pour prendre la responsabilité – car j'ai bien souvent eu l'impression qu'il attendait que cela vienne de moi – de ruiner la vie d'une autre qui n'a rien d'autre dans l'existence et qui ne m'a jamais fait de mal. Moi, je suis jeune et j'ai la vie devant moi, autre évidemment que je l'ai souhaitée depuis 4 ans – mais en tout cas, possible du moins si je le fuis.

« Quelque chose qui était vraiment écrit dans mon destin. »

Françoise : ***Le rêve éveillé est une méthode très intéressante, et moi, quand j'ai connu Desoille – car c'est Desoille qui nous a fait nous rencontrer – j'étais psychanalyste et je me servais, avec les enfants, de dessins qui étaient comme des bandes dessinées, ce qu'on ne faisait pas encore à ce moment-là. Les enfants dessinaient leurs rêves successivement, ou dessinaient les imaginations qu'ils avaient.***

Et alors, quand j'ai découvert cette méthode, j'ai trouvé que c'était passionnant, parce que c'est comme si l'on permettait aux adultes de pouvoir fantasmer de nouveau, comme fantasment les enfants, et alors ils le racontent en paroles, alors que les enfants ne peuvent pas, mais le font avec des signes. Desoille me dit que tous les psychanalystes étaient intéressés mais qu'ils ne voulaient pas passer à l'exercice, pour savoir ce que c'était. C'est comme ça que je l'ai rencontré et que j'ai fait des « rêves éveillés ». J'en ai fait soixante-douze ou soixante-quatorze, avec trois personnes différentes, ce qui m'a permis de voir que le transfert existe, parce qu'on a la même imagination, on a le même « background », la même potentialité, et ce ne sont pas les mêmes images qui sortent avec des personnes différentes. Alors ça, c'est très intéressant.

Puis les Desoille [Robert et Lucie] m'ont dit : « Nous avons un ami très sympathique, il sera très content de vous rencontrer. » Je vais chez eux, c'était l'hiver, en plein hiver de la guerre, c'était en 41, et j'arrive couverte avec un énorme manteau, un chapeau de feutre (parce que je suis horriblement frileuse), un cache-nez, un caleçon de mon père que j'avais teint avec du café pour qu'il soit comme mon manteau marron, et des bottes chaudes, parce que j'étais à bicyclette – une vraie caricature ! Alors j'arrive chez les Desoille et c'est lui, Dolto, qui m'ouvre la porte. Je dis : « Je vais aller me déshabiller, parce que je ne vais pas rester comme ça. » Et j'avais dans un petit sac mes chaussures à talons, c'était l'époque des petits escarpins à talons aiguilles. Alors je m'arrange et puis je reviens au salon et... Dolto ne me parle pas. Il est là, comme... Lucie me dit ensuite : « Vous savez, vous n'avez pas vu Dolto comme il est vraiment, Dolto est très drôle, très amusant, mais il n'a pas pu dire un mot quand il vous a vue. » Alors elle me raconte cette chose incroyable : « Parce qu'il vous a déjà vue, il y a deux ans, dans sa voiture. » [...] Un jour, il m'a raconté cette histoire-là lui-même. Quand je l'ai mieux connu et que j'ai vu qu'il n'était pas fou, je me suis dit : « Non, ça fait partie du russisme. » Je ne savais pas ce que c'était, le côté Dolto !

Boris : ***Quand j'ai vu [...] cette dame qui n'était pas encore une dame mais une demoiselle, je me suis dit : c'est elle qui était à côté de moi !***

F. : ***Du coup, il était complètement inhibé, et moi, je ne comprenais pas ! Ils m'avaient invitée pour prendre contact avec lui et puis c'était quelqu'un à qui on ne pouvait même pas parler, il ne m'avait pas dit trois mots ! Et alors, c'est comme cela que Lucie est venue me voir, pour me raconter cette histoire. [...] J'ai dit : « Écoutez, votre ami, il est un peu zinzin ! » Moi qui tombais là-dedans avec mes idées rationnelles ! Et ensuite, assez longtemps après, quand il m'a raconté, je me suis demandé ce que je faisais à ce moment-là ; j'ai regardé mon***

7. Françoise et Boris Dolto, sans date (été 1942 ?).

8. Agenda personnel de Françoise Marette pour le troisième trimestre de l'année 1935.

« Samedi 21 septembre 1935. Journée à St Maximin. Matin, je pars de Marseille vers 9 h 1/2 (Mattei) (Nans les Pins). St Maximin visite de l'abbaye puis dans une pinède pendant 6 heures, silence, beauté.
De t'aimer et te revoir o Provence
Mon cœur est lourd et c'est de gratitude
Dans ton calme et voluptueux silence
Quand je pleure c'est de ma solitude
Retour le soir à 8 h 1/2. La Cucaracha [film de Lloyd Corrigan, 1934] au Cinéac. »
Ces brèves notations correspondent à la description que Françoise donne dans l'entretien ci-joint quant au fameux « carnet de dates » qui a permis le recoupement et l'incroyable certitude, partagée par Boris et Françoise, de s'être rencontrés près de six ans avant leur rencontre effective en 1941. La mention du carnet peut être confirmée par une lettre adressée le jour même par Françoise à son père : « [...] Ayant découvert à quelques centaines de mètres du village, sur une colline aux oliviers étagés, une pinède d'où la vue était très agréable et tout à fait déserte, à l'ombre d'une vieille tour en ruines et d'une maison abandonnée, je suis restée là tout l'après-midi après avoir été rechercher dans le patelin de quoi manger. Quel calme. Il me manquait cependant quelque chose, "l'âme sœur" comme disait tante Arbola [grand-tante maternelle de Françoise, sœur de Dan-mé] : pour être deux à se taire en se comprenant »

(extrait d'une lettre de Françoise Marette à son père, écrite de Saint-Maximin, le 21 septembre 1935, *Lettres de jeunesse*, p. 446).

7

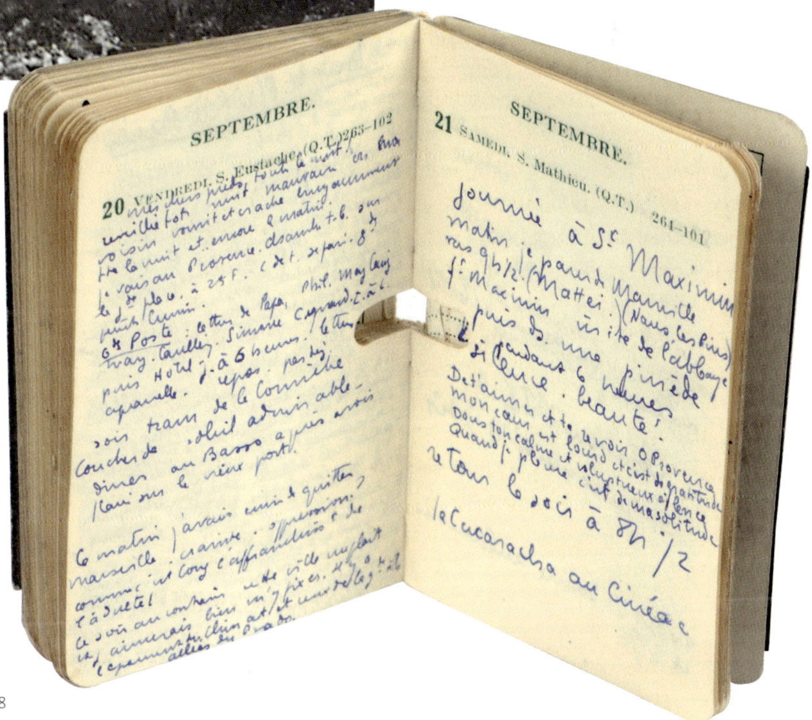
SEPTEMBRE.
20 VENDREDI. S. Eustache. (Q.T.) 263–102
SEPTEMBRE.
21 SAMEDI. S. Mathieu. (Q.T.) 264–101
Journée à St Maximin
retour le soir à 8h 1/2
la Cucaracha au Cinéma

8

livre de bord de cette époque-là, et je me suis dit : ça, c'est formidable, tout de même !

J'avais un agenda où je marquais mes journées, ce que je faisais de mes journées, j'avais un journal de bord, comme ça. Alors, j'étais en vacances, je passais mes vacances quand j'étais jeune... C'était donc avant la guerre, c'était en 38 ou 35, en 37 c'était.

B. : *Moi j'avais une note parce que c'était le congrès de kinésithérapie à Bruxelles. J'avais une Ford 40 Cv. Je descendais dans le Sud, ça faisait déjà la troisième fois que je faisais cette route-là, et chaque fois je m'arrêtais à un virage où il y avait le château de Sadi Carnot, à côté d'un village à Saint-Maximin. Il y avait une petite église et ce magnifique château. Je m'arrêtais toujours quelques instants, là. Et puis, cette fois aussi, je me suis arrêté un instant et, au moment de repartir, il y a une fille qui est assise dans la voiture à côté de moi ! Mais d'une telle réalité que je me suis dit : « Tiens, elle est belle, cette fille-là ! Tiens, qu'est-ce qu'elle fait là ? » Je n'ai même pas pensé : « Qu'est-ce que tu veux, tu fantasmes ! Il n'y a personne à côté de toi ! » Et alors, moi, je regardais de temps en temps et je la voyais telle que je l'ai rencontrée chez Desoille quand elle a enlevé ses galures.*

Et puis, quelques années après – on était déjà mariés – j'ai retrouvé mon carnet de dates et elle, le sien.

F. : *J'ai pris mon carnet de dates, et c'était le jour où moi, justement, je passais un mois de vacances en Provence, et j'allais dans un hôtel central et le matin, je prenais un car qui allait le plus loin possible, pour conduire des ouvriers qui allaient travailler. À 6 heures du matin, on partait assez loin, l'autocar nous transportait avec des maçons, et le soir, il reprenait ces ouvriers et les ramenait.*

J'avais été là, à Saint-Maximin, et j'apportais de quoi faire de l'aquarelle, à l'endroit qui me plaisait. J'y allais, je faisais l'aquarelle et, c'est très beau Saint-Maximin, et j'étais montée sur ce petit monticule où il y avait cette chapelle entourée de pins, qui surplombait la route nationale où il passait. Et j'avais fini mon aquarelle, j'avais encore une heure à attendre et j'étais couchée par terre sous les pins, et je pensais à ma vie – j'avais fait ma psychanalyse, j'étais médecin, j'avais fini – et je disais : « C'est tout de même étrange, ma vie va être manquée. Il y a quelqu'un sur terre qui, sûrement, est pour moi, et je n'ai pas pu le rencontrer parce que j'ai un destin si bizarre, être psychanalysée, être médecin ! C'est très facile, pour moi, de rentrer en contact avec des hommes, mais je leur fais peur, et trouver un homme qui me conviendra... Il existe sûrement. » Et alors, j'ai prié pour l'homme qui était fait pour moi, et que je ne rencontrerais probablement jamais : « Je vivrai pour cet homme qui existe, qui existe pour moi, mais que, par les ratés de l'existence et la formation que j'ai, je ne rencontrerai sans doute jamais dans le monde visible. Mais il existe certainement et par lui peut-être que ma vie aura un sens. » Elle avait déjà un sens par la médecine, mais c'était un gros sacrifice pour moi de me dire : « Je ne pourrai pas me marier, je n'aurai pas d'enfant », c'est-à-dire,

9

10

9. Croquis : « Françoise, pour la danse androgyne », sans date.

10. Françoise et Boris Dolto, été 1942.

pas d'enfant, c'est surtout ça, parce que, il se trouve que je me suis lancée dans une médecine particulière, qui fait qu'on est rejeté par tout le monde, parce qu'à cette époque, c'était très mal vu. Et c'était ce jour-là, pendant ce temps de prière, cette conviction qu'un être était sur terre pour moi, et que nous ne pourrions pas nous rencontrer, bien que nous soyons faits l'un pour l'autre et que nous existions en même temps, sur terre, peut-être déjà couplés, sans le savoir et sans nous rencontrer.

Alors là, je me suis dit, ça veut dire quelque chose, parce que j'ai vu, j'ai marqué : « l'après-midi à Saint-Maximin ».

B. : ***Et moi, j'avais noté la date du congrès de kinésithérapie.***

F. : ***Oui, il avait sa date, alors, c'était clair ! Il allait sur Cannes, et…***

B. : ***Je couchais dans ma garçonnière et puis je prenais la route dans ma 40 Cv qui filait, pschit ! Extraordinaire !***

F. : ***Et l'image de moi est restée près de deux heures, à côté de lui. Il paraît que cette image s'est dissipée vers Fréjus, c'est-à-dire cent, soixante-dix km après.***

B. : ***Je dois dire que je n'ai jamais eu de fantasme de ma vie. Mais là, cette fille… si je pouvais la retrouver… Si je la rencontre, elle sera ma femme !***

F. : ***Alors, c'est ça qui a été stupéfiant, quand il m'a rencontrée chez Desoille. Alors que moi je disais : « Il y en a un… »***

B. : ***J'ai dit : « Et si je la trouvais… »***

F. : ***Et moi, je disais : « Il y en a un qui est pour moi, sur terre, mais probablement que, jamais, nous ne pourrons nous rencontrer, peut-être que nous ne nous rencontrerons jamais. »***

B. : ***Puis, arrivé à Fréjus, pschit ! disparue. Je me suis dit : « Elle est quelque part, celle-là ! »***

Et elle habitait dans ce square Henri-Paté…

F. : ***Ce coin où j'habitais, c'est aussi très curieux ! J'habitais 13, square Henri-Paté, et le balcon de la cuisine, une petite terrasse sur la cuisine, donnait, à cinq étages en dessous, sur un petit jardin qui était derrière une église qui me paraissait très bizarre. Dans ce jardin, le dimanche quand il faisait beau, les gens se rencontraient et il y avait le prêtre de cette église, il était habillé en blanc (je n'avais même pas fait attention, je ne connaissais pas beaucoup les ordres, à ce moment-là), c'était un dominicain. Or, je croyais que c'était un Russe, habillé en blanc, un moine quelconque – je savais bien que c'était des Russes, parce que c'était écrit dessus : Église catholique russe. Et puis, c'est là que nous nous sommes mariés !***

B. : ***Moi, je trouve que c'est extraordinaire. C'est quelque chose qui était vraiment écrit dans mon destin.***

Extrait de « Traversée du siècle »

11

« Il y a eu une chose étonnante, c'est que moi j'habitais donc le XVIe arrondissement, mais c'était impossible que je me marie avec Boris Dolto, la mairie faisait obstacle pour les étrangers. Alors je ne pouvais pas avoir mes papiers pour publier des bans ; alors Boris a demandé à sa mairie qu'il connaissait depuis toujours puisqu'il était médecin là, et ils ont dit : oui, c'est très bien, vous pouvez vous marier dans le Ve ; je me suis mariée dans le Ve. »

Extrait de « Traversée du siècle »

11. Françoise et Boris Dolto le jour de leur mariage à l'église orthodoxe uniate du square Henry-Paté, le 12 février 1942.

12. Note d'Henry Marette : « Dépenses au mariage de Françoise ».

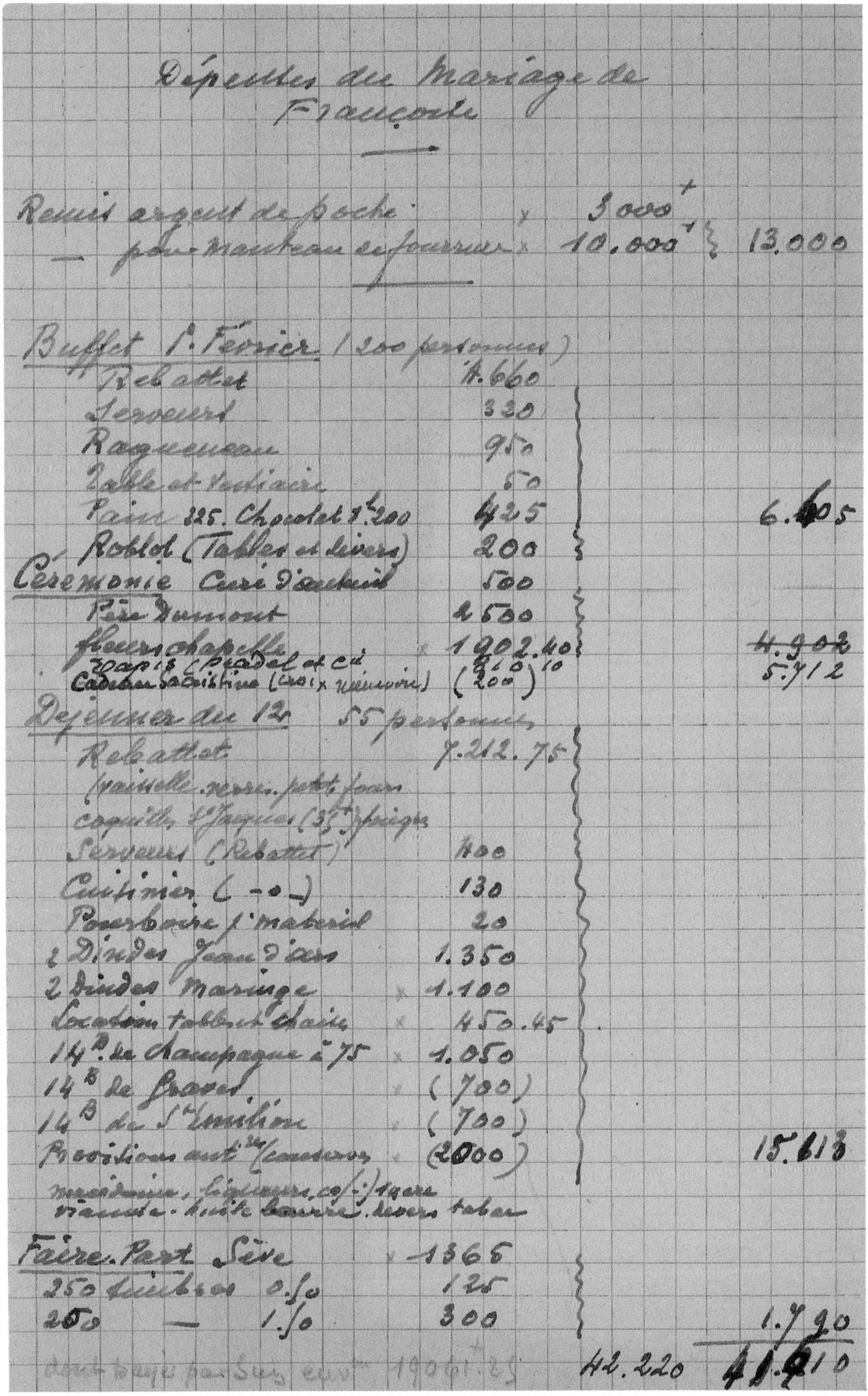

Dépenses du Mariage de Françoise

Remis argent de poche x 3.000
— pour manteau en fourrure x 10.000 } 13.000

Buffet 1er Février (200 personnes)
Rebattet 4.660
Serveurs 320
Ragueneau 950
Table et vestiaire 50
Pain 325. Chocolat 1^l. 200 425
Roblot (Tables et leviers) 200 } 6.605

Cérémonie Curé d'auteuil 500
Père Dumont 2.500
fleurs chapelle x 1.902.40
Tapis (Pradel et Cie) (810)
Cadeau sacristine (croix ivoire) (200) } ~~4.902~~ 5.712

Déjeuner du 12 55 personnes
Rebattet 7.212.75
(vaisselle. verres. petits fours
coquilles St Jacques (35 f.) glaçage
Serveurs (Rebattet) 400
Cuisinier (—) 130
Pourboire p. matériel 20
2 Dindes Jean d'arc 1.350
2 Dindes Mariage x 1.100
Location tables et chaises x 450.45
14 B. de Champagne à 75 x 1.050
14 B de Graves x (700)
14 B de St Emilion x (700)
Provisions anté^res^ (conserves x (2000)
macédoine, liqueurs, café) sucre
viande. huile beurre. desserts tabac } 15.613

Faire Part Sève x 1365
250 timbres 0.50 125
250 — 1.50 300 } 1.790

dont payé par Suz env^t^ 19061.25 42.220 41.610

Allocution prononcée par le T. R. P. DUMONT o. p.
à l'occasion du mariage de Monsieur Boris DOLTO
et de Mademoiselle Françoise MARETTE,
en l'Église Catholique Russe de Paris
le 12 Février de l'An de Guerre et de Grâce 1942

Mademoiselle,
Cher Monsieur,

[...]

L'union du Christ et de l'Église tend à peupler d'élus la Jérusalem céleste. Cette union spirituellement féconde a pour symbole aussi la fécondité du mariage chrétien. Cette fécondité, l'Église dans toutes les prières de son rituel va l'appeler sur vous. Vous en connaissez les charges et les risques, mais vous êtes de ceux, je le sais, que ni ces charges, ni ces risques ne sauraient effrayer, encore moins détourner de leur devoir, car vous estimez au plus haut point cette mission que Dieu donne en partage à l'homme d'être ses collaborateurs dans l'œuvre, divine par excellence, de la création. Et faut-il s'étonner qu'en déléguant, en quelque sorte à l'homme sa grande prérogative de Créateur, il ait voulu que celui-ci l'exerce dans un acte d'amour qui va jusqu'au don sans réserve ? Don sans réserve, amour sans repentance qui ne s'épuiseront pas avec l'âge, mais qui se nuanceront en s'approfondissant à mesure que vous aurez à faire face, en commun, à de nouveaux devoirs envers ces petits êtres en qui vous vous retrouverez vous-mêmes et que Dieu vous aura confiés pour en faire non seulement des hommes, mais des fils de Dieu et des héritiers du Royaume.

Ce sens profond du mariage chrétien, vous l'avez si bien compris que, d'un commun accord, vous avez voulu que rien ne s'opposât à l'union spirituelle de vos âmes. C'est dans le Christ et par le Christ que vous vouliez vous unir et il ne pouvait se faire que, précisément en Son nom, quelque chose vous séparât. C'est pourquoi vous vous trouvez aujourd'hui devant cet autel unis dans l'intégrale profession d'une même foi. Attaché profondément aux traditions de votre famille et de votre patrie, vous n'aviez pour cela, cher Monsieur, aucunement à les renier. La cérémonie qui s'accomplit en cette église en est un témoignage. Ceux qui vous aiment et vous entourent savent trop la délicatesse de votre conscience et la fidélité de votre cœur pour tarder longtemps à comprendre la signification profonde de votre démarche. Puisse la sainteté du foyer que vous fondez aujourd'hui contribuer à dissiper aux yeux de ceux qui, cependant, pourraient s'étonner, les malentendus qui depuis trop de siècles perpétuent entre frères dans le Christ des divisions profondément douloureuses. Ainsi votre démarche aura pris tout son sens, et après avoir assuré l'intime unité de votre foyer deviendra pour une part, modeste sans doute mais réelle, symbole et rayonnement d'unité dans le monde chrétien.

[...]

13. Françoise et Boris Dolto,
à Bourbon-l'Archambault (Allier), 1954.

13

MATERNITÉS

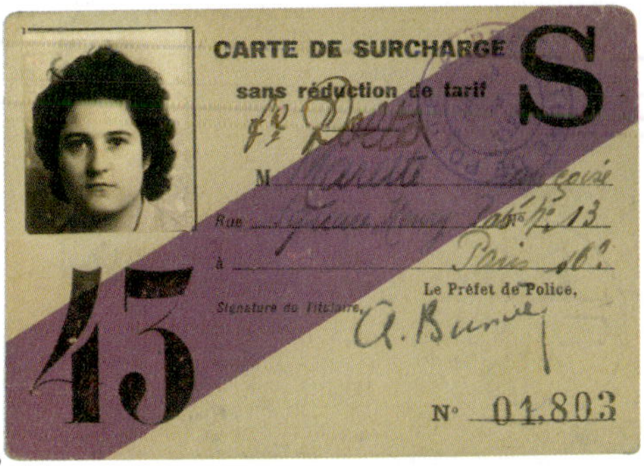

CARTE DE SURCHARGE S

sans réduction de tarif

M Marette

Rue ... 13

à Paris

Le Préfet de Police,

Signature du Titulaire,

45

N° 01.803

2

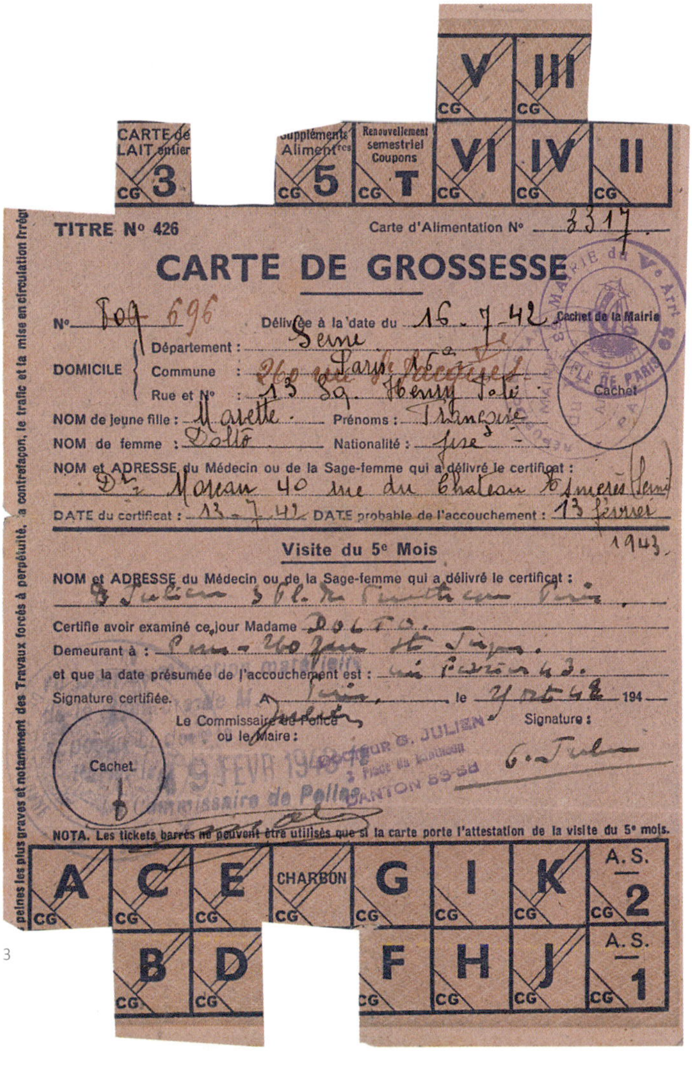

CARTE de LAIT entier 3 — Suppléments Aliment[res] 5 — Renouvellement semestriel Coupons T — V — III — VI — IV — II

TITRE N° 426 — Carte d'Alimentation N° 3317

CARTE DE GROSSESSE

N° ... 696 — Délivrée à la date du 16.7.42 — Cachet de la Mairie

DOMICILE — Département : Seine — Commune : Paris — Rue et N° : 13 Sq. Henry Paté

NOM de jeune fille : Marette — Prénoms : Françoise

NOM de femme : Dolto — Nationalité : fse

NOM et ADRESSE du Médecin ou de la Sage-femme qui a délivré le certificat : Dr Moreau 40 rue du Château Asnières (Seine)

DATE du certificat : 13.7.42 — DATE probable de l'accouchement : 13 février 1943

Cachet

Visite du 5e Mois

NOM et ADRESSE du Médecin ou de la Sage-femme qui a délivré le certificat :

Certifie avoir examiné ce jour Madame Dolto

Demeurant à :

et que la date présumée de l'accouchement est :

Signature certifiée. A Paris, le ... 194

Le Commissaire de Police ou le Maire :

Signature :

Cachet

Docteur G. Julien — Danton 53-58

9 FEVR 1943 — Commissaire de Police

NOTA. Les tickets barrés ne peuvent être utilisés que si la carte porte l'attestation de la visite du 5e mois.

A — C — E — CHARBON — G — I — K — A.S. 2

B — D — F — H — J — A.S. 1

CG

... peines les plus graves et notamment des Travaux forcés à perpétuité, la contrefaçon, le trafic et la mise en circulation frauduleuse ...

3

1. Françoise Dolto et ses trois enfants, après la naissance de Catherine, fin de l'année 1946.

2. « Carte de surcharge » pour les transports, année 1943.

3. « Carte de grossesse » de Françoise Dolto, avec coupons spéciaux pour le ravitaillement. « Date probable de l'accouchement : 13 février 1943 [soit un an et un jour après le mariage] ».

À partir du printemps 1942, Françoise Dolto est enceinte, une grossesse qui durera quatre années, au cours desquelles trois enfants verront le jour. Espacés d'un peu plus d'un an et demi chacun, Jean-Chrysostome, Grégoire et Catherine furent ainsi les compagnons de guerre de Françoise et de Boris. La sensation d'être habitée par ces « petits êtres », dont le père Dumont parlait dans son homélie, déplace, très concrètement, les frontières de l'intériorité et démultiplie les supports de médiations de l'intime, dans la mesure où elle est désormais nécessairement collective. L'inadaptation matérielle de ce qui apparaît au premier abord comme un « journal de naissance » du premier-né est flagrante. Préparées à l'avance sur des feuilles libres, les rubriques destinées à recueillir la mémoire des premiers mois de la vie ne seront pas remplies systématiquement, et le recueil interrompu restera sans reliure.
Face à l'inflation des signes et des traces de cette intimité multipliée par trois, la forme traditionnelle du « journal » implose à jamais, et laisse la place à l'accumulation archéologique des archives de l'enfance. Y. P.

Françoise : **C'était très curieux parce qu'on vivait tout de même, et le travail d'analyse continuait en tant qu'analystes. Il y avait [André] Berge qui était à Paris, Juliette Favez, [Marc] Schlumberger, et nous nous réunissions tous les quinze jours pour parler d'un cas clinique, et toujours chez les uns ou chez les autres. C'est-à-dire, ça ne revenait que tous les deux mois chez le même parce que, si les concierges voyaient quatre personnes qui se réunissaient, c'était signalé aux Allemands, et on n'avait pas le droit de se réunir ; il fallait le black-out complet.**

[...] Il y avait des bombardements, des alertes, [...] j'étais enceinte de Gricha, et nous ne descendions jamais à la cave. Je dois dire que les bombardements ne me réveillaient et ne m'angoissaient pas, juste le temps de dire : « Ah oui, c'est une alerte, oui, c'est un bombardement. » Mais, une fois, pendant le grave bombardement qu'il y a eu huit ou dix jours avant la libération de Paris, qui était sur la halle aux vins, tout près, [...] pendant la nuit j'ai été réveillée par le fœtus qui s'était mis en boule dure dans moi. Gricha. Ça m'a réveillée, et j'ai dit : « Ah oui, c'est l'alerte », et j'ai dit, j'ai dit à Gricha – enfin je ne savais pas que c'était Gricha, puisqu'on croyait que c'était Catherine, on attendait Catherine – j'ai dit au fœtus : « Non, non, ce n'est qu'une alerte, mais papa et maman sont là, tu sais très bien, on est tranquille, on peut dormir », et j'ai senti ce bébé qui se détendait de nouveau, je me suis rendormie.

[...] Puis Gricha est né, juste après la Libération. Et on peut dire : heureusement pour lui ! Car j'ai voulu avoir le lait de la ville, parce qu'on ne savait pas de quoi serait fait le lendemain, et Jean, lui, était un si petit mangeur qu'il a poussé merveilleusement avec le lait de la ville. [...] Gricha, c'était tout à fait un autre enfant, et il y avait heureusement à ce moment-là déjà du lait spécial pour les bébés, pasteurisé et capsulé, parce qu'il aurait sûrement mal poussé s'il n'avait pas eu du bon lait. Et Catherine a de nouveau été une enfant comme son frère aîné, qui avait besoin de très peu manger.

[...] Nous avons eu de très grandes joies à élever ces enfants, peut-être parce que, en effet c'était la guerre ; on était beaucoup plus avec eux du fait qu'on ne pouvait pas sortir, on était tous ensemble. Et alors, dès qu'on a pu circuler, nous partions du samedi midi au dimanche soir, la moto [de Boris] qui tirait la remorque vélo, avec les enfants... ensuite ç'a été un side-car, et nous allions à la campagne. On trouvait toujours un petit boui-boui qui nous louait deux pièces pour la nuit, on allait à la pêche ou à la chasse, c'est là qu'ils ont appris à marcher, à courir. Et c'est grâce à ça que nous avons beaucoup été avec nos enfants, tout petits.

Extrait de « Traversée du siècle »

5

4. Jean, Catherine, Françoise et Grégoire Dolto, dans le jardin de villa *Soledad* à Antibes, septembre 1949.

5. Grégoire, Boris et Jean Dolto, sans date.

6. Extraits du journal de naissance de Jean Chrysostome Dolto, né le 20 février 1943. « AVANT... Le cœur bat entre 142 et 150 au cours de la grossesse. Katinka [ou] Jean-Chrysostome ? Le pendule dit fille dans la main de Boris... mais l'intuition de Françoise dit garçon » ; « L'HEURE. Onze heure vingt au soleil, midi vingt, heure allemande ». Dessins préparés avant la naissance par Nicole Marette, nièce et filleule de Françoise Dolto, et complétés par cette dernière.

6

« Il a demandé à naître. »

7

7. Françoise, Jean, Grégoire et Boris Dolto, sans date.

8. Extrait du journal de naissance de Jean-Chrysostome Dolto, fin février 1943.

Poids
3 kilos 500
Placenta : 600 grammes

Taille
50 centimètres

1re ressemblance
Boris dit avec amour : ma petite gueule d'arsouille. C'est tout à fait ça. il naît avec les oreilles non ourlées. Julien me dit que ce n'est pas de sa faute. Au bout de 2 jours c'est fini, les oreilles se sont faites toutes seules. Blessure du fer à la joue gauche qui lui ferme l'œil et gonfle la lèvre supérieure, il a une tête de pauvre boxeur, mais est tellement gentil tout de même. Mais on ne peut pas dire quelle ressemblance.

Les premiers jours
Dimanche. Ratonion a 24 heures. Boris va à l'église russe. À la liturgie pour la 1re fois le père Dumont a prié pour « la famille » Boris, Françoise et Jean Chrysostôme.
À la mairie Boris a eu du mal à faire écrire Chrysostôme à l'employé !

Mercredi. Ivan ouvre les 2 yeux, cela dégonfle à g[auche]. Cette nuit il a crié de 9 h à 11 h 1/2. Je me suis inquiétée mais ce n'était rien.

Jeudi. 5 jours (25 février) il n'a perdu que 120 grammes, il est vorace, tète son biberon en 3 secondes. Le côté non blessé de son visage est lisse et adorable. Un bout de la langue sort quand il dort. Beau front et beau crâne, il ressemble à Boris étonnamment. Il s'étire les bras depuis hier, il suit des yeux grands ouverts depuis ce matin. Il tourne nettement le visage vers son père quand il l'appelle. Si à ce moment je l'appelle il se tourne (tête et yeux) vers moi qui suis de l'autre côté. Est-ce une illusion ? sûrement pas.

Ce qu'on dit
Le grand-père : « Pauvre petit, il n'a pas demandé à naître ! » en hochant la tête d'un air plein de compassion. Raton répond : « Comment ? il s'est arrangé pour nous faire nous trouver Boris et moi qui étions à 10 000 kilom[ètres] l'un de l'autre et tu appelles cela ne pas demander à naître ! » Le grand-père est ahuri de cette réponse si logique.

L'oncle Pierre dit : « Tu sais, ça ne fait rien qu'il soit laid. »
« Mais c'est que je ne le trouve pas laid du tout » répond maman Raton qui défend sa progéniture comme une panthère.

Les premiers jours

Dimanche. Ratonion a 24 heures.
Boris va à l'église russe. A la liturgie pour la 1ère fois le père Dumont a prié pour "la famille" Boris, Françoise et Jean Chrysostome.
A la mairie Boris a eu du mal à faire écrire Chrysostome à l'employé !

à 8 jours
la croûte de la joue gauche n'est pas encore tombée

mercredi. Ivan ouvre les 2 yeux, cela dégonfle à g. cette nuit il a crié de 9 h. à 11 h ½ je me mis inquiéter mais ce n'était rien.

jeudi. 5 jours (25 janvier)
il n'a perdu que 120 grammes
il est coriace ~~tête~~ son biberon en 3 secondes
le côté non blessé de sa figure est lisse et adorable.
un bout de langue sort quand il dort
beau front et beau crâne
il ressemble à Boris étonnamment.

Il s'étire les bras depuis hier. il suit des yeux grands ouverts depuis ce matin
Il tourne nettement le visage vers son père quand il l'appelle.
Si à ce moment je l'appelle il se tourne (tête et yeux) vers moi qui suis de l'autre côté
Est-ce une illusion ? – sûrement pas

T.S.V.P.

Ce qu'on dit

le grand père : "Pauvre petit il n'a pas demandé à naître !" en hochant la tête d'un air plein de compassion. Raton répond : "Comment ? il s'est arrangé pour nous faire nous trouver Boris et moi qui étions à 10.000 kilom. l'un de l'autre et tu appelles cela ne pas demander à naître ! le grand père est ahuri de cette réponse si logique.

L'oncle Pierre dit : "Tu sais, ça ne fait rien qu'il soit laid." – mais c'est que je ne le trouve pas laid du tout répond maman Raton qui défend sa progéniture comme une panthère.

20 à 21 mois suite

Fisti adore regarder des images – et pas seulement des images en couleur qui sont dans les livres d'enfants. Celles des journaux l'intéressent beaucoup. Il reconnaît les soldats Fifi, les soldats Leclerc ou les soldats américains d'après les uniformes. (les fifi d'après le manque d'uniforme)

Un gosse des faubourgs
(par Fiordavid)

petit bâçon écoute un petit 'bâseau
(un petit garçon qui écoute un petit oiseau)

L'ange de l'espoir du GRECO.

Titi = une dame qui vole.
maman = c'est peut être un ange ?
Titi après réflexion : oui, oui, t'est un ange..., peut être un ange gâdien ti vole.

Ceci n'est qu'un exemple entre des centaines des interprétations qu'il donne. car au lieu de décrire, ce qu'il ne fait qu'à la demande ; il donne toujours avant tout dès qu'il regarde une image une interprétation tout en s'identifiant à l'image regardée autant qu'il le peut par la mimique qu'il prend.
A 8, 10 jours 15 jours d'intervalle il redonne toujours la même interprétation.

9. Extrait du journal de naissance de Jean, notes contemporaines à la naissance de Grégoire, décembre 1944.

10. Jean-Chrysostome Dolto, déguisé en ange, dans l'appartement de la rue Saint-Jacques, noël 1945.

10

<u>20 à 21 mois suite</u>

Fisti adore regarder des images, et pas seulement des images en couleurs qui sont dans les livres d'enfants. Celles des journaux l'intéressent beaucoup. Il reconnaît les soldats Fifi, les soldats Eclerc ou les soldats américains d'après les uniformes (les fifi d'après le manque d'uniforme).

[Devant l'image d'un « Gosse des Faubourgs »]
Petit bâcon écoute un petit bâseau
(un petit garçon qui écoute un petit oiseau).

[Devant *L'ange de l'espoir* du Greco]
Titi : « Une dame qui vole. »
Maman : « C'est peut-être un ange ? »
Titi après réflexion : « Oui, oui, t'est un ange...,
peut-être un ange gâdien ti vole. »

Ceci n'est qu'un exemple entre des centaines des interprétations qu'il donne car au lieu de décrire, ce qu'il ne fait qu'à la demande, il donne toujours, avant tout, dès qu'il regarde une image, une interprétation tout en s'identifiant à l'image regardée autant qu'il le peut par la mimique qu'il prend.
À 8, 10 jours, 15 jours d'intervalle il redonne toujours la même interprétation.

[...]

11

« Jean avait cette nature de communication incroyable. Quand j'allais au Luxembourg le promener, tous les enfants étaient comme des mouches près du berceau. Il attirait. »

Extrait de l'entretien de Bernard Pivot avec Françoise Dolto,
Apostrophes, *2 janvier 1987*

Jean-Chrysostome, « Titi ».

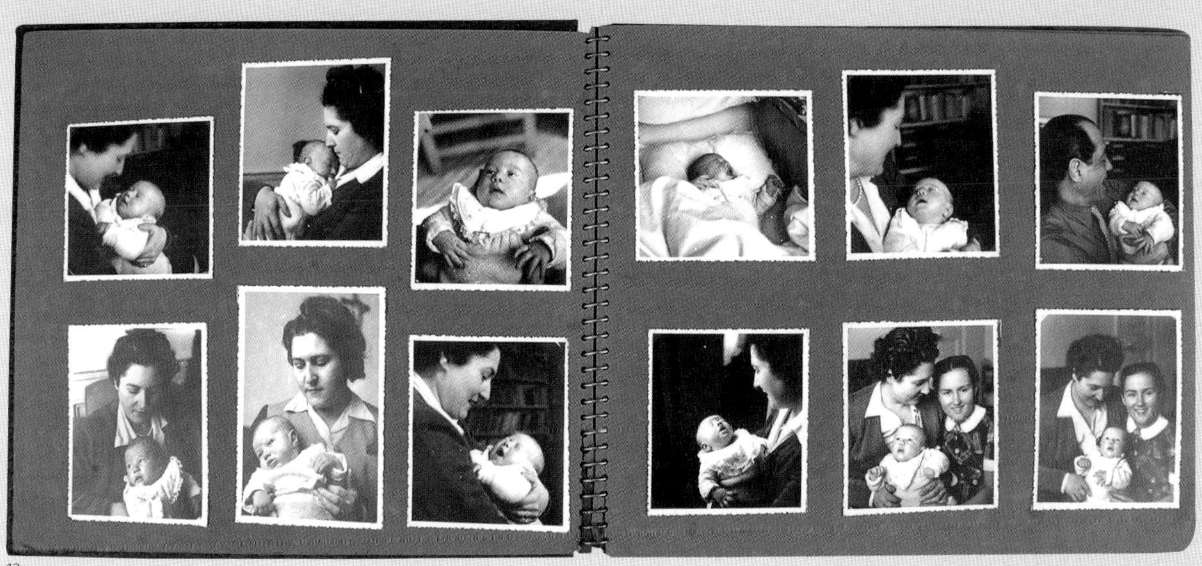

12

11. Françoise et Jean au jardin du Luxembourg, 1943.

12. Album des premières années de Jean Dolto.

Françoise : ***Jean, il ne voulait pas sortir, il a commencé mercredi dans la nuit et puis, à 7 heures du matin, ça s'arrêtait. Alors le jeudi, ça recommence, la nuit, et [...] à 5 heures du matin, c'était toutes les minutes, toutes les cinq minutes. Boris m'emmène à la clinique, et puis pendant le voyage, déjà le jour venait, ça y est, ça s'est arrêté... Alors je reste le jeudi toute la journée, j'entends des bébés qui naissent autour, et puis moi rien, complètement refermée. [...] L'accoucheur me dit : « Écoutez, allez vous promener, prendre l'autobus, vous n'allez pas rester là à vous morfondre, en attendant. »***

Alors le jeudi soir je couche de nouveau à la maison... À 11 heures du soir, ça recommence ! Et puis à 5 heures du matin c'était la grande paume, et puis je dis : « Mais non, ça commence à se ralentir. » Et en effet à 7 heures, déjà, presque tout était arrêté, avec le jour il s'arrêtait de travailler. Alors le vendredi, le médecin me dit : « Écoutez, le soir, dès que ça va recommencer, allez-y, parce que j'ai peur pour cet enfant d'attendre si longtemps. Alors le vendredi vers 6 heures, 7 heures, ç'a recommencé un peu plus tôt, juste à la tombée du jour, c'était au mois de février, alors Boris m'as amenée, et j'ai recommencé le travail vers 11 heures du soir, et puis le matin il a commencé de nouveau à s'arrêter. Je lui ai dit quand il est arrivé : « C'est de nouveau sûrement à petite paume. » Il regarde – l'accoucheuse lui avait téléphoné que c'était la grande paume, qu'il n'avait qu'à arriver –, puis il revient, je dis : « Non, c'est la petite paume. » Et c'est là qu'il a écouté le cœur de l'enfant, le mien, et il a dit : « Oh, non ! on n'attend pas encore demain, ça serait sûrement pour demain, mais on va l'accoucher aujourd'hui. » Et il a été accouché donc aux forceps hauts [...] il est né à midi le samedi... à cause de ça, parce qu'il a eu peur que son cœur se fatigue, mais il est né.

Extrait de « Traversée du siècle »

« Comme un prince asiatique faisant une promenade incognito »

13. Françoise et son fils Jean,
déguisé en cosaque, 1944.

14. Jean à 9 mois, novembre 1943.

13

14

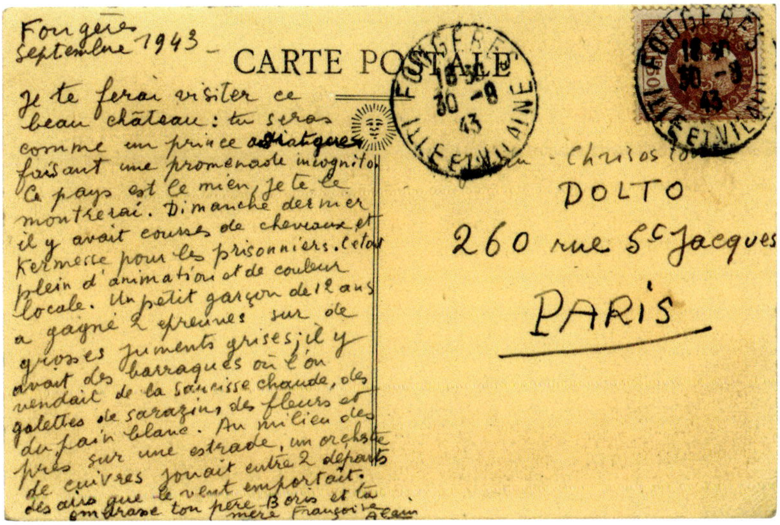
Fougères
Septembre 1943
CARTE POSTALE
Je te ferai visiter ce
beau château : tu seras
comme un prince asiatique
faisant une promenade incognito.
Ce pays est le mien, je te le
montrerai. Dimanche dernier
il y avait courses de chevaux et
kermesse pour les prisonniers. C'était
plein d'animation et de couleur
locale. Un petit garçon de 12 ans
a gagné 2 épreuves sur de
grosses juments grises ; il y
avait des baraques où l'on
vendait de la saucisse chaude, des
galettes de sarazin, des fleurs et
du pain blanc. Au milieu des
prés sur une estrade, un orchestre
de cuivres jouait entre 2 départs
des airs que le vent emportait.
Embrasse ton père Boris et ta
mère Françoise
Alain

… Chrisostome
DOLTO
260 rue St Jacques
PARIS

15

16

15. Carte postale adressée à Jean Dolto par son parrain Alain Cuny, septembre 1943.

« Fougères
Septembre 1943

Je te ferai visiter ce beau château : tu seras comme un prince asiatique faisant une promenade incognito. Ce pays est le mien, je te le montrerai. Dimanche dernier il y avait courses de chevaux et kermesse pour les prisonniers. C'était plein d'animation et de couleur locale. Un petit garçon de 12 ans a gagné 2 épreuves sur de grosses juments grises ; il y avait des baraques où l'on vendait de la saucisse chaude, des galettes de sarrazin, des fleurs et du pain blanc. Au milieu des prés sur une estrade, un orchestre de cuivres jouait entre 2 départs des airs que le vent emportait. Embrasse ton père Boris et ta mère Françoise

Alain »

16. Alain Cuny et Jean Dolto, été 1943.

Grégoire, « Gricha ».

*Françoise : **Gricha est né ici, parce que j'ai commencé les douleurs vers 11 heures du soir, et puis je ne voulais pas déranger Boris, et surtout comme je suis, comme je disais, à dormir entre les contractions complètement, comme si je n'accouchais pas, dès que la contraction est terminée, pouf ! je dors comme si je n'étais pas enceinte… et alors tout de même, ça se rapprochait, et à un moment je réveille Boris vers 6 heures du matin et je lui dis : « Tu sais, je crois que c'est le moment… – Mais non, mais non, tu as le temps… » Puis là-dessus je perds les eaux et je lui dis : « Si, si ! – Mais non, c'est le bouchon muqueux, ce n'est pas encore les eaux. » Je dis : « Je t'assure, le lit est tout mouillé ! » Alors il ouvre et : « Ah ! on voit les cheveux ! » complètement angoissé…***

[…] Il fallait appeler, au 6e étage, Simone, parce que Jean dormait dans la maison, donc essayer qu'elle garde Jean tranquille, parce que nous devions partir à la clinique, mais c'était trop tard… Il fallait donc que ça se passe à la maison où rien n'était prêt, je pensais accoucher là-bas et je n'avais rien ici pour… Il faut de l'eau chaude, et c'était en pleine guerre, c'était en 44, il n'y avait pas de gaz pendant la nuit ; heureusement il y avait un petit peu d'eau bouillie dans une bouilloire, mais c'était un problème…

[…] Boris cherchait une ampoule de chloroforme, parce que pendant ce temps-là je lui ai dit : « Mets-moi un oreiller sur la tête, je vais réveiller toute la maison ! » Alors il a mis un oreiller sur ma figure pour que ça ne fasse pas de bruit […] et alors il cherchait, pour essayer d'attendre – il pensait qu'on pourrait comme ça attendre M. Julien, car il aurait été plus tranquille que ce soit Julien qui m'accouche – il cherche une ampoule de chloroforme qu'il avait dans un coin […], il met ça sur un mouchoir, et le mouchoir sur mon nez. Alors moi je deviens, paraît-il, toute blanche, je suis dans les vaps, et moi je l'entends qui dit : « Raton, réveille-toi, Raton, réveille-toi »… Il me gifle et je lui dis : « Ne t'inquiète pas, l'homme est sur le chemin des dieux… » Alors il s'est dit : bon ! Elle fait un cauchemar. Et moi, je lui dis : « Mais quel rêve tu m'as fait faire, je suis descendue aux enfers, moi aux enfers, je n'y avais jamais pensé… » Et j'ai dit : « Je viens chercher un homme qui doit naître… »

C'est une chose qui nous a tellement fait rire ! Alors, ensuite, Gricha naît, tout mignon, tout gentil… accouché par son père.

[…] Et puis il est mis à côté de moi, voilà Julien qui arrive, qui regarde mon oreiller… il dit : « Mais, qu'est-ce que vous avez sur l'oreiller ? » Je dis : « Je ne sais pas… » Je regarde : onze bêtes à bon Dieu, sur mon oreiller ! Des vraies bêtes à bon Dieu… On aurait pu penser : des punaises, mais non, pas du tout, des vraies bêtes à bon Dieu ! Et alors il a fait la ligature du cordon de Gricha. Il dit : « Et les bêtes à bon Dieu ? » Je dis : « Peut-être parce que mon père est spécialiste des bêtes à bon Dieu, et son petit-fils va lui ressembler… » Incroyable, le 28 novembre, c'est tard pour des bêtes à bon Dieu.

Extrait de « Traversée du siècle »

17. Faire-part de naissance de Grégoire Dolto. « Jean-Chrysostome Dolto est heureux d'annoncer la naissance de son frère Grégoire, le 28 novembre 1944 ».

18. Françoise et Grégoire, 1945.

19. Album de naissance de Grégoire. « Deux mois et demi : Tendresse – Entre hommes – Conversation – Il rit – Il écoute – Il réfléchit [page de gauche]. Début de mars 45, 3 mois 1/2 : Farceur – Candide – Gai – Gricha commence à se sentir quelqu'un » (légendes de la main de Françoise Dolto).

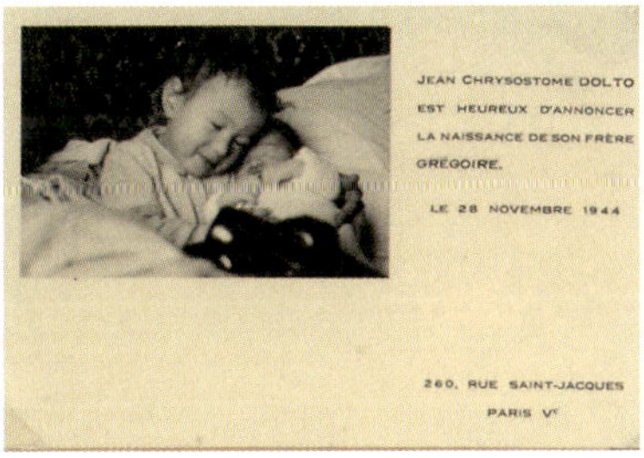
JEAN CHRYSOSTOME DOLTO
EST HEUREUX D'ANNONCER
LA NAISSANCE DE SON FRÈRE
GRÉGOIRE.
LE 28 NOVEMBRE 1944

260, RUE SAINT-JACQUES
PARIS Vᵉ

17

18

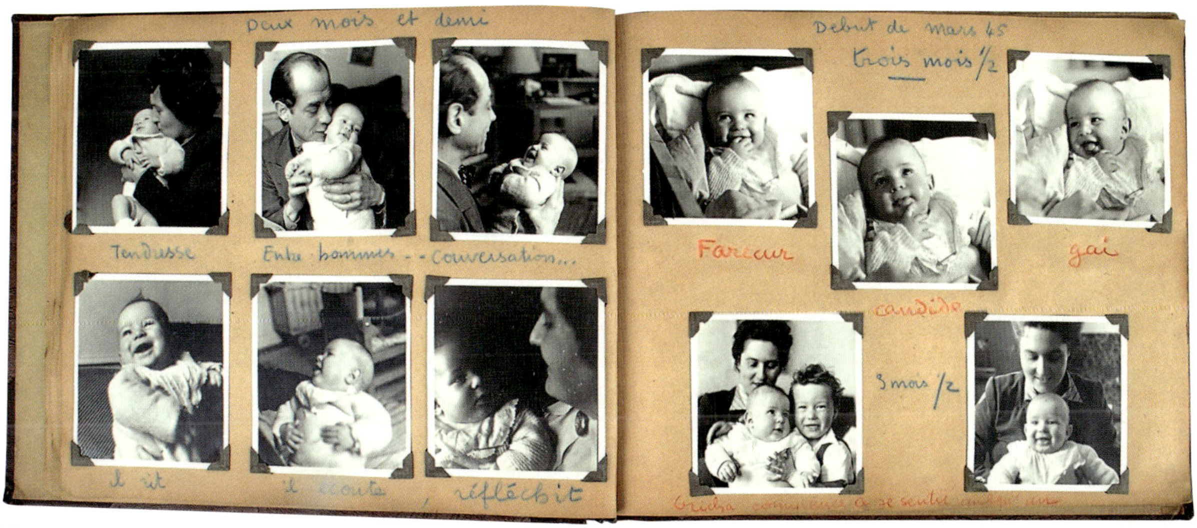

19

Catherine, « Katinka ».

Françoise : ***Quand Catherine allait naître, ça s'est passé vers 7 heures un quart du matin, Tendron est là, et je savais que si j'arrivais à respirer assez, on ne souffre pas. […] Je respirais donc à chacune des contractions, et Tendron, assis avec Boris, racontait des histoires de toubib, de patelins, de Bretagne, qui étaient d'un drôle, tellement drôles que je riais comme une baleine, et alors je sentais qu'il fallait que je recommence à respirer, je faisais : « Taisez-vous, taisez-vous, et ne racontez pas d'histoires, je veux savoir la fin ! » Alors je respirais, je respirais, énormément, et puis j'avais ma contraction… « Ça y est, maintenant la fin de l'histoire. » Nous nous sommes marrés pendant tout cet accouchement […] et arrive le moment où il faut qu'il s'occupe de moi, de voir où j'en suis (à petite, grande paume), enfin il vient vers moi, j'étais couchée, et il voit sur ma main une tache, que moi j'avais déjà vue, alors il me demande : « Qu'est-ce que c'est que ça, vous avez de l'encre sur la main ? » Je dis : « Non, c'est un papillon. – Comment, un papillon ? – Oui, il est là depuis une heure et demie, il est arrivé juste vous veniez d'arriver » (la fenêtre était ouverte, c'était le mois d'août, au Croisic), « et il ne veut pas s'en aller. – Comment, il ne veut pas s'en aller ? » Il essaie de le chasser, le papillon reste. « Vous voyez bien qu'il ne veut pas s'en aller, alors laissez-le », et je lui dis : « C'est sans doute une petite âme du ciel qui vient accompagner l'enfant qui doit naître sur terre. »***

Alors il se dit : ça y est, ma consœur est complètement paumée, mais comme déjà il se marrait beaucoup avec nous deux, et il dit : « Bon, bon, si vous aimez ce papillon, après tout, si c'est une petite âme, laissons-la tranquille », et on continue à rire, à raconter des histoires comme seulement en ont les gens de la campagne sur la médecine. Et à la fin ça y est, c'est le moment, il a d'ailleurs été très adroit parce que Catherine est née comme une savante, elle avait la main posée sur la joue, si bien qu'elle est sortie par le coude… […] Et au premier cri du bébé le papillon s'est envolé. Et ça, pour Tendron, ç'a été inoubliable !

Extrait de « Traversée du siècle »

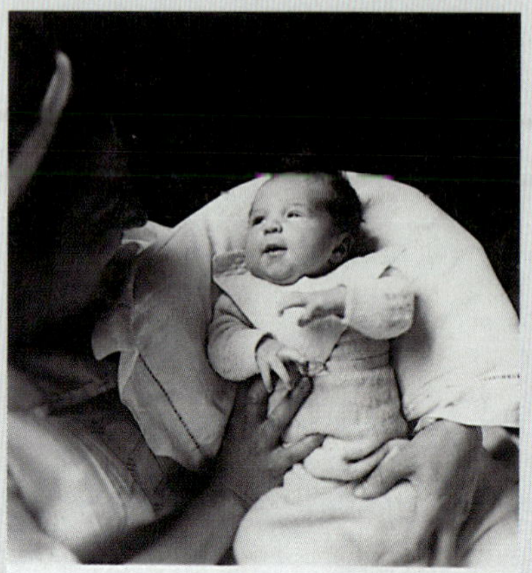
20

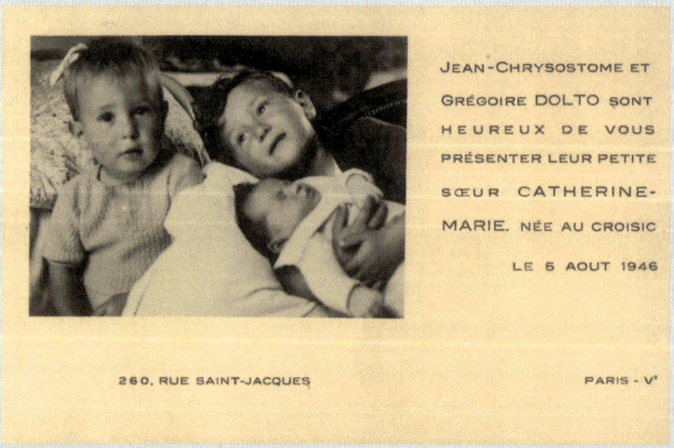

21

20. Françoise et Catherine, peu après la naissance, fin de l'été 1946.

21. Faire-part de naissance de Catherine. « Jean-Chrysostome et Grégoire Dolto sont heureux de vous présenter leur petite sœur Catherine-Marie. Née au Croisic, le 5 août 1946 ».

22. Boris donne le biberon à Catherine, sans date.

23. Album de naissance de Catherine Dolto. « Françoise ne peut pas nourrir. Au 15e jour, Katinka jusque là splendide fait une intoxication à la suite d'une erreur de traite, lait trop gras ? Shock. Diarrhée verte, haut et bas, sérum sale. Laits en poudre ou en boîte introuvables. [sous les deux photos en haut de la page de gauche :] Katinka va mieux. Elle a fondu. [sous les deux photos en bas de la page de gauche :] Dans le jardin, pour envoyer à Papa qui est parti quand elle était encore malade. [sous les deux photos en haut de la page de droite :] 1ère sortie après la grande alerte. 7 ou 8 septembre. [sous les deux photos en bas de la page de droite :] Grâce à Dieu et aux soins de tous les instants de "Baseille" Katinka est sauvée » (légendes de la main de Françoise Dolto).

22

23

En famille

24

25

26

27

24 à 27. Photographies prises à Antibes au studio Jacques Mer, chaque été (ici : 1955, 1956, 1957 et 1959).

28

29

28. « Chez Jean et Michèle, juin 1981 » (au dos, de la main de Françoise Dolto). Françoise, Catherine, Boris, Grégoire, Michèle (née Toussaint), Jean, et Véronique (née Chatenay) réunis pour la dernière fois avant la mort de Boris.

29. Françoise Dolto et ses deux petits-enfants, Sophie et Nicolas Dolto (enfants de Grégoire et Véronique), dans son bureau de la rue Saint Jacques, 1987.

30. Grégoire, Boris et Jean déguisé en cosaque, sans date (vers 1980).

30

DÉCRYPTER LES SIGNES

1

2

3

1. Gribouillis, griffonnages et dessins divers de Françoise Dolto, découpés et réunis à part dans une pochette. La démarche qui consiste à isoler et à conserver ces traces graphiques semble pouvoir résumer la dimension expérimentale du rapport de Françoise Dolto à ses propres archives. Il s'agit bien d'accumuler des signes, non nécessairement lisibles au premier abord, en vue de les déchiffrer plus tard.

2. Le « dossier vert » de Jean (dit Carlos) : « Il m'est arrivé une chose assez étrange après la mort [de ma mère] ; c'est ma sœur qui m'appelle ; elle était dans l'appartement en train de ranger ; c'était six mois après sa mort, elle trouve dans une armoire un dossier, je l'ai appelé le dossier vert parce que c'était un carton à dessins avec tous mes dessins d'enfant annotés » (entretien avec Kathleen Kelley-Lainé, janvier 2005).

3. Petite valise en métal de couleur marron. « Papiers précieux. Contenu des deux tiroirs de l'armoire normande » (inscrit au revers du couvercle, de la main de Françoise Dolto). Ce meuble de l'appartement familial du 2, avenue du Colonel-Bonnet, avait été vendu en 1962, après la mort de Suzanne Marette. Hormis d'anciens titres financiers ou des contrats, la valise contient de nombreux objets liés à la mémoire de la famille Demmler (médailles militaires, cartes d'identité des aïeuls, etc.) ainsi qu'à celle d'Henry Marette (portefeuille, médailles scolaires). Françoise Dolto semble elle-même avoir adjoint à ce premier trésor de papier, sans doute hérité, un ensemble de pièces d'identité liées à Boris Dolto (acte de naturalisation, cartes médicales, etc.), son propre portefeuille (voir p. 37) ainsi que deux sacs contenant plusieurs dizaines de clefs, de formes et de provenances diverses.

Amoncellement de gribouillis épars, tracés dans le courant d'une conversation téléphonique ou dans l'écoute analytique, dessins libres dans les marges abandonnées par l'écriture, fragments graphiques que le stylo, la plume ou le crayon semblent accomplir presque d'eux-mêmes. Comment mieux exprimer l'aboutissement d'une attitude expérimentale sans cesse aux aguets des traces produites par soi et par les autres ? Françoise Dolto, depuis l'enfance, est attentive à décrypter *tous* les signes possibles, qu'il s'agisse de ceux du corps, de la main ou du visage, ou encore de ceux du rêve, de l'écriture ou du dessin intime, jusqu'aux plus improbables projections dont les astres font l'objet depuis la nuit des temps. Une ampleur cosmique et sémantique fondamentale émane de la masse d'archives accumulée par la psychanalyste. Si la mise en série de ces fragments de la vie intérieure offre des possibilités d'observation que leur état isolé interdit, il apparaît plus encore que l'empreinte des signes ne révèle sa dimension cachée qu'après coup. Quels que soient les objets et supports de la projection identitaire, dessins d'enfants ou paroles d'adultes, papiers personnels ou mémoriaux collectifs sont tous susceptibles de constituer les clefs d'ouverture des portes, toujours étroites, de la personne humaine et des énigmes de l'inconscient.

Inspirée par les observations réalisées au cours des années 1930 par Sophie Morgenstern, la réflexion de Françoise Dolto sur le dessin d'enfant cristallise une grande part de sa méthode de décodage des signes. Voici comment, en 1956, elle analyse le « réseau intime des expériences » que le dessin révèle. Y. P.

« Expression projective de la personnalité tout entière de son auteur dans un moment électif qui la centre émotionnellement ; encadrement dans une surface plane et limitée qui devient le miroir de l'auteur pendant le temps limité aussi qu'il consacre à y témoigner de sa présence.

Ce témoignage, il le donne par une suite de gestes qui chacun dépose en laissant sa trace une matière sans volume ; par ces tracés l'auteur témoigne de ce qu'il est, des expériences vécues qui sont les siennes, de ce qu'il veut, de ce qu'il pense : tel est le dessin libre.

Libre est un mot qu'il faut comprendre dans son vrai sens, libre de motivation volontaire donnée par une tierce personne. En fait, le dessin libre est profondément nécessaire. Il est provoqué par le besoin d'exprimer ce qui ne peut pas se dire autrement et ce qui, s'il n'est pas dit, étoufferait son auteur dans une solitude de pensée stérilisante, dans un magma émotionnel qui le figerait, dans une violence contradictoire de mille façons d'être qui ne lui laisserait pas son identité propre, et surtout son identité d'homme. Le tracé linéaire ainsi motivé, ou l'ensemble de taches de valeurs ou de couleurs diverses que représente un dessin libre peut donc être défini comme une explosion, un excreta, un résultat d'un trop-plein de vitalité dans l'échange émotionnel du moment. Cela peut

(suite p. 192)

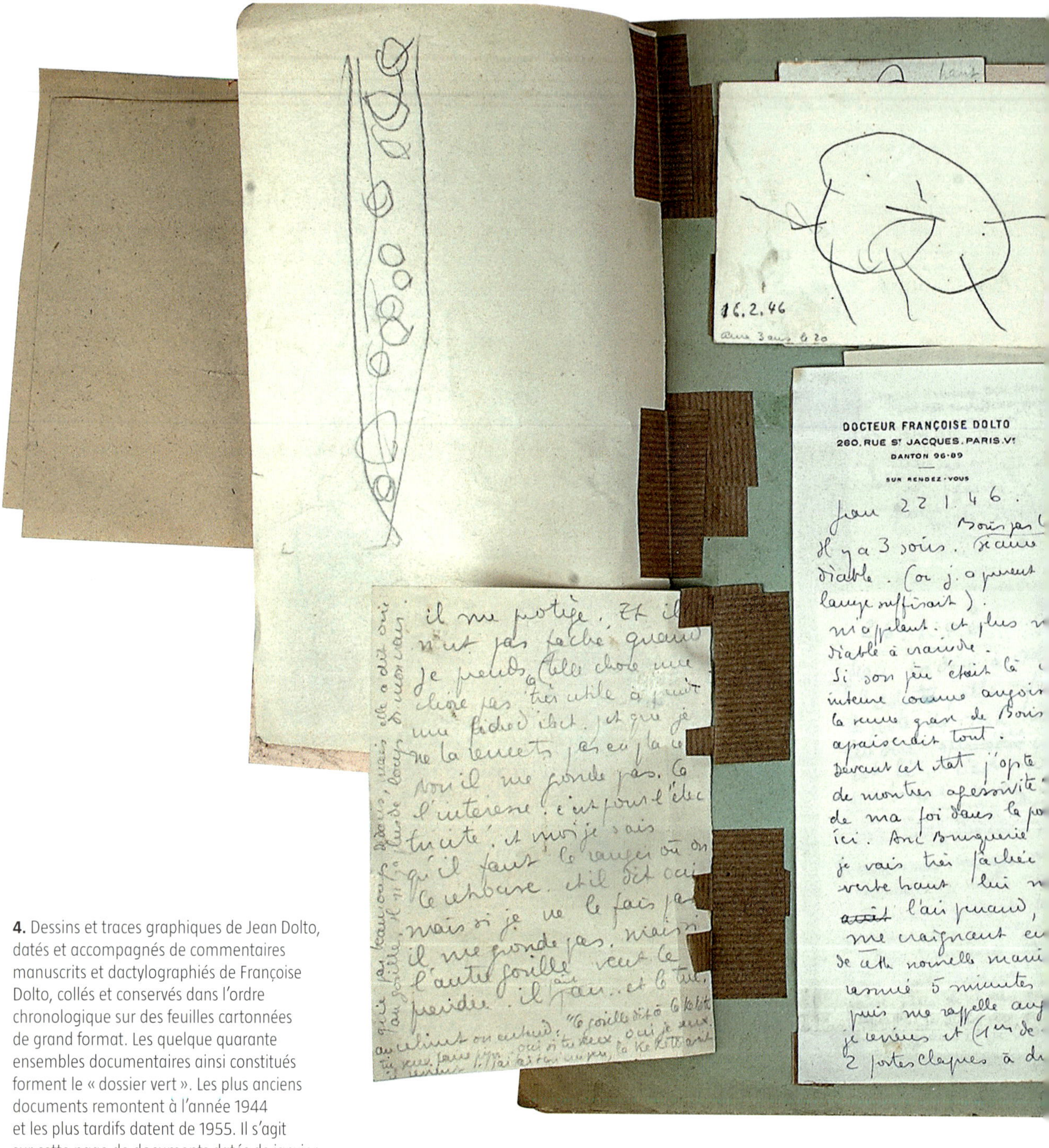

4. Dessins et traces graphiques de Jean Dolto, datés et accompagnés de commentaires manuscrits et dactylographiés de Françoise Dolto, collés et conservés dans l'ordre chronologique sur des feuilles cartonnées de grand format. Les quelque quarante ensembles documentaires ainsi constitués forment le « dossier vert ». Les plus anciens documents remontent à l'année 1944 et les plus tardifs datent de 1955. Il s'agit sur cette page de documents datés de janvier à avril 1946.

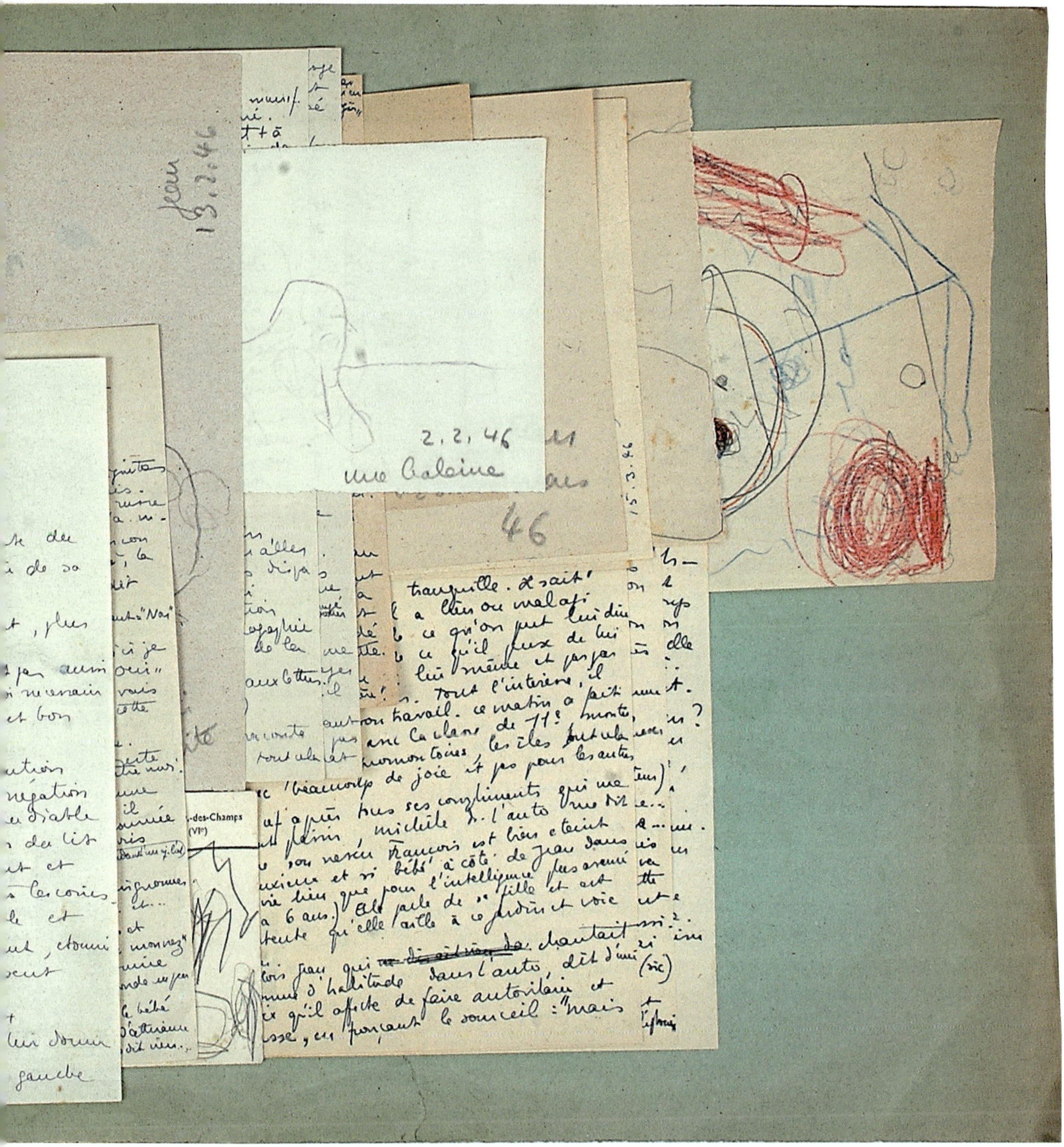
Jean
13.2.46
2.2.46
une baleine
46

être aussi une œuvre au sens propre, à condition de garder une valeur évocatrice et source elle-même d'émois nouveaux pour celui qui la contemple, ce qui exige que l'expression atteigne le niveau symbolique. Pour son auteur, s'il s'y reconnaît, c'est une source de joie confirmante ou de douleur infirmante. Si le spectateur est autre que l'auteur, il faut, pour que l'œuvre lui paraisse éloquente, que sa contemplation permette la mise en résonance de son affectivité, par la similitude d'être, de ressentir ou de penser évoquée en lui par ce témoignage de l'auteur.

Ce langage muet peut parfois être bouleversant comme un cri, comme un chant, comme un poème, comme une symphonie, comme une présence humaine. Qu'est-ce à dire bouleversant ? Si ce n'est renversant les axes de notre sentir, entraînant d'autres modes de dynamisme émotionnel que ceux apportés par le langage parlé.

Bref, je veux dire que dessiner ou peindre est un témoignage qui peut devenir un langage, s'il lui advient d'être compris, entendu par les yeux de soi-même ou d'autrui.

Le dessin coloré ou non est un langage silencieux dont les rythmes passent par l'œil dans le spectateur tout entier, faisant vibrer le réseau intime de ses expériences plutôt sensorielles quand le dessin domine, celui des expériences plutôt émotionnelles par l'emploi des couleurs. Il découle de ce qui précède qu'il faut une similitude d'expériences acquises pour que l'auteur voie son langage compris par le spectateur. […] Sa propre enfance est à un adulte aussi étrangère que les besoins vitaux d'un têtard le sont à la grenouille. Voici, à mon sens, ce qui explique la méconnaissance si longue de l'art enfantin. […]

La valeur de son dessin réside pour son auteur dans l'intensité de sa motivation intérieure et dans le plaisir de la détente émotionnelle ressentie pendant son exécution. [en note : « cette condition est aussi nécessaire – bien qu'elle soit elle-même insuffisante – à rendre l'œuvre esthétique. »] Cette valeur ainsi décrite est la seule pour le jeune enfant. On peut dire qu'elle caractérise la motivation et le plaisir à dessiner de tous les humains aux premiers stades de l'exécution artistique et graphique. Le dessin n'est pas fait pour être montré, bien qu'il puisse l'être, en tout cas, pas fait pour rien démontrer, mais il est exécuté pour soi-même, par nécessité de maîtriser ses émois, et il est oublié aussitôt que tracé, il peut même devenir complètement étranger à son auteur. L'auteur soulagé dans le moment de son exécution *significative* pour lui, ne reconnaît ensuite aucun sens à son œuvre, s'étonne que d'autres la considèrent. Il se méconnaît dans ce témoin d'un passé révolu, soit par la culpabilité éprouvée lors du moment qu'il dessinait, soit que l'émoi exprimé l'ait été si totalement que l'enfant n'en ait plus gardé en lui aucune trace vivante. […] »

Extrait de « Introduction au dessin d'enfant », *La Vie médicale*, numéro spécial « Art et psychopathologie », Noël 1956, p. 27-28.

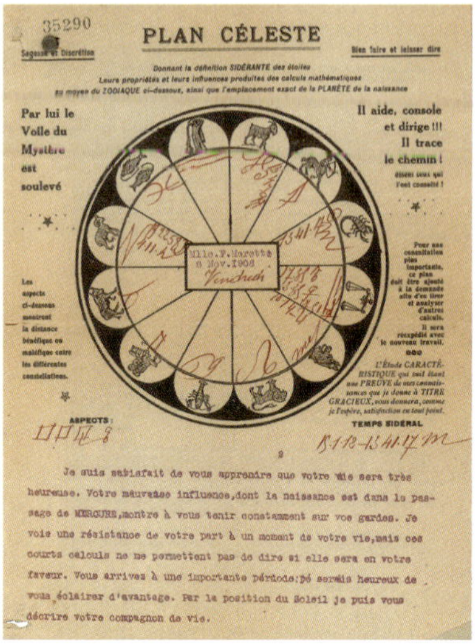

35290

PLAN CÉLESTE

Sagesse et Discrétion — Bien faire et laisser dire

Donnant la définition SIDÉRANTE des étoiles
Leurs propriétés et leurs influences produites des calculs mathématiques
au moyen du ZODIAQUE ci-dessous, ainsi que l'emplacement exact de la PLANÈTE de la naissance

Par lui le Voile du Mystère est soulevé

Il aide, console et dirige !!! Il trace le chemin ! disent ceux qui l'ont consulté !

Mlle. F. Marette
6 Nov. 1908
Vendredi

Les aspects ci-dessous montrent la distance bénéfique ou maléfique entre les différentes constellations.

Pour une consultation plus importante, ce plan doit être ajouté à la demande afin d'en tirer et analyser d'autres calculs. Il sera réexpédié avec le nouveau travail.

L'Étude CARACTÉRISTIQUE qui suit étant une PREUVE de mes connaissances que je donne à TITRE GRACIEUX, vous donnera, comme je l'espère, satisfaction en tout point.

ASPECTS :

TEMPS SIDÉRAL

2

Je suis satisfait de vous apprendre que votre vie sera très heureuse. Votre mauvaise influence, dont la naissance est dans le passage de MERCURE, montre à vous tenir constamment sur vos gardes. Je vois une résistance de votre part à un moment de votre vie, mais ces courts calculs ne me permettent pas de dire si elle sera en votre faveur. Vous arrivez à une importante période ; je serais heureux de vous éclairer d'avantage. Par la position du Soleil je puis vous décrire votre compagnon de vie.

5

5. « Plan céleste donnant la définition sidérante des étoiles » de Françoise Marette effectué par Hélène Chalot, (1941 ?). Françoise Dolto n'a jamais dissimulé un intérêt amusé pour l'astrologie. Loin de tout obscurantisme intellectuel, cette démarche relève plutôt d'une écoute expérimentale et d'une forme de curiosité spontanée pour tout ce qui peut être assimilé à un signe.

« Je suis satisfait de vous apprendre que votre vie sera très heureuse. […] Je vois une résistance de votre part à un moment de votre vie, mais ces courts calculs ne me permettent pas de dire si elle sera en votre faveur. Vous arrivez à une importante période, je serais heureux de vous éclairer davantage. Par la position du Soleil, je puis vous décrire votre compagnon de vie.
Le résumé de ce caractère dénote une force sincère dans les convictions, une volonté et une ténacité de tempérament qui se développe là où il y a le plus de difficultés. […] Quelque peu critique et investigatrice, vous éprouvez le désir de scruter le dessous des formes extérieures et visibles afin d'arriver à la vérité, et d'analyser mentalement les choses en détail. Vous êtes tant soit peu habile à lire les caractères et ce sont vos premières impressions qui sont les meilleures. »

« Je n'avais pas d'idées préconçues, j'observais. »

6

6. Catherine en train de dessiner, sans date (vers 1950).

7. Une page du « dossier vert », décembre 1949-mars 1950.

Françoise : ***Tous les jours, il faisait un petit dessin, ça fait comme une bande dessinée que j'ai d'ailleurs gardée. Alors là, c'est les dessins, jusqu'aux derniers, qu'il a faits, je vais trouver celui de grand-père… Alors en dessous j'écrivais les choses, je ne sais pas ce que j'ai mis. […] Je n'avais pas d'idées préconçues, j'observais… Moi je ramassais ça dans la chambre après, et puis quand il parlait tout seul… Il croyait que je travaillais, et j'écrivais ce qu'il disait, ça m'intéressait.[…] Alors quelquefois je lui disais : « Mais qu'est-ce que tu as dessiné là ? » Il me le disait, et puis je l'écrivais à côté. […] Ça, ce sont les premiers, il ne dessinait pas encore, mais quand quelque chose l'intéressait il prenait des crayons et il griffonnait. J'ai énormément appris avec eux. Mais je ne me rappelais pas du tout que j'avais écrit des petites notes, je me disais quelquefois : c'est dommage que je n'aie pas pris de notes quand ils étaient petits… Mais ça fait partie de toutes ces choses que je fais, dont je ne me souviens pas. C'est pour les enfants, plus tard… Ils ne les ont jamais regardées, ils savent que j'ai ça pour chacun, jour par jour.***

Extrait de « Traversée du siècle »

7

8

8. Jean et Grégoire Dolto en train de dessiner, sans date.

9. Dessin de Jean, mars 1950.
« Après visite de Maud près d'accoucher. Un homme qui accouche ». Le dessin se rapporte à la note dactylographiée suivante : « début de mars 1950. Jean mange de la crotte de Katouche "crotte amoreuse" dit-il. Katouche est très flattée. Vis à vis de Maud qui va accoucher : Gricha fait manger le ventre de Maudpar l'ours. Puis Jean mange lui même une crotte de terre à modeler, et dit à Maud : "Tu vas avoir un enfant tout en crotte". Quelques minutes plus tard : "Attention qu'il ne tombe pas dans ta culotte s'il veut naître maintenant". Puis : "je voudrais être femme pour sentir comment c'est quand on a un enfant dans son ventre" ».

10. Dessin de Jean, sans titre, 20 mars 1948.

9

3
20 Mars 48

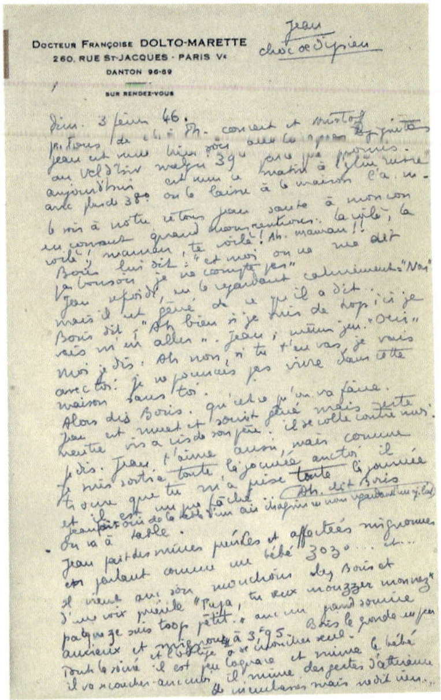
DOCTEUR FRANÇOISE DOLTO-MARETTE
260, RUE ST-JACQUES - PARIS Ve
DANTON 96-69
SUR RENDEZ-VOUS

Jean
choc œdipien

11

11. Note de Françoise Dolto sur le « choc œdipien » de son fils Jean, 3 février 1946.

Jean
choc œdipien

dim. 3 février 46.

Partons de 2 h à 8 h, concert et bistrot.

Jean est venu hier soir aux cosaques djiguites au Vel d'hiv malgré 39° parce que promis. Aujourd'hui est venu ce matin à l'église russe avec plus de 38°. On le laisse à la maison l'après-midi.

Le soir à notre retour, Jean saute à mon cou en courant quand nous rentrons : « La voilà, la voilà ! Maman, te voilà ! Ah maman !! » Boris lui dit : « Et moi, on ne me dit pas bonsoir, je ne compte pas. »

Jean refroidi, en le regardant calmement : « Non » Mais il est gêné de ce qu'il a dit.

Boris dit « Ah bien si je suis de trop ici je vais m'en aller » Jean, même jeu : « Oui. » Moi je dis : « Ah non, si tu t'en vas, je vais avec toi, je ne pourrais pas vivre dans cette maison sans toi. »

« Alors, dit Boris, qu'est-ce qu'on va faire ? »

Jean est muet et sourit gêné mais juste neutre vis-à-vis de son père ; il se colle contre moi. Je dis : Jean t'aime aussi, mais comme je suis sortie toute la journée avec toi, il trouve que tu m'as prise toute la journée et il est un peu fâché...

Jean fait oui de la tête d'un air chagrin en nous regardant d'un œil louche. « Ah » dit Boris.

On va à table.

Jean fait des mines puériles et affectées mignonnes en parlant comme un bébé zozo... etc... il vient avec son mouchoir chez Boris et d'une voix puérile : « Papa, tu veux mouzzer mon nez pacque ze suis toop petit » avec un grand sourire anxieux et mignon à « 3^F 95 », Boris le gronde et l'oblige à se moucher seul.

Toute la soirée, il est peu loquace et mime le bébé, il va se coucher avec moi, il mime des gestes d'attirance, il m'embrasse mais ne dit rien.

Il ne répète pas les mots de prière comme d'habitude. Sommeil d'une traite.

Le lendemain matin, sommeil très tard, je vais le réveiller ce qui est très rare. Dans la chambre, il fait encore comme s'il ne voyait pas son père. Celui-ci vient lui dire bonjour sans allusion à rien.

Jean est opposant et agressif avec moi pour la soupe et la toilette. Il décrète qu'il va me déranger tout le temps (j'ai à écrire) que je suis une vilaine, une méchante, une panthère noire. Mais dès que je suis dans mon bureau, il oblige Henriette au silence pour ne pas me déranger et Grisha idem.

Journée partagée entre sentiment de frustration et gaîté. Soir pas encore rétabli ds sa confiance de la veille. Cependant gentil avec Ananda et Arlette. Réclame plusieurs fois de suite sa timbale à table. Croyant qu'il a dîné, je lui en donne et je m'aperçois bientôt qu'il est pompette pour $^1/_2$ timbale de vin rouge ordinaire environ seulement.

Il se lève sans équilibre, va prendre son dîner à la cuisine. Pendant tout le temps qu'il mange, il dit sans cesse « yette, yette, yette » à Henriette (comme dit Grisha). Elle le couche ensuite et il dort aussitôt, le visage assez triste en dormant.

Ce matin au réveil tard, ne veut que de l'eau puis va très bien. Bonjour papa. Avec moi un peu réticent. Je lui fais mal pour tout et aussitôt après rit. Le matin empêche Henriette d'empêcher Grisha de renverser une poudre, le lui redonne et mord Henriette. À midi, elle me le raconte, et j'en parle avec lui devant son père, que je suis contente qu'il aime Grisha mais pas le gorille de Grisha, il dit « Ah, oui ! » Avant déjeuner, me demande un canif, je lui prête. Il apprend à l'ouvrir.

Après déjeuner gentil en disant adieu à son père.

Il me montre qu'il s'est écorché le doigt avec ?? Je lui dis « le canif tu l'as bien replié », le montre fièr[t] et son père dit : « Oh maman t'a prêté un canif, tu es un grand garçon. »

L'après-midi, essaie de me déranger avec les malades, même une fois cogne, veut rentrer de force. Je sors et le gronde. « Vilaine ! je venais te rendre ton canif ».

Le soir, mon dernier rendez-vous parti, il arrive enjoué, libéré. « Tu es une gentille maman, plus du tout panthère, tu sais, parce que tu n'es plus gorille, oui. »

Et pendant que je travaille, babille gaiement.

12

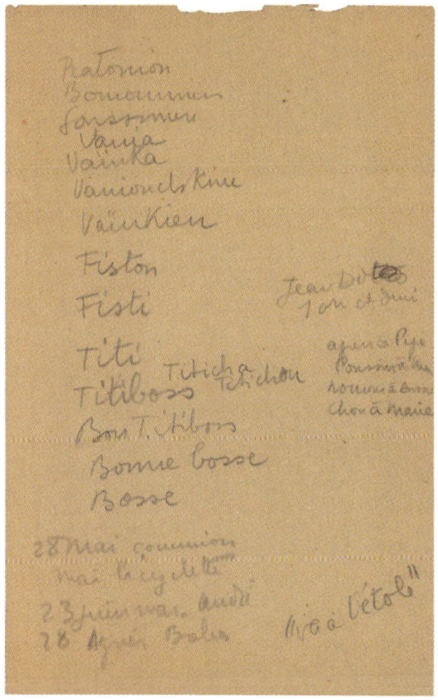
Ratonion
Bomoumin
Soussinien
Vanya
Vaïnka
Vaniouchkine
Vaïnkien
Fiston
Fisti
Titi
Titiboss
Titicha
Titichou
Bon Titiboss
Bonne bosse
Bosse
28 mai commion
mai la cyclette
23 juin mar. André
28 Agnès Brabo
Jean Doto 1 on et demi
apin à Papa
Poussin à Mam
Nounou à Anne
Chou à Marie
"Va à l'étole"

13

12. Françoise et Jean Dolto, sans date (1945-1946).

13. Transcriptions phonétiques réalisées par Françoise des paroles de Jean, (septembre 1944 ?). Feuille volante conservée dans le journal de naissance. L'ensemble a trait à la dénomination. La liste de ses propres surnoms est suivie de propos montrant la manière dont Jean désigne son rapport à ses parents. Le document est sans doute contemporain, sinon des premières paroles, du moins des premières associations linguistiques de Jean.

« Ratonion, Bomoumin, Soussinien, Vania, Vaïnka, Vaniouchkine, Vaïnkien, Fiston, Fisti, Titi, Titicha, Titichou, Titiboss, Bon Titiboss, Bonne Bosse, Bosse. 28 mai commion mai la cyclette. 23 juin mar[iage]. André. 28 Agnès Brabo [colonne de droite]. Jean Doto 1 on et demi. Apin à Papa. Poussin à Mam. Nounou à Anne. Chou à Marie. "Va à l'étole" [colonne de gauche]. Pendant la liberation Titi assis agader maman apasser [extrait du verso] ».

CARNET DE CROQUIS

14. « Carnet de dessin de Gricha (3 ans). Matins avec Mlle Vergen. Année 47-48 » (annotation de Françoise Dolto sur la couverture du carnet).

15. Planche du « dossier vert ». Au premier plan, portrait de Catherine par son frère Jean, « Katich. Jean, 10 décembre 1949 ». Au second plan, note dactylographiée de Françoise Dolto : « La première histoire de Jean ».

<u>25 janvier 1949</u>
<u>La première histoire de Jean :</u>

Il a mis spontanément ses soldats en formation d'armée pour aller vers une grotte. « On est allé une armée à la grotte.»

Jean est allé avec Riri à la grotte. Ils ont vu un âne en or. Ils ont vu un gros trou noir. Au fond des trésors et une bête noire et grosse. Ils avaient peur. L'armée leur a envoyé des pistolets et des fusils. Ils ont tiré. Elle a été blessée mais pas tuée. « Elle a bondi sur nous, elle était pas méchante, on savait pas quelle bête que c'était, on lui a donné du pain, de la confiture, du chocolat. On a vu des trésors, des pierres comme la broche de maman, bien grosses, énormes et dans l'or. Elle a dit qu'on pouvait prendre la [*mot manquant dans le tapuscrit*] en or. Elle a des enfants mais on ne les a pas très bien vus. Riri est approchée un peu plus près que moi, mais j'avais peur. Il dit qu'il croyait que c'était une tortue parce qu'il connaissait un peu cette grotte de quand il était petit. On a dit au revoir à la bête et on a remonté les trésors. Et on a été décoré. »

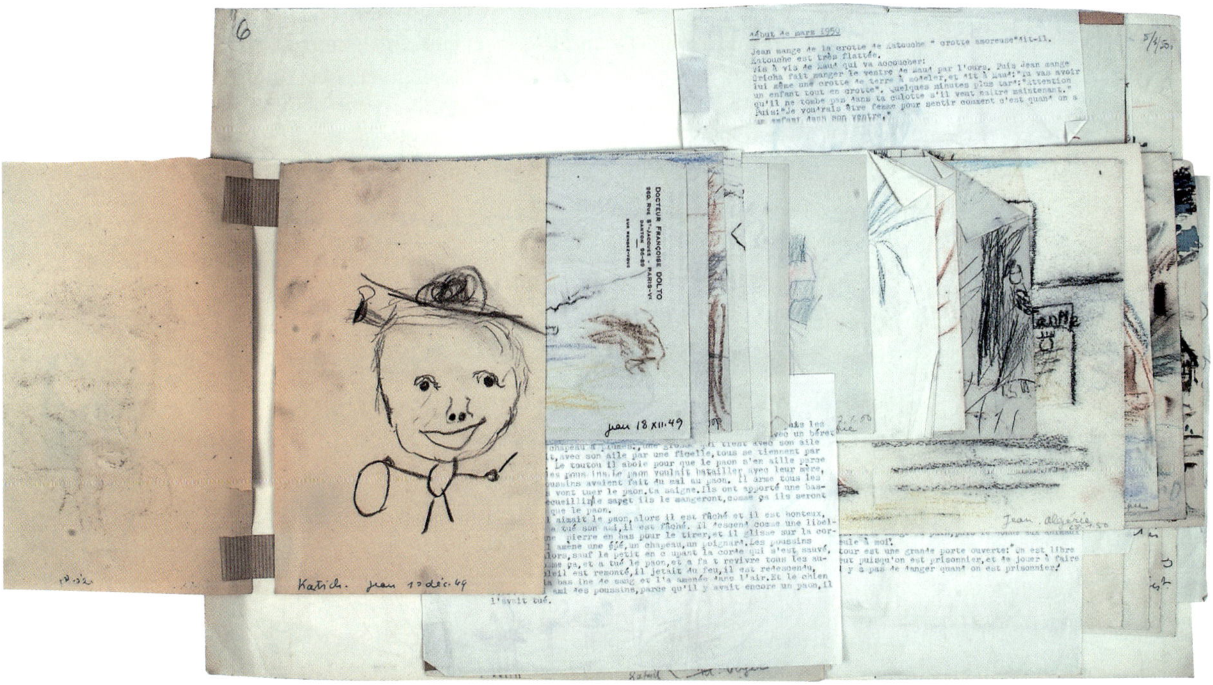

15

16

Avril 54, après vac[ances] Pâques.

Le 26 Catherine apprend le même jour la mort du père de Claude Annick Desbordes tué à Diên Biên Phu, et le mariage de son prof pour le 1er mai 54. Raconte que Claude Annick a pleuré en classe. Donne un bijou à Claude Annick pour la consoler. Que Mme D. qui souriait toujours est triste et ne sourit plus.

Catouch a vu cousines en vacances, regrette que je ne sois pas toujours avec elle comme Suzanne avec ses filles. Hier soir dit que rien n'est pire pour elle que si on dépense de l'argent inutilement pour elle. Un sou c'est un sou. Aujourd'hui se sent pas bien et à midi regarde sa tirelire et il n'y a plus que des sous troués non valables. Voir séance. A dit hier : je le dirai à Florence (Gricha est invité par Brigitte à jouer à Deauville). Gricha allait avec Florence fiancés.

Catherine 30.04.54
Des messieurs dans le désert à Diên Biên Phu. Un avion plane et jette des bombes. Ils sont cachés dans les herbes pour que ça tombe dans la rivière, pour que ça ne flambe pas. Le chef très gentil qui a été blessé très gravement à la jambe et au bras. Il a une mitraillette noire. Et la bombe tombe juste dans les herbes. Et les soldats sont là cachés, ils ont tous des drapeaux comme dans les colonies françaises. Ils sont habillés couleur de la rivière sauf la figure pour qu'ils nagent sans être vus. Le chef, il va pas dans l'eau, il doit protéger la bande et s'il meurt c'est moins important que si un guerrier meurt, il est pas très exceptionnel, le chef on n'en a pas très besoin. Il y a un palmier qui parle qui est très gentil, il dit : attention une bombe tombe. Quand il les prévient c'est pour une chose très dangereuse et pour pas qu'ils meurent alors ils sont cachés. Tout le monde est *camouflé*. Il leur dit tous à la bagarre de Diên Biên Phu. Il les aime bien et il pleure quand les bons bagarreurs meurent c'était de très bonnes âmes. Jésus les surveille pour pas qu'il y ait de morts, il a mis une belle robe exprès pour pas qu'il y ait de morts.

16. Catherine Dolto, sans date (vers 1954).

17 a. « Dien Bien Phu ». Dessin de Catherine Dolto accompagné d'une note manuscrite de Françoise Dolto, avril-mai 1954.

17 b. Le même dessin, dans son intégralité.

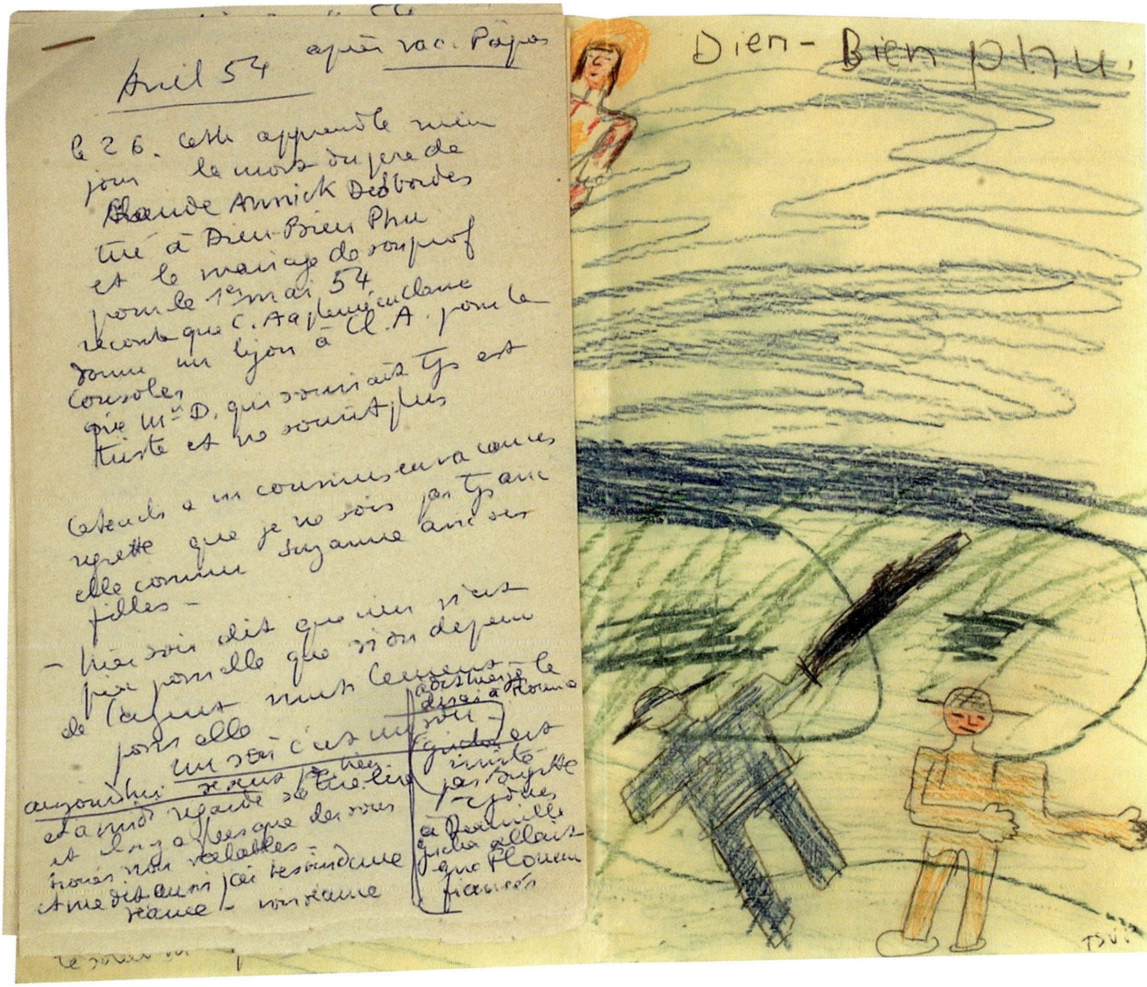

17 a

17 b

SOLEDAD

« Nos étés à Antibes, à *La Soledad*, que nous aimions tant ! De 1950 à 1970, c'était le temps plein de notre vie de famille – le bateau, la pêche, les amis, ceux des enfants, planter le jardin, installer d'été en été la maison –, une vie joyeuse et sans doute assez folklorique. Antibes était pour Boris le climat de son enfance et de sa jeunesse. Il était né en Crimée et, jusqu'à dix-neuf ans, avait vécu sur la mer d'Azov, où son père cultivait des vignes. Après 1970, les enfants partis, Boris se sentait talonné par la nécessité de transmettre par écrit son expérience d'enseignant prestigieux. Il consacra son temps à rédiger *Le corps entre les mains*, puis le *Traité de podologie.*

Il s'éloignait, aux heures de repos, dans la solitude de sa méditation créatrice, embrumée de sensations de plus en plus précises, quoique peu visibles, de sa maladie menaçante. Il s'absorbait, il s'éloignait, pourtant si proches l'un de l'autre que nous étions. Je me sentais impuissante à l'aider, plongée moi aussi dans ma solitude. Dans le jardin, auprès de lui, sur la terrasse, je travaillais à écrire, pour témoigner moi aussi de mon expérience de psychanalyste praticienne. Et, pour moi-même, parfois je notais des réflexions. Cela m'aidait à *tenir* devant le naufrage de la vieillesse rapide de Boris, dès son dernier livre terminé. Sa mort physique est venue, le livre étant à l'impression, à Antibes, en juillet 1981. Mission accomplie. [...]

Il est aussi des lieux de nature où les hommes goûtent, cette fois tout éveillés, tous leurs sens réceptifs, la grâce d'une solitude heureuse. Lieux de beauté, de sérénité, de douceur, de maternance impalpable, lieux de paix et de joie ténue pour le cœur, de repos pour le corps qui dans son activité s'y sent léger ; lieux où, bien que solitaires, les hommes peuvent trouver un temps l'oubli de leur destin séparé, dans un silence de paroles humaines peuplé du bruitement rassurant et vibrant d'une nature à la sienne accordée, où tout est langage de présence spirituelle, où, sans code appris, sans grammaire connue, toute la nature semble donner à l'homme foi en lui-même et lui parler d'amour.

Bénis, soient ces lieux et bénis, y soient le ciel, l'air, la terre et l'eau. Bénies, les créatures végétales, arbres, fleurs, fruits, sites amis, dans le souffle du vent qui nous porte, légères et familières, les odeurs de la vie et les sons lointains ou proches qui, sans alerter nos oreilles, nous confirment dans notre être par l'existence aimée des autres. Dans ces lieux, nos angoisses perdent leur aigu, ramenées à des proportions que notre imagination ne boursoufle plus, nous retrouvons une communion avec le monde et l'alacrité de notre cœur. Ces lieux d'ordonnance naturelle parfaite, à nos sens accordés, sont des lieux où le temps semble s'arrêter dans un instant de grâce. »

Extraits de *Solitude*, 1985, rééd. Paris, Gallimard, 2005, p. 8 et p. 397.

2

1. Escalier de la villa *Soledad*, Antibes, 1983.

2. Boris Dolto sur *Le Vagabond*, « modeste pointu genre pêcheur touristant », sans date (années 1950).

3. Couverture du carnet d'adresses en usage à *Soledad*.

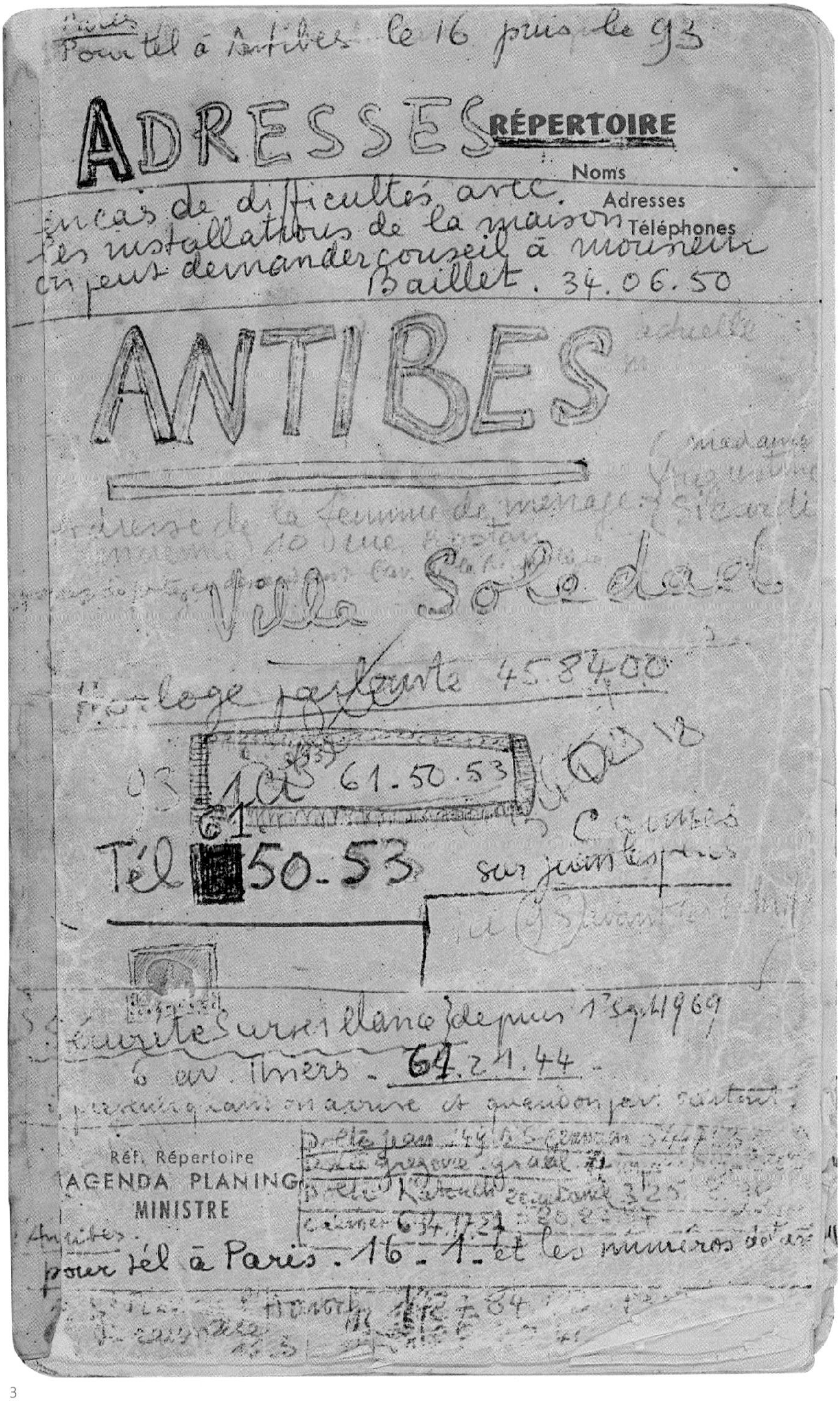
Pour tél à Antibes le 16 puis le 93

ADRESSES RÉPERTOIRE

Noms

Adresses

Téléphones

en cas de difficultés avec les installations de la maison on peut demander conseil à monsieur Baillet. 34.06.50

ANTIBES

Villa Soledad

Horloge parlante 45.84.00

61.50.53

Tél [redacted] 50.53

Sécurité Surveillance depuis 1er sept 1969

6 av. Thiers - 64.21.44

Réf. Répertoire

AGENDA PLANING

MINISTRE

pour tél à Paris . 16 - 1 - et les numéros

4. Façade de la villa *Soledad*.
« Achetée en 1947 »
(au dos, de la main de Françoise Dolto).

5. « *Soledad*, 14 juillet 1980 »
(au dos, de la main de Françoise Dolto).

4

5

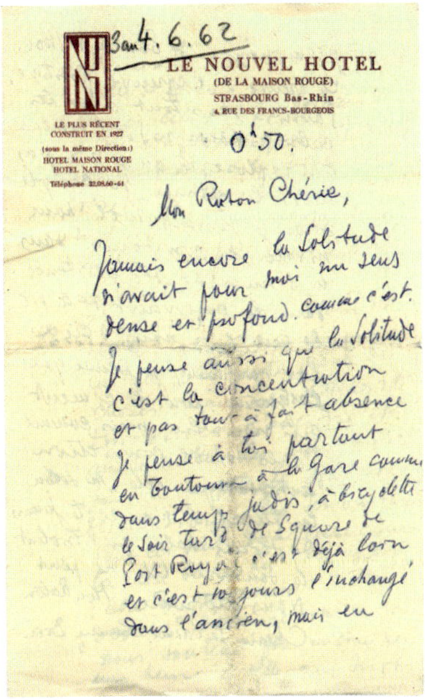

LE NOUVEL HOTEL
(DE LA MAISON ROUGE)
STRASBOURG Bas-Rhin
4 RUE DES FRANCS-BOURGEOIS

LE PLUS RÉCENT
CONSTRUIT EN 1927
(sous la même Direction:)
HOTEL MAISON ROUGE
HOTEL NATIONAL
Téléphone 32.08.60-61

Sam 4.6.62

0h50.

Mon Raton Chérie,

Jamais encore la Solitude n'avait pour moi un sens dense et profond. comme c'est. Je pense aussi que la Solitude c'est la concentration et pas tout à fait absence Je pense à toi partant en Toutoune à la Gare comme dans temps jadis, à bicyclette le soir tard de Square de Port Royal c'est déjà loin et c'est toujours l'inchangé dans l'ancien, mais en

6

6. Lettre de Boris Dolto à Françoise Dolto, samedi 4 juin 1962. Cette lettre ainsi qu'une autre de Boris de la même époque ont été retrouvées par Catherine Dolto, qui a noté sur l'enveloppe : « dans le porte photo de Françoise dans son sac à main, donc en permanence sur elle ».

0 h 50

Mon Raton Chérie,

Jamais encore la solitude n'avait pour moi un sens dense et profond comme c'est. Je pense aussi que la solitude c'est la concentration et pas tout à fait absence. Je pense à toi partant en Toutoune à la gare comme dans temps jadis, à bicyclette le soir tard de square de Port Royal c'est déjà loin et c'est toujours l'inchangé dans l'ancien, mais en permanence de Toi et de Moi. La preuve de l'épreuve positive. Positive dans tout avec tes cabrioles (de capra) de l'humeur qui explose, là ou je n'ai pas suivi le rythme du couple. Serai-je jamais rodé pour niveler la constance dans la sinusoïde de l'existence dans le mouvant de la vie. De la vie à nous deux. Par instant, je pense que c'est grave pour le ciment qui nous lie, mais comme j'ai la solide conviction antistatique cela « me secoue les puces », il n'en reste jamais de scories sales qui vitriolent la soudure. Cela ne peut nous atteindre. Mon Raton Chérie je t'aime comme Dieu t'a faite, car Cornette avait sûrement raison tu est sûrement la folle de Dieu.

Et avec cela tu me polarise et me confirmes, quand cependant j'ai l'aspire à la régularité des jours. Mais je sais que c'est une vaine nostalgie, de ce au fond que je ne souhaite pas en vérité.

L'aggressivité, nous avons vu, est une chose non comprise car elle charpente même des choses humaines. L'aggressivité twiste avec l'angoisse et ajuste mieux les jours à vivre dans la perpétuelle détorsion des tensions. Que serions-nous sans ces deux danseuses, sur la Mère Terre où notre raison d'être est précisément d'être « dedans » l'essence même qui nous soutend pour enchaîner une heure à celle qui suit.

Mais chaque jour, davantage je prie en gratitude de t'avoir reçue, trouvé, aimée pour la vie sans taches qui tachent. Comme je suis heureux de t'aimer et de te savoir « vraie » (et, « molle » selon le jargon maison) Vraie tu es toujours : quand tu t'extasie (en négatif s'entend), du fait de [*trois noms illisibles*] et qui tu ne sais même pas si ton Assurance de Toutoune est en règle, ou pas, avec une toute petite figure *devant* le « flique » qui se substitue à la règle, qui t'agasse. (c'est sûrement cela le trou de l'Autre).

Trou ou pas trou tu es mon RATON à moi (« individuellement »)

Je t'embrasse triple fort

Boris

« À onze heures et quart, Boris meurt. »

7. « La négresse verte, 28 juillet 1985 » (au dos, de la main de Françoise Dolto). Copie d'une statue de Maillol, installée dans le jardin de *Soledad*.

8 a à 8 c. Extraits de l'agenda personnel de Françoise Dolto pour l'année 1981. (notes rédigées en deux temps, encres différentes distinguées par le soulignement)

27 juillet : 8 h. Écouter sur France culture le schisme Orient-Occident.
À 11 h 1/4, Boris meurt au c. de toilette
1er pend[ant] tél[éphone] de Cath[erine].

30 juillet : 17 h Mise en bière. Les Cocos [Robert et Antoinette Huot], Jean, pas G[régoire] Fastnet [course à la voile], Catouch, [Jacques] Samuel, les Batisse [Jo et Lisette], Irène [Perrier Roublef], [Louis] Caldaguès.

31 juillet : Orange crémation.
Y. Guilbert. Tirebouchon nous conduit.

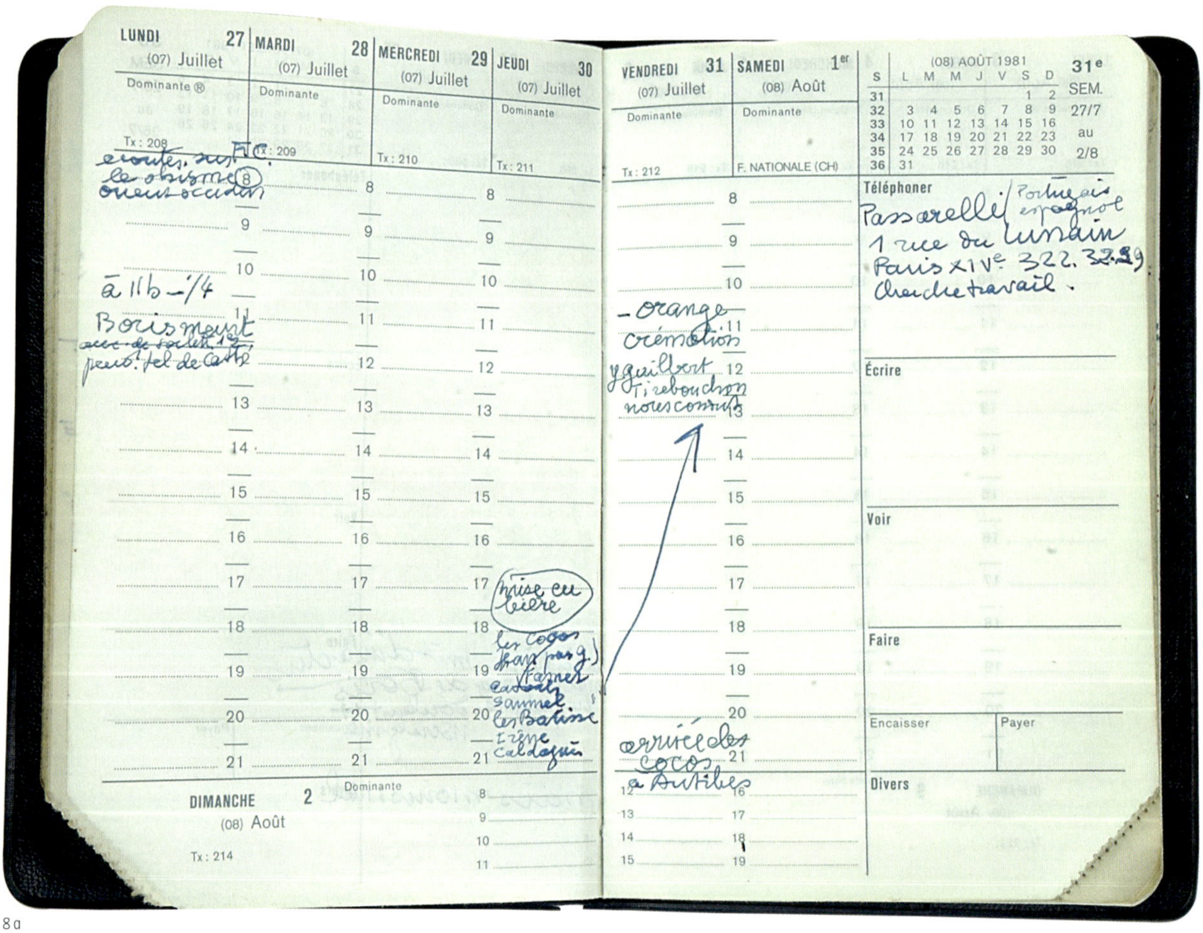

7

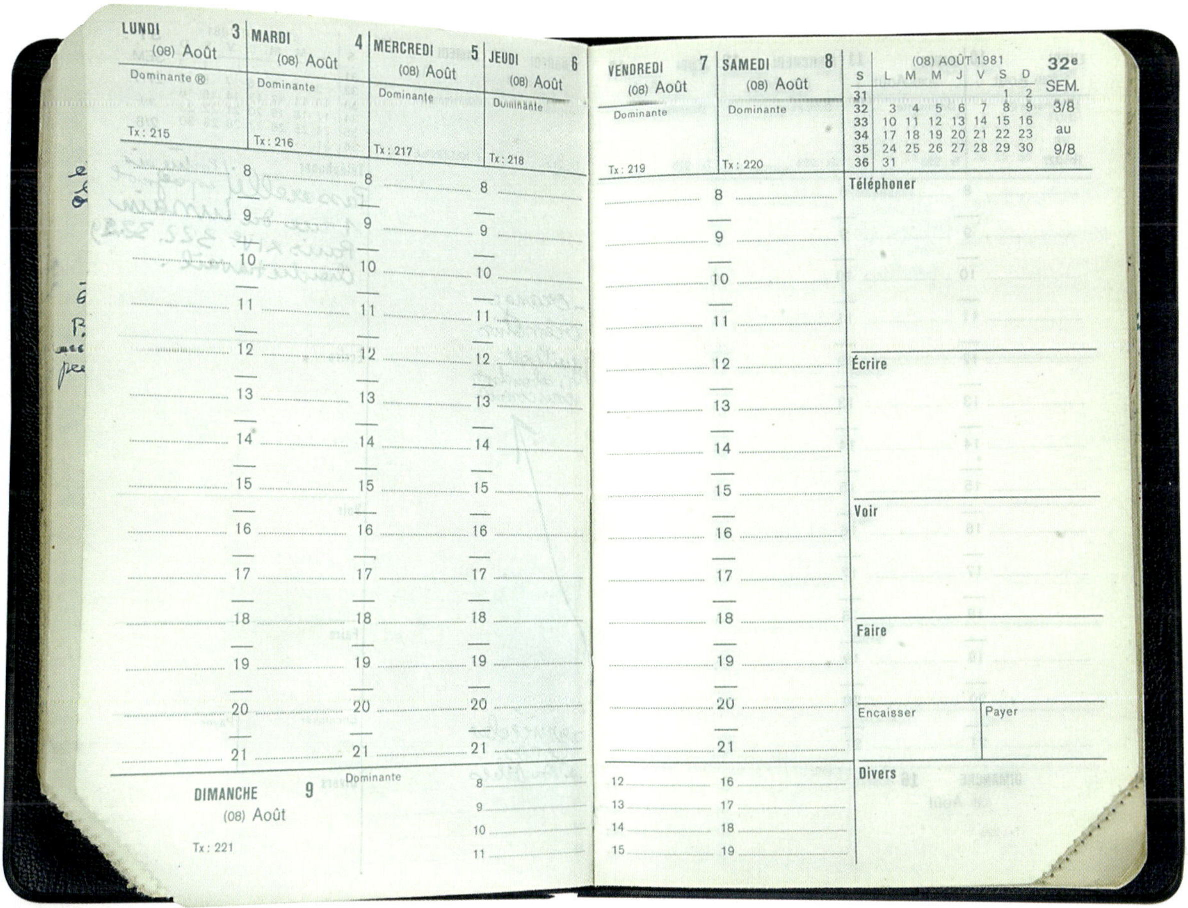
LUNDI 3
(08) Août
MARDI 4
(08) Août
MERCREDI 5
(08) Août
JEUDI 6
(08) Août
VENDREDI 7
(08) Août
SAMEDI 8
(08) Août
(08) AOÛT 1981
32e SEM.
3/8 au 9/8
Téléphoner
Écrire
Voir
Faire
Encaisser
Payer
Divers
DIMANCHE 9
(08) Août

8b

« Nous quatre. Les cendres de Boris à la mer. »

26 août : 14 h. Nous 4. Les cendres de Boris à la mer au Lahaup [lieu de pêche au large du cap Gros].

28 août : Avec K[atouch]. Reste des cendres de Boris au pied du grand cyprès que Boris aimait.

29 août : 8 h : Moi, départ d'Antibes en voiture avec K[atouch]. 14 h : Le Thoronet. 17 h : Jean part le soir avec Yelane en Anjou. Après 20 h : Nous coucher à Villefranche-sur-Saône.

31 août : 10 h : Hospices de Beaune. 12 h : Autun. 14 h : Vézelay. 17 h : retour Paris. 20 h : accueil le soir à dîner les cocos, Michel, Yelane puis Jean et Fouk.

6 septembre : voir P. Dumont avec les enfants.

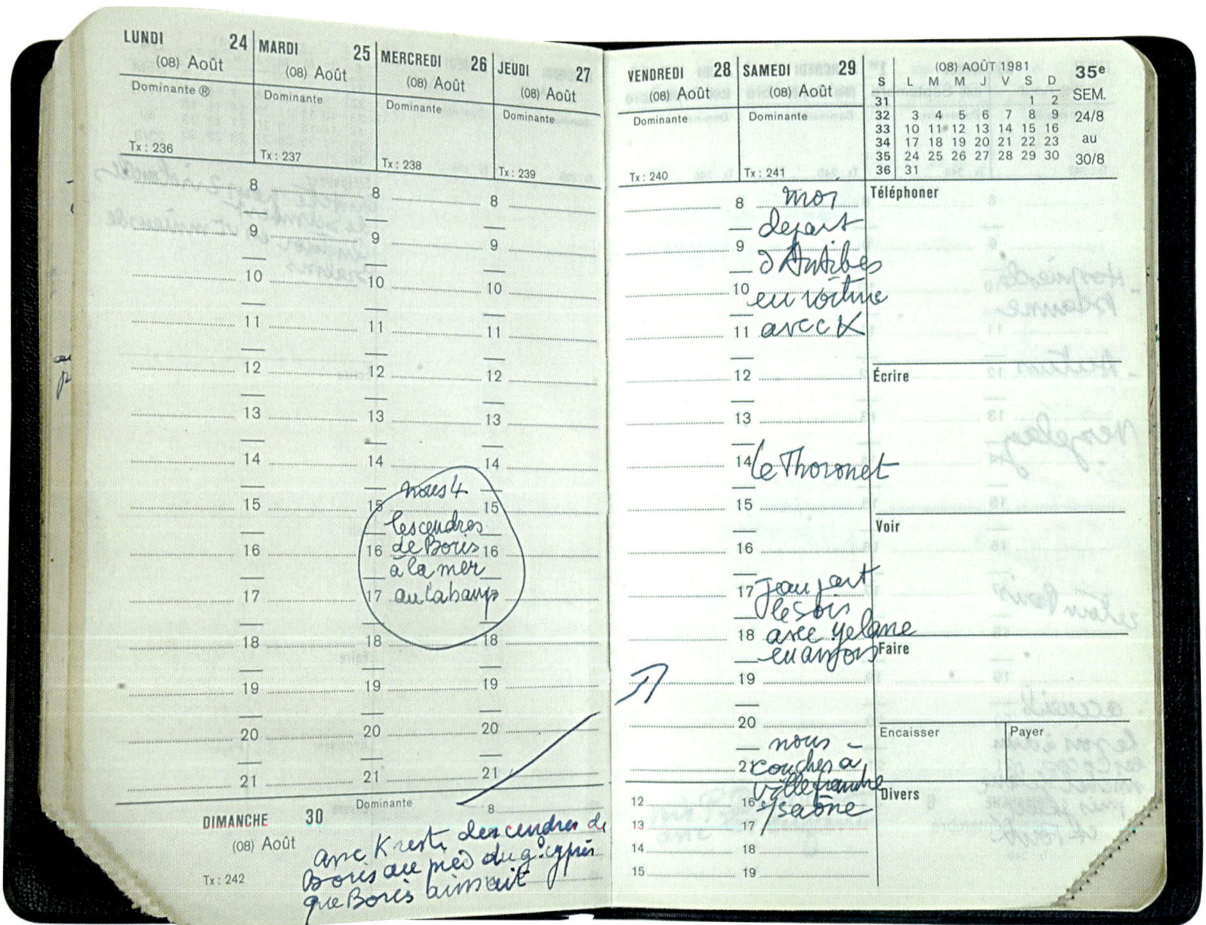

9

9. Françoise, Catherine, Jean et Grégoire Dolto, au large d'Antibes, le jour où les cendres de Boris furent jetées à la mer, 26 août 1981.

10. Les trois enfants Dolto (cette photographie se trouvait sur le bureau de Françoise), 26 août 1981.

10

« Au pied du grand cyprès que Boris aimait. »

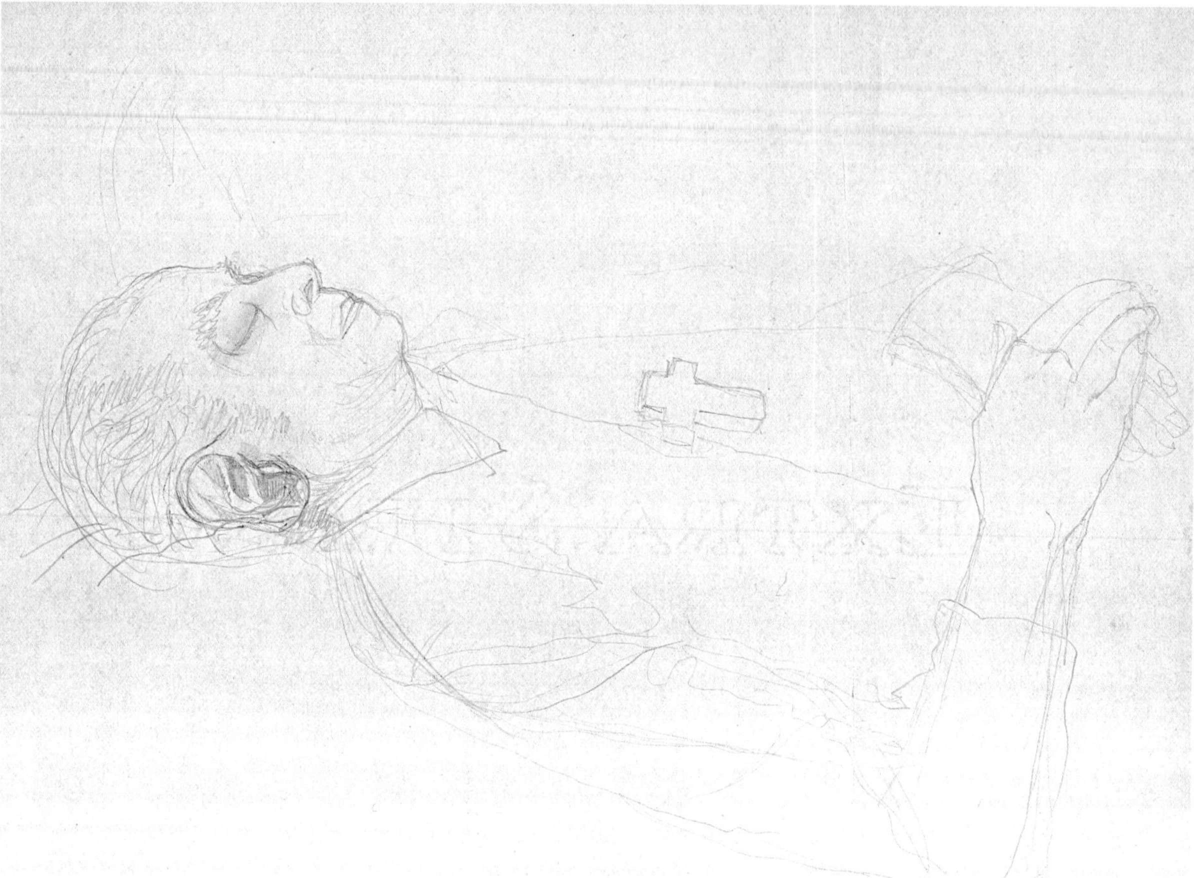

11

11. Portrait mortuaire de Boris par Françoise Dolto, 27 juillet 1981.

12. « Le grand cyprès que Boris aimait », jardin de *Soledad*, sans date.

Récit de la mort de Boris (27 juillet 1981), écrit en juillet 1984 par Françoise Dolto.
« Nous étions arrivés le 14 juillet à Antibes (avec Yelane Lam, Laotienne 18 ans) J'étais revenue le 21 pour signer chez le notaire, maître Guérin, notre donation entre vifs (à Catouch l'appart de Boris rue Cujas, et à Jean et Grégoire le 260 rue St Jacques). Boris resté avec Yelane disait à Tata Laurence que j'étais allée de balades il ne savait où ni pour combien de temps ! Il avait ainsi des brouilles dans les pensées, mais 1 à 2 heures par jour tout à fait lucide et alors adorable de sentiments familiaux et positifs pendant cette dernière quinzaine de sa vie où il souffrait tant de son vieux corps : "tu verras ça quand tu auras mon âge". Son père est mort à 81 ans ou 82, était dans la dernière lettre de sa mère encore très valide. "Je n'irai pas si loin."
Il allait avoir 82 ans le 3 août 1981. Il est mort le matin qui a suivi deux nuits et un jour atroces. Infarctus postérieur a pensé Guillet. Le matin de sa mort était serein, épuisé mais apaisé ne souffrant plus et avait faim d'un bon petit déj. à prendre à la cuisine. N'avait pas bougé de son lit depuis 8 j. et ne prenait plus rien disait trop mal au plexus ou estomac ne savait comment se calmer. Quelle souffrance. Et moi impuissante avec seulement Viscéralgine qui l'a enfin calmé la nuit qui a précédé sa mort au cab. de toilette après monter escalier avec Yelane et moi. Tel de Katouch chez Savil qui vient après-midi. Il me crie de monter sa chlamyde éponge et je monte il est mort. »

INTIMITÉ UNIVERSELLE

1

1. Une vie de correspondance. Françoise Dolto à son bureau de la rue Saint-Jacques, 1978.

2. L'Institut national des jeunes sourds vu du bureau de Françoise Dolto.

3

3. Françoise Dolto devant la fenêtre de son bureau en compagnie de son petit-fils Nicolas, 1985.

« Mes fenêtres donnent sur la cour de récréation de l'École des sourds et muets à Paris... Une école des sourds et muets, on peut croire que cela ne ferait pas de bruit. Mais ça fait exactement le même bruit qu'une cour de récréation d'une école ordinaire. »
Extrait de l'entretien de Bernard Pivot avec Françoise Dolto,
Apostrophes, 2 janvier 1987

« 31 octobre 1985,
Mon cher Larivière, non, je ne vous donnerai pas le texte que vous attendez en réponse à votre question « Pourquoi écrivez-vous ? »

J'ai beaucoup à faire et je n'ai pas pu rédiger quelque chose de satisfaisant – quoique m'y étant mise à plusieurs reprises. J'écris difficilement, vous le savez, alors que je parle assez facilement, parce que l'interlocuteur présent me propose d'aller à sa rencontre. Le lecteur, il faut l'imaginer, sans doute je l'imagine très très exigeant...

En réalité, je n'écris pas au sens littéraire du terme. Je témoigne de mon travail de psychanalyste qui a duré de 1934 à 1979, quarante-cinq ans.

Lorsque j'ai commencé à travailler en praticienne, nos maîtres nous guidaient dans notre écoute et le décodage de ce qui se passait dans le transfert, dans les cures d'adultes exclusivement.

Freud avait parlé du Petit Hans, mais cette « analyse » était bien particulière, bien plus celle du père de Hans et de sa mère, quoique absente, ces deux parents dont l'enfant phobique était de leur amour défunt le symptôme.

Madame Morgenstern, à Paris, fut la première analyste d'adultes qui le fut d'enfants « aussi », sans aucun but direct de psychothérapie, sans aucune éthique de « normalisation ». Elle écoutait les enfants qui souffraient d'angoisse, elle recevait ce qu'ils avaient à exprimer, pas seulement par la parole mais par leur mimique, leurs graphismes.

J'ai assisté à l'évolution et à la « guérison », c'est-à-dire à la remise en communication des enfants avec leur entourage et surtout avec eux-mêmes, parmi ce petit groupe des enfants que Madame Morgenstern recevait à sa consultation de l'hôpital de Vaugirard, avant la guerre de 39, dans le service du Pr Heuyer. Madame Morgenstern a communiqué témoignage de son travail, en particulier la démutisation d'un enfant par l'expression graphique.

C'était très précieux. Un exemple. C'était aussi dans la tradition médicale, une règle. Chacun passe à ses collègues l'expérience acquise dans l'exercice de sa pratique, le livre à leur critique.

L'itinéraire pris par tel ou tel enfant à travers les fantasmes exprimés à ma personne pouvait peut-être aider à comprendre un autre cas.

Que tant de souffrances que nous côtoyons journellement ne restent pas inutiles et permettent à d'autres formations « patient-psychanalyste » de s'y repérer, cela aussi a motivé ma décision de témoigner. Ainsi, par la médiation des psychanalystes qui exposent leur travail, réussi ou raté, et s'exposent eux-mêmes en ce faisant, ce sont nos patients qui, à travers leur analyste, viennent en aide aux futurs analysants et aux analystes praticiens en formation.

Voici, en quelques lignes, mon cher Larivière, ce que je sais de mes motivations à « publier », bien plus qu'à écrire. Tout en respectant le secret professionnel, je transmets des documents cliniques concernant le transfert, celui des patients et le mien. Ces documents aident à travailler, s'ils sont sans hargne, dépecés, étudiés, quant au sens qui s'y cache et que moi-même n'y ai pas vu.

Je me sens ainsi solidaire de tous ceux et celles qui, convaincus de la dynamique de l'Inconscient, cherchent à en éclairer l'analyse inaugurée par Freud et après lui par ses successeurs, cherchent aussi à étendre l'application de la pratique de la cure psychanalytique (sans dérogation de la méthode en sa rigueur) à des êtres humains de plus en plus jeunes aux prises avec l'angoisse mortifère.

Bien à vous, *F. Dolto* »

Extraits d'*Une vie de correspondances*, Gallimard, 2005, p. 796-797.

« Publier, bien plus qu'écrire ». L'ironie du sort veut que cette lettre, conservée par Françoise Dolto, ne fut pas envoyée ni portée à la connaissance du psychanalyste Michel Larivière, et c'est une variante de celle-ci qui fut publiée, en fac-similé, dans *L'Artichaut*, en janvier 1986 (ces deux lettres sont reproduites dans *Une vie de correspondances*). Dans la mesure où la lettre reproduite ci-dessus offre un bref résumé de l'itinéraire de Françoise Dolto, depuis les cures personnelles exclusivement menées dans le bureau de la rue Saint-Jacques jusqu'à l'expérience tardive de la publication de cas, en passant par la consultation publique à l'hôpital Trousseau, cette lettre fait partie des nombreux testaments possibles, rédigés autant que prononcés par la psychanalyste, alors déjà atteinte par l'insuffisance respiratoire qui l'emportera moins de trois ans plus tard. Avant que le souffle s'interrompe et que « l'âme s'envole du corps », la foi expressive de Dolto paraît toujours la ramener à la vocation fondatrice d'une « médecine d'éducation » qui ne dissocie pas la thérapeutique de la pédagogie.

La rigueur consacrée à la rédaction d'une réponse satisfaisante comme le geste de conservation *a posteriori* du brouillon de la lettre résument à eux seuls le soin que Françoise Dolto a pu placer sa vie durant dans une communication épistolaire qui constitue, à plus d'un titre, la forme primordiale de toute « publication ». L'incessant va-et-vient des lettres échangées marque le déploiement d'une pensée intime débordant les murs silencieux du cabinet de l'analyste pour se commuer en parole publique. Si le fauteuil et le divan matérialisent le transfert, le pèse-lettre et le sous-main maculé d'encre forment les deux matrices symboliques de la transmission. Le conducteur de l'émission *Lorsque l'enfant paraît* offre ainsi la lointaine projection du journal des lettres reçues et envoyées, tenu au cours de l'analyse (voir p. 130)**. La tentation à laquelle, pour certains, Françoise Dolto « a cédé », d'abord anonymement entre 1967 et 1969 sur Europe 1, avant que la quotidienne de France Inter ne la transforme en icône médiatique, est aussi le prolongement presque naturel d'une « vie de correspondances ». Par la démultiplication des *témoignages* et l'élargissement de la *transmission* des expériences acquises, Françoise Dolto semble n'avoir jamais poursuivi qu'un seul but : faire entrer en résonance universelle les intériorités personnelles.** Y. P.

4. La perspective de la rue Saint-Jacques et de l'église Saint-Jacques-du-Haut-Pas, vue depuis la cuisine de l'appartement des Dolto, sans date (début des années 1980).

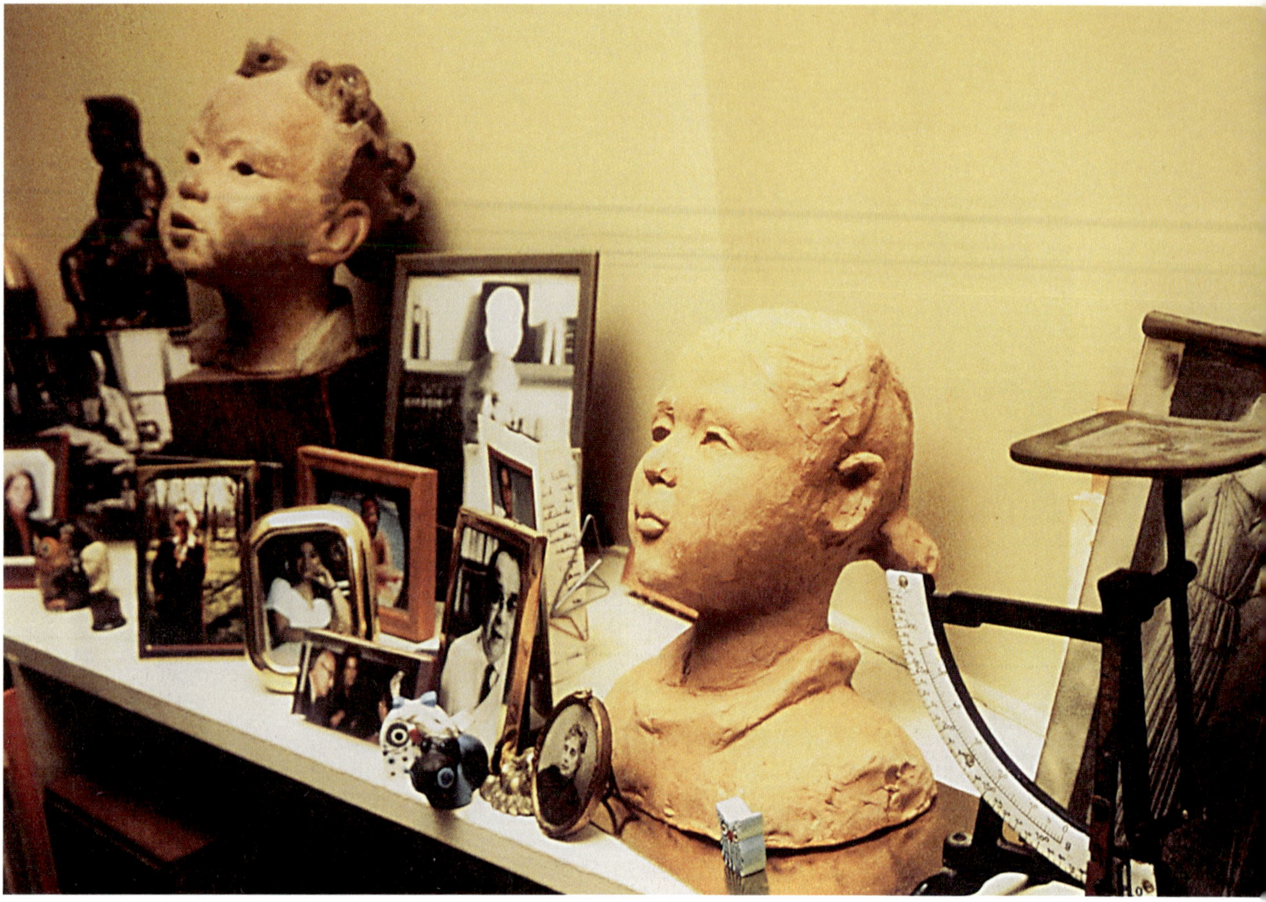

5

Bernard Pivot : **« Imaginons que les murs qui nous entourent aient une mémoire et puissent raconter… »**
Françoise Dolto : **« C'est comme si on avait mis une bande magnétique… eh bien, ça ne raconterait rien du tout, ça raconterait en effet des mots, mais ça ne dirait pas ce qui s'est passé d'intense, vécu par la personne qui parlait, derrière ces mots qui ont servi de médiateurs entre l'inconscient du patient et l'inconscient du psychanalyste, et qui, à cause de cette médiation, ont permis aux émois de se revivre et définitivement d'entrer dans un passé qui n'intéresse plus. »**

Extrait de l'entretien de Bernard Pivot avec Françoise Dolto,
Apostrophes, *2 janvier 1987*

5. Deux vues du cabinet d'analyste de Françoise Dolto, au cours des années 1980. On reconnaît sur le mur du fond, sur une étagère, de gauche à droite, son buste par Jacques Lipchitz (1891-1973), réalisé avant 1941, et les trois bustes de ses enfants – Grégoire et Jean, par Jean Lambert-Rucki (1888-1967), Catherine par Françoise Dolto elle-même (voir p. 10). Au-dessus se trouve le portrait de Sigmund Freud.

6. « Consultation fictive de Catherine avec ordonnance et note d'honoraires, 6 février 1957 » (mention dorsale, de la main de Françoise Dolto). Cet étonnant document témoigne du jeu des « séances » fictives entre Françoise Dolto et ses enfants, jaloux du temps que leur mère accordait à des patients dont la présence fut permanente au sein de l'espace familial. Si les fameux « rendez-vous » étaient une farce coutumière, ils n'ont jamais eu aucun rapport avec une quelconque analyse des enfants par leur mère, contrairement à ce qu'une certaine rumeur a pu parfois laisser suspecter.

Transcription de l'ordonnance de la petite Catherine :
« Chere madame
enfant très retarde qui demandes des soins
4 cachet d'arsenic par jour
1 verre a liqueur d'alcol a 90.
soyer très douce avec votre enfant
qui est très sensible a la moquerie
avec mes courtoises amitiés
[*signature de Françoise Dolto imitée par Catherine*]
amicalment et doucement

La seance valant :
3 000 F la seance
2 ceances = 6 000 F »

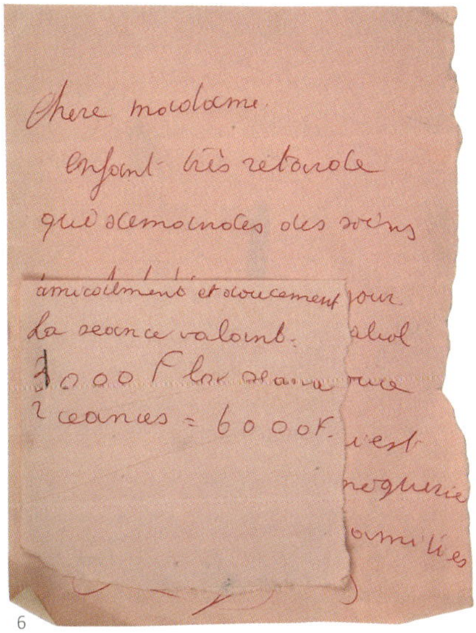

Chere madame
enfant très retarde
qui demandes des soins
amicalment et doucement
la seance valant
3000 F la seance
2 ceances = 6000 F

6

7

8

7. Sous-main de Françoise Dolto, avec papier buvard.

8. Bureau de Françoise Dolto, au cours des années 1980. Au second plan, à gauche, son divan, peu à peu envahi par les livres, signe manifeste de l'arrêt progressif des cures (depuis 1978).

9

Françoise : ***Cet homme [le chanoine Cornette] était, comme on dit, un directeur de conscience ; je lui parlais de ce que je lisais, ce qui m'intéressait, ce que je faisais… Et il m'a aidée tout de même au moment de l'histoire terrible de ce garçon que je voyais, quand je lui ai dit que vraiment… j'étais très triste, et j'avais commencé la psychanalyse, et il voyait ça d'un œil affolé, mais il me laissait faire en disant : « Ce que tu sens que tu dois faire, fais-le. »***

Alors, le terrible, ç'a été quand vraiment avec la psychanalyse j'ai tout à fait perdu la foi, c'est-à-dire que la fréquentation, la pratique ne m'intéressait plus. […] À la confession, je lui dis : « Vous savez, je ne sais même plus ce que c'est que le bien et le mal, je n'y comprends plus rien, le mal, je trouve maintenant que c'était mes parents qui me l'inculquaient, et je trouve que c'était tout à fait imaginaire, ce n'est pas du mal devant Dieu… » Il écoutait, il essayait de me parler, et me donnait l'absolution, il me disait : « Je te bénis, continue, fais ta recherche. »

Alors, quand je suis venue lui dire que vraiment, là, il n'y avait plus rien à faire, que je ne voulais plus de ces confessions, que je ne savais plus, que je n'étais pas honnête, que je ne pouvais plus communier dans ces conditions, alors là, il a été très peiné, très bouleversé, il m'a dit : « Mais tu me permets tout de même de te bénir ? » J'ai dit : « Oh oui, si vous voulez, ça ne change rien de mon affection pour vous. » Alors il m'a répondu : « Va, je ne te reverrai peut-être pas, mais tu es une fille de Dieu, aie confiance. » C'est formidable, parce qu'il m'a fait confiance, il ne m'a pas dit de ne pas trop penser, ni tout ça, pas du tout, il m'a fait confiance. […] Il sentait que j'étais tellement sincère et que je ne pouvais pas mentir, ni lui mentir. […] Et moi je pense que c'est un de ces invisibles qui me protègent, qui m'ont toujours protégée.

Extrait de « Traversée du siècle »

10

9. « Chanoine Cornette, [saint François par Cimabue,] Râmakrishna » (légendes dorsales), montage sur une carte postale, par Françoise Dolto, de deux photographies. La carte, datée du 25 septembre 1950, adressée à « Monsieur et Madame Dolto et leurs enfants », est rédigée par un ecclésiastique. « D'Assise, cité spirituelle, je vous envoie mon fidèle et cordial souvenir, celui que j'ai porté aux tombeaux de saint François et de sainte Claire. Recevez mes bons vœux. [Signé :] Frère Louis José » Le chanoine Antoine-Louis Cornette (1860-1936) est le cofondateur en 1920 des Scouts de France. Râmakrishna Paramahamsa (1836-1886) est un célèbre mystique bengali hindouiste, qui professa un syncrétisme universel en affirmant que « toutes les religions recherchent le même but ». Ce triptyque d'« invisibles » figurait en bonne place sur le bureau de Françoise Dolto (voir page de gauche).

10. Nicolas Dolto dans le bureau de sa grand-mère, rue Saint-Jacques, 1987.

« Histoire de l'enfant jusqu'à maintenant »

Plan d'interrogatoire pour tout dossier avant toute consultation effective

Ce plan manuscrit, transcrit et polycopié par Catherine Dolto, était destiné aux pédiatres et médecins du service, à l'hôpital Trousseau, au sein duquel Françoise Dolto, trente-huit ans durant, de 1940 à 1978, a donné des consultations gratuites.

12. Une consultation du mardi à l'hôpital Trousseau, 1963.

1 – Nom, âge de l'enfant :
Motif de la consultation, qui l'envoie, pourquoi ?

Composition de la famille actuellement :
– Les parents vivant à la maison et les adultes / les énumérer / attitude du consultant à leur égard.
– Enfants de la famille : frères, sœurs et autres s'il y a des enfants étrangers vivant à la maison (leur nom, âge, caractère et entente du consultant avec lui).
– Religion familiale s'il y en a.

2 – Renseignements concernant le père et la mère.
Père (du vrai père au cas de divorce ou remariage).
– âge– santé– profession.
– A-t-il toujours été à la maison ? A-t-il changé de profession ou de rythme de vie à la maison depuis la naissance de l'enfant ?
– Son caractère au-dehors, à la maison
S'occupe-t-il de l'instruction de l'enfant ? Comment ? Depuis quand ?

Grand-père paternel :
santé, caractère. Rôle vis-à-vis de lui.
Grand-mère paternelle :
santé, caractère. Rôle vis-à-vis de lui.
Oncles et tantes paternels :
pour chacun, âge, santé, situation de famille.
– Ont-ils des enfants bien portants, difficiles, etc.
– Y a-t-il des liens d'affection solides dans la famille ou de simples relations, ou des brouilles ?
– Les changements sont-ils survenus du vivant de l'enfant ?
– S'il y a eu des deuils, l'enfant en a-t-il été affecté ?

3 – L'enfant a-t-il déjà subi des examens médicaux ? Psychologiques ?
(Si oui, en apporter les conclusions, ou mieux, les tests et les ordonnances médicales lors de la première consultation).
– Apporter pour la première consultation quelques documents se rapportant à l'enfant : lettres, cahiers, dessins libres, photos, bulletins scolaires, etc., tous renseignements que les parents jugeront propres à éclairer le jugement du médecin.

4 – Histoire de l'enfant jusqu'à maintenant.
– La grossesse a-t-elle été souhaitée ?
– Les parents désiraient-ils un enfant de ce sexe ?
– Grossesse de la mère.
– Accouchement
(santé de la mère avant et après).
– Première nourriture
(sein, biberon, lait frais, concentré).
Nourritures successives. Incidents.
Âge de suppression du sein.
Âge de suppression du biberon.
Difficultés ou non au sujet de l'alimentation.
Âge où il a mangé seul. Se sert-il ? Mange-t-il proprement ?
– Première dent et suivante
(âges, environ, difficultés).
– Premiers pas et expériences physiques motrices (difficultés / accidents. Échelles, escaliers, petites acrobaties).
– Âge des premiers mots, des phrases, du langage correct.
– Âge où on <u>a débuté</u> dressage du pipi-caca dans le pot.
Âge où la propreté a été obtenue le jour, la nuit.
Âge où il s'est torché seul ?
– Les personnes qui se sont occupées de lui jusqu'à la propreté complète.
– Qui ? Combien ensemble ou successivement.
– Leur façon d'être avec l'enfant.

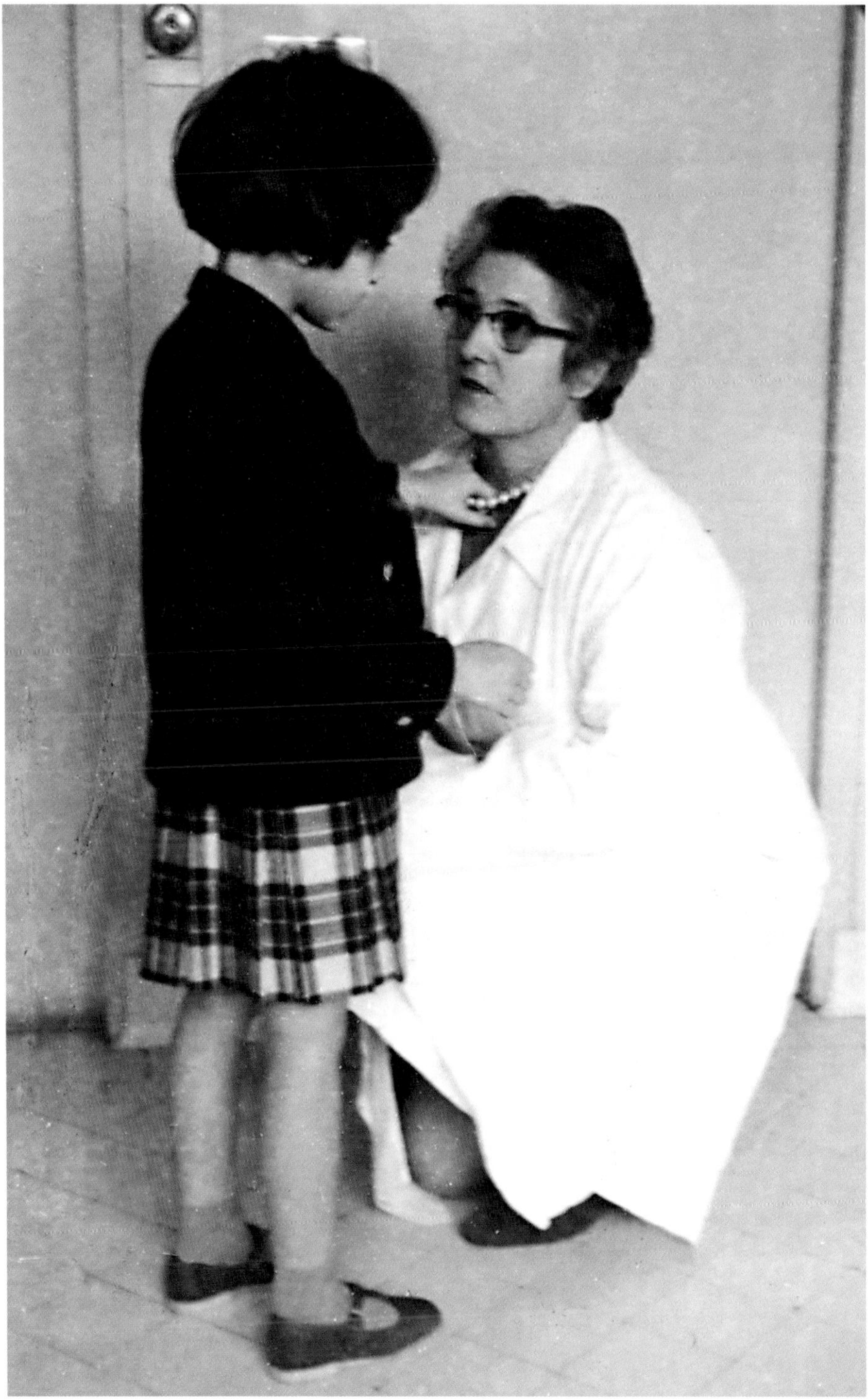

12

– Leur caractère général avec les adultes de leur entourage.
– L'attitude de l'enfant à leur égard à l'époque.
– Après le dressage à la propreté, qui s'est occupé surtout de son éducation ? (ses activités préscolaires, éducatives, jeux d'eau, de sable, aide au foyer) et depuis l'école, parascolaires, éducatives (musique, peinture, bricolage, aide au foyer) toilette et habillement.
– Où a-t-il vécu depuis sa naissance ?
– Résidences successives.
– Avec qui ? Personnes qui composaient l'entourage.
– A-t-il des amis personnels ? Comment sont-ils ?
– Ses déplacements et vacances :
– Avec qui ?
– Dans quelles conditions ?
– Variations ou non de son comportement à leur propos.

Scolarité
– Écoles successives– âges.
– Cours externe / demi-pension / pension.
– Type de scolarité / résultats.
– En quoi est-il meilleur et moins bon ?
– Les opinions que l'école avait de lui.
– Les opinions de l'enfant sur son école aux différents âges.
– Résultats les meilleurs en quoi ?
– Résultats les moins bons en quoi ?

Religion de l'enfant
– Pratiquant ou non ?
– Quelques détails sur les réactions de l'enfant à l'égard de la religion au cas où il est pratiquant.
– A-t-il un parrain, une marraine (même sans religion) ?

Occupations extra-scolaires et extra-familiales
(le jeudi, le dimanche, que fait-il ?)

Actuellement
– Où vit-il ?
– Dans quelle pièce couche-t-il ? Où a-t-il ses affaires personnelles ?
– Attitude à la maison
– Attitude à l'école
– A-t-il des amis ? de quel sexe ?
– Son attitude vis-à-vis des adultes en général, masculins et féminins.
– Santé actuelle : sommeil, appétit, jeux préférés, résistance générale.
– A-t-il de l'argent de poche ? Depuis quand ? Sinon, s'en plaint-il ?
– Quelles sont ses obligations à la maison ? Sinon aide-t-il ?
– Quelles sont les sanctions ? Leurs effets ?
– Quelles sont les récompenses ? Leurs effets ?
– Que sait-il des lois de la vie ? Rôle respectif du père et de la mère dans la procréation.
– Parle-t-il de son avenir, comment ? de son passé, comment ?
– Quelle raison lui a-t-on donnée de cette consultation ?
– Est-il heureux qu'on s'occupe de ses difficultés ?
– Les parents sont-ils d'accord pour cette consultation ? Ont-ils hésité depuis longtemps ? Qu'est-ce qui les y a décidés ?

13. Hôpital Armand-Trousseau.

« C'est le premier hôpital en France à avoir vraiment fait des psychothérapies d'enfants avec des psychanalystes. »

*Extrait d'*Autoportrait d'une psychanalyste

13

« Les psychanalystes ne sont pas des éducateurs, mais je peux vous aider

14

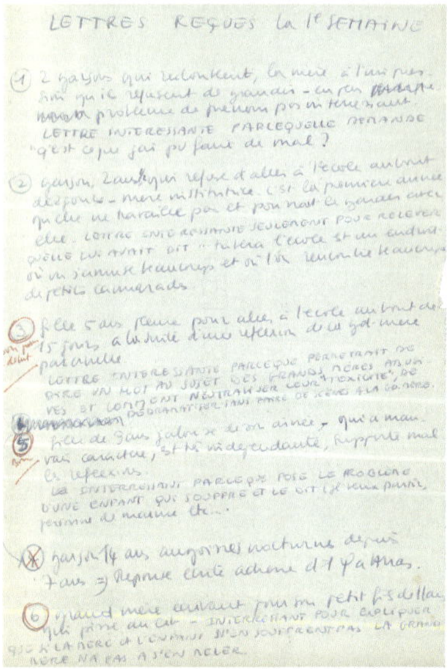
LETTRES REÇUES la 1e SEMAINE

(1) 2 garçons qui [illegible] [illegible] [illegible] [illegible] [illegible] problème de prénom pas intéressant
LETTRE INTÉRESSANTE PARCEQU'ELLE DEMANDE « qu'est ce que j'ai pu faire de mal ? »

(2) garçon [illegible] qui refuse d'aller à l'école au bout [illegible] [illegible] [illegible] [illegible] [illegible]
LETTRE INTÉRESSANTE SEULEMENT POUR RELEVER [illegible] [illegible] [illegible] [illegible] [illegible] de petits camarades

(3) fille 5 ans pleure pour aller à l'école au bout de 15 jours à la suite d'une [illegible] de la grand-mère paternelle
LETTRE INTÉRESSANTE PARCEQUE PERMETTANT DE DIRE UN MOT AU SUJET DES GRANDS MÈRES [illegible] [illegible] [illegible] [illegible]

(5) fille de 9 ans jalouse de son aînée, qui a mauvais caractère, [illegible] [illegible], supporte mal les réflexions.
[illegible] INTÉRESSANT PARCEQU'[illegible] POSE LE PROBLÈME D'UNE ENFANT QUI SOUFFRE ET LE DIT [illegible] [illegible] [illegible] [illegible] etc...

(X) garçon 14 ans, angoisses nocturnes depuis 7 ans ⇒ Réponse écrite achevée d'1 [illegible].

(6) grand mère écrivant pour son petit fils [illegible] [illegible] [illegible] [illegible] – INTÉRESSANT POUR EXPLIQUER QUE [illegible] [illegible] [illegible] [illegible] [illegible] [illegible] NA PAS A S'EN MÊLER.

15

14. Françoise et Catherine Dolto préparent une des émissions « Lorsque l'enfant paraît », 1977. D'octobre 1976 à juin 1978, France Inter a diffusé « Lorsque l'enfant paraît », chaque jour de la semaine, à 15 h 15 et pendant une dizaine de minutes. Françoise Dolto recevait une centaine de lettres par semaine et prévenait à l'avance les personnes auxquelles elle répondrait sur les ondes, tout en adressant aux autres une réponse écrite. L'émission a été suivie par un grand nombre d'auditeurs.

15. Conducteur de la première émission de « Lorsque l'enfant paraît », résumé analytique des lettres reçues, rédigé par Catherine Dolto et commenté par Françoise Dolto, 4 octobre 1976.

« Quand on m'a demandé de contribuer à une rubrique éducation s'adressant aux adultes, à France Inter, j'ai dit : "Non, demandez à des éducateurs. Les psychanalystes ne sont pas des éducateurs, mais je peux vous aider à réfléchir comment on pourrait faire. [...] J'ai dit qu'il ne fallait pas que ça soit en parole, qu'il fallait répondre à des lettres écrites et détaillées parce qu'avec la parole il se produit une espèce d'hystérisation. Les gens parlent et ce n'est pas ceux qui parlent qui comprennent le mieux leurs enfants. En écrivant, au contraire, ils réfléchissent et parfois ils trouveront seuls par ce moyen la réponse à leur question. »
Extrait de *Quelques pas sur le chemin de Françoise Dolto*

Lettres reçues la 1re semaine

1 – Deux garçons qui redoublent, la mère a l'impression qu'ils refusent de grandir ; en plus problème de prénoms pas intéressant. LETTRE INTÉRESSANTE PARCE QU'ELLE DEMANDE : « Qu'est-ce que j'ai pu faire de mal ? »

2 – Garçon, 2 ans ? qui refuse d'aller à l'école au bout de deux jours. Mère institutrice – c'est la première année qu'elle ne travaille pas et pourrait le garder avec elle. LETTRE INTÉRESSANTE POUR RELEVER QU'ELLE LUI AVAIT DIT : « Tu verras l'école est un endroit où on s'amuse beaucoup et où l'on rencontre beaucoup de petits camarades. »

3 [*] – Fille 5 ans pleure pour aller à l'école au bout de 15 jours à la suite d'une réflexion de la grand-mère paternelle. LETTRE INTÉRESSANTE PARCE QUE PERMETTRAIT DE DIRE UN MOT AU SUJET DES GRANDS-MÈRES ABUSIVES ET COMMENT NEUTRALISER LEUR « TOXICITÉ », DE DÉDRAMATISER SANS FAIRE DE SCÈNES À LA GRAND-MÈRE. [*En rouge dans la marge de la main de FD*] : Bon pour le début.

5 [*] – Fille de 9 ans jalouse de son aînée qui a mauvais caractère, est très indépendante, supporte mal les réflexions. LETTRE INTÉRÉSSANTE PARCE QUE POSE LE PROBLÈME D'UNE ENFANT QUI SOUFFRE ET LE DIT : « Je veux partir, personne ne m'aime, etc. » [*En rouge dans la marge de la main de FD*] : Bon

4 [x]– Garçon de 14 ans angoisses nocturnes depuis 7 ans : Réponse écrite adresse d'un psy à Arras.

6 [*] – Grand-mère écrivant pour son petit-fils de 11 ans qui pisse au lit. INTÉRESSANT POUR EXPLIQUER QUE SI LA MÈRE ET L'ENFANT N'EN SOUFFRENT PAS LA GRAND-MÈRE N'A PAS À S'EN MÊLER.

7 [*] – Mère sympa, consciencieuse mais perd son self contrôle par moments et s'en sent très coupable. INTÉRESSANT +++ CAR CONCERNE BEAUCOUP DE MONDE ET POSE LE PROBLÈME DE LA PERFECTION DES PARENTS. [*En rouge dans la marge, de la main de FD*] : Très bon pour le début

8 – Acquisition d'un petit chien. INTÉRESSANT POSE LE PROBLÈME D'UNE FAMILLE OÙ L'ENFANT NE TROUVE PAS DE QUOI VIVRE DANS SA FAMILLE.

9 – Témoignage d'un éducateur + questions pas connes INTÉRESSANT PARCE QUE PERMET D'ATTIRER L'ATENTION SUR L'IMPORTANCE DE LA MATERNELLE ET D'ENCOURAGER LA PRÉSENCE DES HOMMES DANS LES MATERNELLES.

10 [*] – Est-il mauvais de coucher dans la chambre des parents ? NE PAS OUBLIER DE DONNER CONSEILS POUR QUE CE SOIT MOINS PERTURBANT DANS LES FAMILLES OÙ ON NE PEUT PAS FAIRE AUTREMENT. [*En rouge dans la marge, de la main de FD*] : Très bon pour le début

11 [*] – Fillette de 5 ans qui bat sa mère : INTÉRESSANTE POUR FAIRE UN APPEL À DES LETTRES PLUS PRÉCISES (là on ne dit rien du contexte familial).

[...]

13 – Témoignage sympa sur l'apprentissage de la propreté. INTÉRESSANT CAR PROUVE QU'AVEC BON SENS, PLUS RESPECT DES GOSSES, ON ARRIVE À LA MÊME CONCLUSION QUE LE PSY AVEC LA THÉORIE.

14 [*] – Questions et témoignages sur les enfants dans le divorce. INTÉRESSANT CAR POSE LE PROBLÈME DES ENFANTS ADULTÉRINS, DU CONCUBINAGE, DE LA GARDE DES ENFANTS ET SURTOUT DE L'IMPORTANCE DE « LA LOI » À DONNER PAR RAPPORT « AUX LOIS » DE LA SOCIÉTÉ. [*En rouge dans la marge, de la main de FD*] : Bon mais peut-être pas le 1er jour pour amorcer d'abord sur le côté pratique quotidienne d'abord

[...]

Lettre sélectionnée [*]
Lettre non sélectionnée [x]

16. « L'âme s'envolant du corps », titre librement attribué par Françoise Dolto à ce dessin d'Auguste Rodin, accroché à l'un des murs de son bureau. Photogravure (Musée Rodin, n° 5665) réalisée en 1897 par la maison Goupil à partir d'un dessin original inspiré de « L'Enfer » de Dante, dont le titre est *Démon dans l'espace*.

17. Lettre autographe multigravée sur des cartes de visite, 5 avril 1988.

16

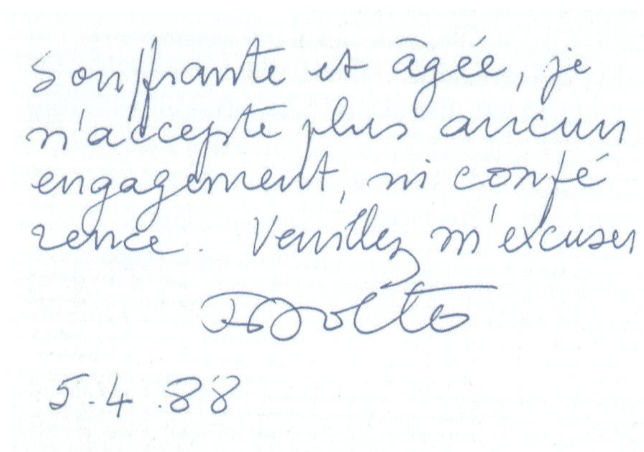
Souffrante et âgée, je n'accepte plus aucun engagement, ni conférence. Veuillez m'excuser

FDolto

5.4.88

17

18. Françoise Dolto devant son divan au-dessus duquel était installée, depuis 1964, une tapisserie représentant Adam et Ève devant l'Arbre de vie. Cette œuvre originale lui avait été offerte par l'artiste et chanteuse chilienne Violeta Parra (1917-1967), en reconnaissance de l'aide apportée au cours de ses séjours parisiens.

N'AYEZ PAS PEUR.
JE SUIS LE CHEMIN.
LA VÉRITÉ ET LA VIE

19. « N'ayez pas peur » (Matthieu 28, 10), « Je suis le Chemin, la Vérité, la Vie » (Jean 14, 6), citations de l'Évangile gravées sur la tombe de Françoise Dolto.
On les retrouve associées et transcrites sans autres commentaires dans son avant-dernier agenda, semaine du 16 mars 1987.

20. « L'Arbre de vie », tapisserie de Violeta Parra, détail.

20

ORIGINES

1

Arbre simplifié

1ère 2ème 3ème 4ème 5ème 6ème 7ème

32 Non dénommé
16 Étienne Jacques Michel **Marette**
33 Agnès **Marette**
8 Joseph **Marette**
34 Jacques **Bastard**
17 Marie Jeanne Aimée **Bastard**
35 Marie Madeleine **Thillaye**
4 Henri **Marette**
36 Jacques **Mouillard**
18 Jean Martin **Mouillard**
37 Marie Anne **Samson**
9 Françoise Félicité Léocadie **Mouillard**
38 Baptiste Antoine **Duval**
19 Eulalie **Duval**
39 Marie Anne **Dionis**
2 Henri Eugène **Marette**
20 Charles Daniel Auguste **Landry**
10 Auguste Félix **Landry**
21 Victoire Désirée **Laymeries**
5 Marie Charlotte **Landry**
44 Pierre **Condé**
22 Pierre François **Condé**
90 Pierre **Delors**
45 Anne **Delor[s]**
91 Marie-Anne **Chaperon**
11Françoise Célestine **Condé**
92 Adrien Pierre **Dutartre**
46 Pierre Louis Henri **Dutartre**
93 Marie Gabrielle **Landais**
23 Marie Françoise **Dutartre**
94 Pierre Marin **Bedeau**
47 Marie-Anne **Bedeau**
95 Marie-Anne **Félix**
1 Françoise Marguerite **Marette**
48 Jean Frédéric (Johann Friedrich) **Demmler**
24 Auguste Heinrich **Demmler**
49 Jacobia Barbara **Dausch**
12 Jules Charles Auguste **Demmler**
50 Gottlieb Paul **Fabricius**
25 Sophie Jacobine **Fabricius**
51 Catharina Margaretha **Keim**
6 Arthur Guillaume Auguste **Demmler**
104 Léopold Frédéric **Duvernoy**
52 Charles Louis **Duvernoy**
105 Catherine Élisabeth **Brisechoux**
26 Charles Léopold Ebérhard **Duvernoy**
106 Éberhard Gottlob **Georgii**
53 Françoise Catherine Éberhardine **Georgii**
107 Françoise Marguerite **Rossel**
13 Caroline Élisabeth Dorothée **Duvernoy**
108 Jean **Beurnier**
54 Joseph **Beurnier**
109 Catherine Marguerite **Morel**
27 Clémence Élisabeth Charlotte **Beurnier**
110 Léopold Emmanuel **Berdot**
55 Anne Clémence Marguerite **Berdot**
111 Anne Clémence **Nardin**
3 Suzanne **Demmler**
56 Non dénommé
28 François **Secrétan**
57 Joséphine **Secrétan**
14 Pierre Eugène **Secrétan**
58 Anatole **Drouhin**
29 Jeanne Françoise **Drouhin**
59 élisabeth **Moussard**
7 Henriette Lucie Marguerite **Secrétan**
120 Jean Pierre **Overnay**
60 Nicolas Jean Marie **Overnay**
121 Marie Marguerite **Henrion**
30 Armand Joseph Jean **Overnay**
122 Jean **Hudault**
61 Marguerite Françoise **Hudault**
123 Marie Geneviève **Goudaille**
15 Cécile **Overnay**
124 Remy Edmé **Chartrane**
62 François **Chatrane**
125 Jeanne **Moreau**
31 Marie Jeanne Pierrette Pauline **Chatrane**
126 Georges Henri **Sonnet**
63 Marie **Sonnet**
127 Jacqueline **Neveu**

1. Françoise Dolto photographiée par Boris Dolto durant leur voyage de noces, devant un chêne centenaire, dans la forêt de Réno-Valdieu (Orne), février 1942.

2. Arbre généalogique de Françoise Marette-Dolto, par Myriam Provence, publié dans « Françoise Dolto ou la mère rêvée », *Généalogie Magazine*, nº 144, décembre 1995, p. 30-38, à la page 32. Françoise Dolto possédait son propre arbre généalogique manuscrit, réalisé au cours des années 1970 par son frère aîné Pierre Marette (1903-1981).

« L'essentiel, c'est d'où nous venons, chacun. » Extrait de « Traversée du siècle »

« Chers membres de la famille. Pour répondre à un désir qui m'a été exprimé autrefois par mon défunt père [...] dans le but de collectionner des nouvelles généalogiques sûres et le plus possible authentiques sur la famille Demmler, le soussigné a profité de ses voyages à travers plusieurs pays, où pourraient se trouver des points de repères, soit par des traditions orales ou écrites, soit par des recherches personnelles dans des registres de paroisse, dans des archives, etc., pour trouver ainsi les notes nécessaires afin d'établir l'origine de la famille Demmler, [...] car il ne se cache pas que, en agissant ainsi, non seulement on lie solidement les liens qui unissent les membres d'une famille ensemble, mais encore que tous les membres se rapprochent les uns des autres pleins de confiance et que, dans toutes les circonstances de la vie ils se soutiennent et s'entraident en conseils et en actions. Une telle union paraît, en un temps comme le nôtre, où mainte amitié a été ancantie par les déchirements politiques [...], d'autant plus nécessaire ; appelée à la vie par les circonstances actuelles, elle portera des fruits plus tard et pour toujours, elle rendra moralement solide la famille et aidera ainsi à son aisance matérielle.

Ayant appris qu'à Paris existait un professeur Demmler, je résolus lors de mon séjour dans cette ville, de le rechercher et de faire sa connaissance ; je trouvai en lui non seulement un homme très intelligent, mais il me reçut tout de suite avec une telle cordialité, une telle amitié, que j'éprouvai le bienfait de rencontrer en un pays étranger des parents et du soutien. Cette rencontre familiale était de la part de ce Demmler d'autant plus cordiale que lui-même avait depuis longtemps le même projet que celui dont j'ai parlé, ce qui sera démontré par le fait suivant. Déjà autrefois, il avait collectionné des documents généalogiques, les avait gardés et me remit les copies ci-jointes de ces documents [...] » G. A. Demmler, 15 janvier 1852.

Près de soixante ans avant la naissance de Françoise Marette, la lettre de « G. A. Demmler » semble rédigée depuis le royaume des morts. Adressé à tout descendant possible, le programme généalogique fixé par ce lointain aïeul, procédant du côté du grand-père maternel de Françoise, prend les accents d'une sorte d'éthique des origines. Les résonances morales évoquent la culture luthérienne d'une famille que le XIXᵉ siècle a partagée entre deux nations, la France et l'Allemagne. Le professeur mentionné dans la lettre n'est autre en effet que l'arrière-grand-père de Françoise, Auguste Demmler (1807-1865). Refusant l'unité allemande conduite par la Prusse, il émigra en France à une date mal établie. Ce dédoublement de l'origine semble avoir été l'objet d'une fixation identitaire familiale, tout particulièrement pour Suzanne Marette, qui ne manqua pas de rappeler à ses enfants, « pour l'occupation allemande de Paris » et pour son quarantième anniversaire de mariage en 1941, que son aïeul avait choisi la France contre l'Allemagne.

Accompagnant l'arbre généalogique qui décrit la séparation entre les branches wurtembourgeoise et française de la famille Demmler, la lettre d'un aïeul dont

l'identité précise est incertaine, sans doute rédigée à l'origine en allemand, est en fait une copie, aujourd'hui possédée par Nicole Marette, nièce et filleule de Françoise Dolto. Comme cette lettre-viatique le sous-entend, le savoir généalogique fait souvent l'objet au sein d'une famille d'une forme de délégation dont les branches aînées sont traditionnellement les titulaires. La famille Marette ne fait pas exception, et c'est le père de Nicole et frère aîné de Françoise, Pierre Marette (1903-1981), qui transmit à sa sœur, le 5 janvier 1974, l'arbre généalogique qu'il avait pris soin de constituer.

« On ne s'intéresse aux origines de sa famille que tard », dit Françoise Dolto dans son *Autoportrait d'une psychanalyste*. Lors des discussions finales concernant le titre à donner à ces entretiens, Alain Mannier, dans un passage non édité, proposait quant à lui, à la fin de la bande sonore, en une sorte de clin d'œil : « Il faut trois générations pour faire une psychanalyste. », transposition amusante de la phrase de Dolto : « Il faut trois générations pour faire un psychotique. » La maxime est célèbre, et fut souvent lancée comme une boutade suggestive, pour exprimer la nécessité de penser la construction de l'individu et de ses névroses sur plusieurs générations. La question, fortement débattue, de la part de cet « héritage psychique », rapproche la démarche de l'analyste de celle du généalogiste, sinon de l'historien.

On retrouve parmi les papiers personnels de Françoise Dolto un dossier qui témoigne bien en effet d'un intérêt tardif mais soutenu pour la généalogie. Largement suscitée par sa mère depuis le don de l'album familial en 1939, cette distraction, qui accompagne fréquemment la vieillesse, fut alimentée par des lettres et des recherches de Nicole. En confrontant souvenirs et documents, « traditions orales et écrites », Françoise retrouve le goût que, enfant, elle avait pu avoir pour la mémoire des morts. Du côté Marette apparaît ainsi ce grand-père architecte, mort en héros en 1880, condamnant par là son fils Henry à un orphelinat qui lointainement, peut-être, permet d'éclairer le déséquilibre du rapport de forces parental. Françoise est-elle si convaincue de ces déterminismes généalogiques ? La recherche des origines n'est-elle pas un autre moyen d'accéder à une altérité tapie au plus cœur de l'intime ? Les origines rêvées sont autant révélatrices que les généalogies réelles. Ainsi peut-on éclairer une étrange obsession à s'inventer obstinément des origines « amérindiennes », à partir d'une rêverie sur le nom d'Overnay et d'une de ces lacunes de nom-du-père, qui ne manquent heureusement jamais d'apparaître dans toute remontée vers les origines. Bénie, soit l'universalité des filles mères !

En 1986, le centenaire de la statue de la Liberté fait toutefois resurgir une des principales figures tutélaires de l'enfance de Françoise – Pierre-Eugène Secrétan qui fit don à Bartholdi des quelque cent tonnes de cuivre nécessaires à l'édification de son ouvrage. L'histoire de cet aïeul, au nom signifiant et à la devise sibylline si formellement paradoxale, offrirait-elle matière à découverte du secret, tant caché, de l'origine ? Y. P.

3

3. Devise de Pierre-Eugène Secrétan (1837-1899), inscrite dans son monogramme, en tête de son papier à lettres personnel : « Toujours tout droit ». Le dernier papier à en-tête de la Société française d'électro-métallurgie indiquait : « Adresse télégraphique : Tansecré ».

4. Françoise Dolto juchée sur un arbre de la forêt de Réno-Valdieu. « Février 1942. Voyage de noces. Brochard près de Laigle chez les Cochard » (au dos, de la main de Françoise Dolto). Brochard est un lieu-dit de la commune de Saint-Victor-de-Réno (Orne). Mariée à l'église le 12 février, Françoise Dolto note dans son agenda personnel, à la date du 24 février 1942 : « Retour de Brochard ».

4

Françoise : *J'étais déjà mariée, et j'ai vu avec mes aînés qui étaient encore enfants un film qui s'appelle* Les Tuniques rouges. *C'est un film américain sur l'extinction de l'État français métis qui devait exister au Canada, Amérique du Nord – Canada ; il devait y avoir un État anglais, un État français et un État indien et métis. Et les Tuniques rouges – associés de la police montée du Canada et de la police montée des États-Unis – ont exterminé les Indiens pour qu'il n'y ait pas d'État métis, d'État indien et métis, qui soit au même niveau de culture que les Français et les Anglais. Alors, quand j'ai vu ce film, qui était tourné avec des métis d'Indiens de Nord-Amérique, à ma stupéfaction j'ai reconnu toute ma famille, les cousins, les tantes, les oncles de la famille, parce que Eugène Secrétan a eu trois filles avec Cécile Overnay, Marguerite comme aînée, puis Paule, sa sœur, Geneviève. Et les descendants du côté Paule, qui a épousé un Bethmont, tous mes cousins, c'était des descendants de métis, chez eux on voit des types demi-irlandais, demi-indiens.*

Et ceci m'a expliqué ce que m'avait dit Jean Rostand quand il m'a connue : « Je ne comprends pas vos iris [...] vous avez des yeux qui sont remarquables. » – lui, il les voyait au point de vue biologique. « Je connais votre père, je connais votre mère, vous avez dans les yeux un caractère récessif, vous et un de vos frères, Philippe. » – qu'il avait vu à mon mariage. Je lui ai répondu : « Mais c'est peut-être du côté amérindien, parce que ma grand-mère, elle, avait un corps comme le mien, c'est-à-dire sans taille, comme les femmes amérindiennes, qui sont sans taille, pas cambrées, alors que ma mère était cambrée, comme est Catherine. » Dans ce film, il y avait deux filles qui étaient vraiment typiques, comme les Amérindiennes, comme les tantes, et moi aussi. Et j'ai appris, il y a quinze ou vingt ans maintenant, quand la dentiste me faisait du travail dans la bouche, à un moment je lui dis : « Mais, regardez, j'ai un hématome ! » Elle me dit : « Mais non, vous avez toujours eu ça, vous avez la tache amérindienne dans la bouche, vous avez une tache bleue, et deux de vos enfants ont la tache bleue. Puisque vous me le demandez, je vous le dis ; mais, comme les gens ne sont pas toujours contents qu'on leur dise qu'ils ont une tache amérindienne dans la bouche, je n'ai rien dit. »

Et alors, il se trouve aussi que j'ai le sang O, qui est tout à fait fréquent chez les Amérindiens tandis qu'en France il est plus rare.

Extrait de « Traversée du siècle »

Les morts

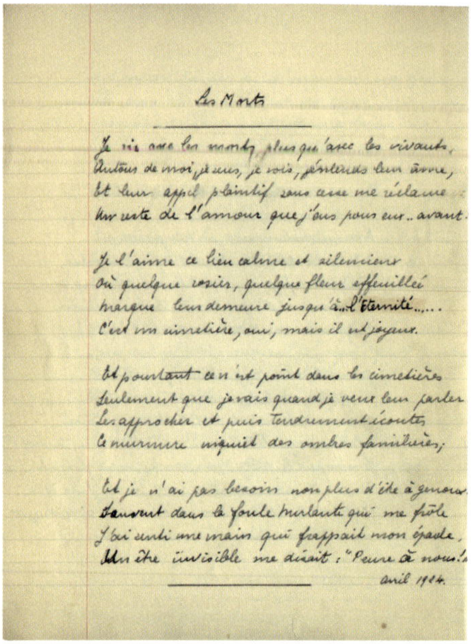
Les Morts

Je vis avec les morts plus qu'avec les vivants,
Autour de moi, je sens, je vois, j'entends leur âme,
Et leur appel plaintif sans cesse me réclame
Un reste de l'amour que j'eus pour eux.. avant.

Je l'aime ce lieu calme et silencieux
Où quelque rosier, quelque fleur effeuillée
Marque leur demeure jusqu'à l'Éternité.....
C'est un cimetière, oui, mais il est joyeux.

Et pourtant ce n'est point dans les cimetières
Seulement que je vais quand je veux leur parler
Les approcher et puis tendrement écouter
Le murmure inquiet des ombres familières;

Et je n'ai pas besoin non plus d'être à genoux
Souvent dans la foule hurlante qui me frôle
J'ai senti une main qui frappait mon épaule,
Un être invisible me disait : "Pense à nous !"

avril 1924.

5

Les Morts

Je vis avec les morts plus qu'avec les vivants,
autour de moi, je sens, je vois, j'entends leur âme,
et leur appel plaintif sans cesse me réclame
un reste de l'amour que j'eus pour eux... avant !

Je l'aime ce lieu calme et silencieux
où quelque rosier, quelque fleur effeuillée
marque leur demeure jusqu'à... l'Éternité...
c'est un cimetière, oui, mais il est joyeux.

Et pourtant ce n'est point dans les cimetières
seulement que je vais quand je veux leur parler
les approcher et puis tendrement écouter
le murmure inquiet des ombres familières ;

Et je n'ai pas besoin non plus d'être à genoux
souvent dans la foule hurlante qui me frôle
j'ai senti une main qui frappait mon épaule.
Un être invisible me disait : « Pense à nous ! »

Avril 1924

« Mon grand-père est mort dans un accident de chemin de fer, près de Levallois-Clichy, dans la direction d'Asnières. [...] C'était un homme de valeur. Il est mort à quarante-deux ans, après avoir sauvé cinq femmes sous les décombres de wagons en flammes. Il est reparti pour tenter d'en sauver une sixième et il n'est pas revenu. »

*Extrait d'*Autoportrait d'une psychanalyste

5. « Les morts », poème de Françoise Marette figurant dans son cahier personnel de poésies, avril 1924.

6. Carte de visite. « Henry Marette, architecte de sa majesté la reine Isabelle II d'Espagne. 16, place Vendôme, Paris – 29, rue de Paris, Asnières ». Le règne malheureux d'Isabelle II (1830-1904), reine de 1833 à 1868, est associé à la première guerre civile carliste et à la crise de succession au trône d'Espagne, prétexte de la guerre franco-allemande de 1870. Après son abdication, Isabelle II s'installa dans l'hôtel situé à l'actuel nº 18 de l'avenue Kléber, réaménagé par les frères Marette.

7. « Mr. Henri Marette, architecte, tué à l'âge de 42 ans le 3 février 1880 dans un accident de chemin de Fer à Clichy Levallois » (extrait de l'album réalisé par Suzanne Marette).

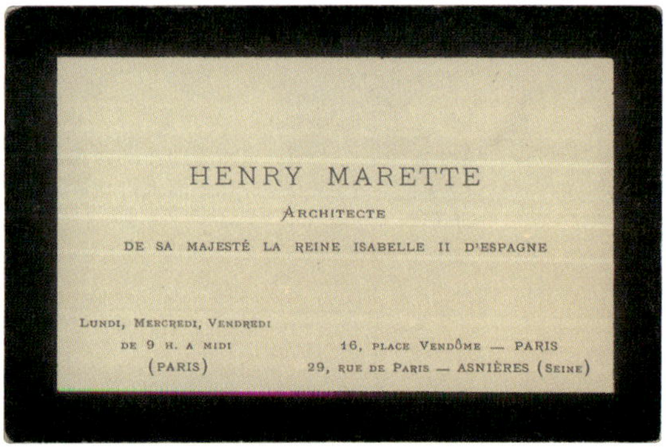
HENRY MARETTE

ARCHITECTE

DE SA MAJESTÉ LA REINE ISABELLE II D'ESPAGNE

LUNDI, MERCREDI, VENDREDI
DE 9 H. A MIDI
(PARIS)

16, PLACE VENDÔME — PARIS
29, RUE DE PARIS — ASNIÈRES (SEINE)

6

7

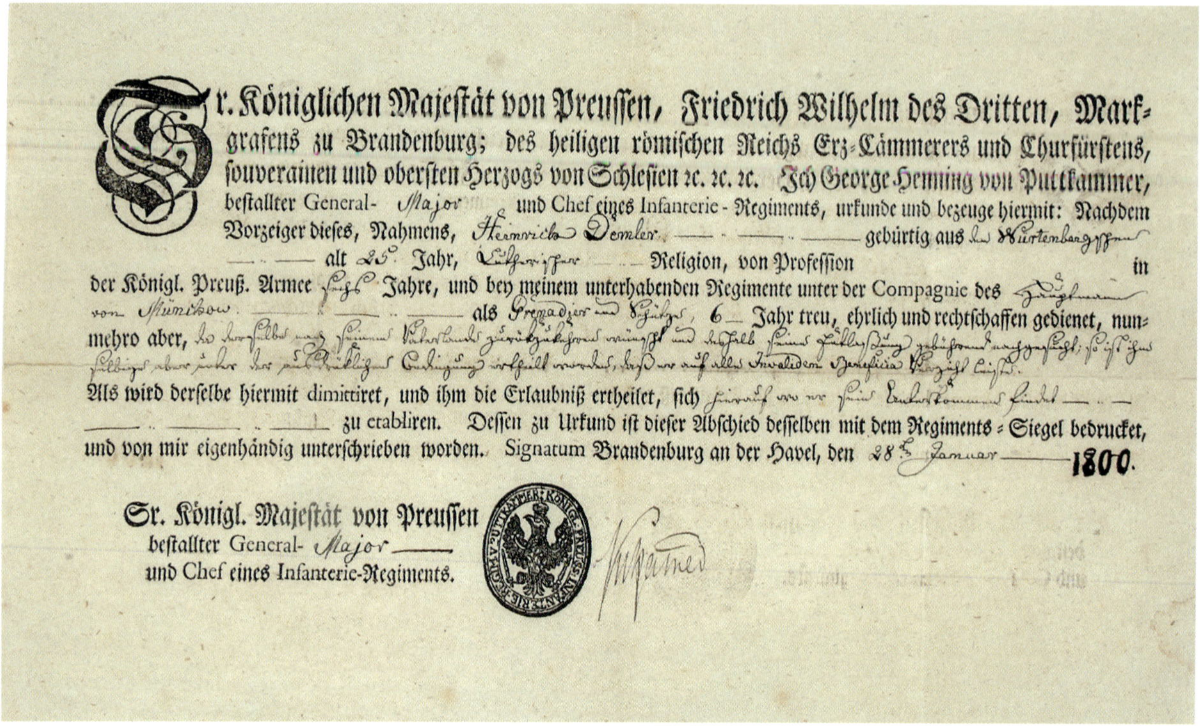

Sr. Königlichen Majestät von Preussen, Friedrich Wilhelm des Dritten, Markgrafens zu Brandenburg; des heiligen römischen Reichs Erz-Cämmerers und Churfürstens, souverainen und obersten Herzogs von Schlesien ꝛc. ꝛc. ꝛc. Ich George Henning von Puttkammer, bestallter General-Major und Chef eines Infanterie-Regiments, urkunde und bezeuge hiermit: Nachdem Vorzeiger dieses, Nahmens, Heinrich Demler gebürtig aus [illegible] alt 25. Jahr, Lutherischer Religion, von Profession in der Königl. Preuß. Armee [illegible] Jahre, und bey meinem unterhabenden Regimente unter der Compagnie des [illegible] von Münchow als Grenadier und Schütz, 6 Jahr treu, ehrlich und rechtschaffen gedienet, nunmehro aber, [illegible]

Als wird derselbe hiermit dimittiret, und ihm die Erlaubniß ertheilet, sich [illegible] zu etabliren. Dessen zu Urkund ist dieser Abschied desselben mit dem Regiments-Siegel bedrucket, und von mir eigenhändig unterschrieben worden. Signatum Brandenburg an der Havel, den 28ten Januar 1800.

Sr. Königl. Majestät von Preussen bestallter General-Major und Chef eines Infanterie-Regiments.

8

8. Brevet de pension d'invalidité émis au nom du roi de Prusse Frédéric-Guillaume III en faveur d'August-Heinrich Demmler, natif du Wurtemberg (1774-1827), de confession luthérienne, grenadier ayant effectué six ans de service au sein des armées prussiennes, daté du 25 janvier 1800.

9. Arbre généalogique de la famille Demmler (la « branche française » est individualisée à gauche par une ligne tricolore), transcrit dans un cahier intitulé « Généalogie Demmler », d'une main non identifiée. Ce document en compile plusieurs autres, dont celui d'un certain G. A. Demmler, daté du 15 janvier 1852.

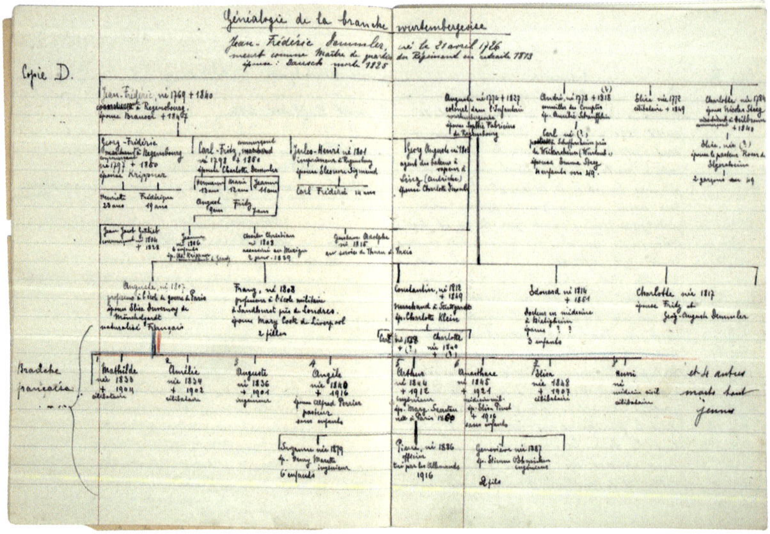

9

10

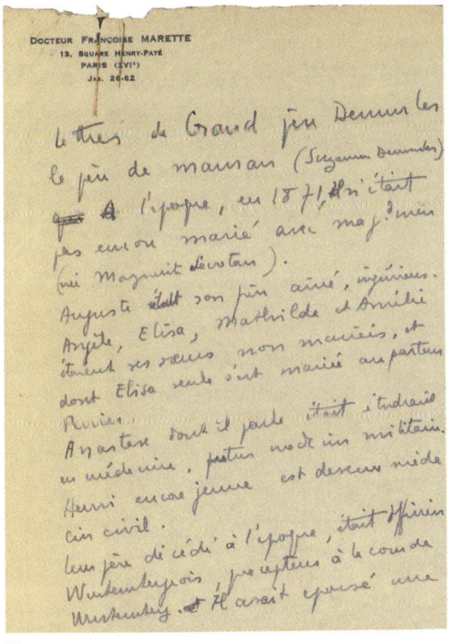
DOCTEUR FRANÇOISE MARETTE
13, SQUARE HENRY-PATÉ
PARIS (XVIe)
JAS. 26-62

Lettres de Grand-père Demmler, le père de maman (Suzanne Demmler).
À l'époque, en 1871, il n'était pas encore marié avec ma gd-mère
(née Marguerite Secrétan).
Auguste était son frère aîné, ingénieur. Angèle, Élisa, Mathilde et Amélie étaient ses sœurs non mariées, et dont Élisa seule s'est mariée au pasteur Perrier. Anastase dont il parle était étudiant en médecine, futur médecin militaire. Henri encore jeune est devenu médecin civil. Leur père décédé à l'époque était officier Wurtembergeois, précepteur à la cour de Wurtemberg. Il avait épousé une jeune fille de Montbéliard, Melle Duvernois, mère de ces huit enfants dont il est question dans ces lettres. Ami de Napoléon III, il était venu à l'école de guerre française comme professeur d'allemand, par haine de la Prusse qui faisait la grande Allemagne et destituait les ducs de Wurtemberg.
Il se fit naturaliser français et tous ses enfants furent français. Arthur Demmler, mon gd-père ainsi que ses frères furent élevés au Prytanée.

Ces lettres ont été tapées en 6 exemplaires. Maman en a donné un à chacun de nous le jour des 40 ans de mariage de nos parents 12 juin 1941 pour l'occupation allemande de Paris.

11

10. « Famille Overnay [et] Famille Eugène Secrétan ». Album-mémorial familial destiné à Françoise (voir p. 64-65), légendes de la main de Suzanne Marette. La famille Overnay, d'où est issue la femme d'Eugène Secrétan, Cécile, dite « Dan-mé Étan » (voir p. 103) fait l'objet d'une rêverie généalogique « amérindienne » dont Françoise Dolto était intimement convaincue (voir p. 239).

11. Notice de Françoise Dolto à propos des lettres de son aïeul Arthur Demmler (1844-1912) rédigées durant la guerre franco-allemande de 1870, sans date (1941 ?).

Eugène Secrétan, inventeur et collectionneur d'art.

13

12. « Mr. Eugène Secrétan dans son bureau de la Société d'Electro-métallurgie de Dives qu'il avait fondée en 1891 et qu'il dirigeait. Photo prise par son secrétaire un mois avant sa mort en 1899 » (extrait de l'album réalisé par Suzanne Marette).

13. « Monument élevé dans la cour de l'usine de Dives en souvenir de son fondateur Mr. E. Secrétan. Au pied, sa fille, Mme Demmler » (extrait de l'album réalisé par Suzanne Marette). Le buste est une œuvre d'Auguste Bartholdi.

Françoise : ***Eugène Secrétan était un homme tout à fait éminent, absolument fou de sa fille aînée Marguerite, qui était très intelligente, elle, ma grand-mère, et qui était douée pour le piano sans en savoir une ligne. […]***
Cet arrière-grand-père, c'est lui qui a créé l'électromécanique de Dives, c'est lui qui avait donc marié Marguerite avec Arthur Demmler, qui avait aussi des idées sociales comme lui, si bien qu'à Dives chaque ouvrier avait sa maison et son potager […] et à tour de rôle les hommes prenaient, pendant les saisons où on cultivait la terre, des jours pour cultiver leurs jardins en dehors du dimanche, puisque ça ne suffisait pas le dimanche. Ils avaient établi ces choses très paternalistes, qui font hurler les autres patrons. Mais enfin, c'était l'époque du début du socialisme, et mon arrière-grand-père avait des idées socialistes. C'est lui qui a inventé les tubes sans soudure, et l'électromécanique a été fondée pour faire des tubes de cuivre sans soudure, et il était le premier du marché, à tel point qu'il a été mis en prison pour une loi anti-trusts qu'on a créée pour lui. Il a été sauvé par les communards, c'est ça qui est très intéressant, ses ouvriers de l'époque sont venus le sortir de prison au moment de la révolution de 1871, pendant la Commune, tellement ils étaient reconnaissants. Son système était le système par la force centrifuge, on fait tourner une baguette dans le cuivre liquide et ça fait un tube, et c'est ça qui a été la création. Il avait inventé aussi le métal déployé, qui a ensuite servi à quantité de choses, déjà à armer le ciment, quand on a commencé à faire du ciment armé. Étonnant, il était un grand inventeur, il a certainement inventé d'autres choses…

Eugène Secrétan a eu également une des collections d'art les plus réputées de l'époque, il connaissait beaucoup les artistes, et plus tard on a vendu les collections de Secrétan qui, d'ailleurs, était le mécène de Millet, et un peu celui de Monet. Alors il avait des toiles de Monet, des toiles de Millet, dont moi j'ai vu les reproductions chez ma grand-mère puisqu'elle n'avait plus que les reproductions.

Quant à la statue de la Liberté, le choix de la cire perdue qui servirait de modèle pour la statue de New York, c'est chez mon arrière-grand-père Secrétan que ça s'est fait, et les cinq autres biscuits, ou cires perdues, étaient chez mon arrière-grand-mère. Une de mes tantes en a hérité, mon frère en a hérité, et ç'a été donné, paraît-il, au Louvre, ça doit maintenant être dans les caves du Louvre. Après la mort de mon arrière-grand-père, la réplique de la statue de la Liberté a été envoyée à la ville de Paris, en son hommage, et elle est passée, tirée par quarante chevaux, sous les fenêtres de mon arrière-grand-mère, avant d'être transportée sur le pont de Grenelle, où elle est maintenant. Et ça, c'était un don de la ville de New York à la ville de Paris en mémoire de M. Secrétan, Eugène Secrétan.

Je naissais sous de bons auspices !

Extrait de « Traversée du siècle »

« Saluez tous, en passant, la statue de Secrétan. »

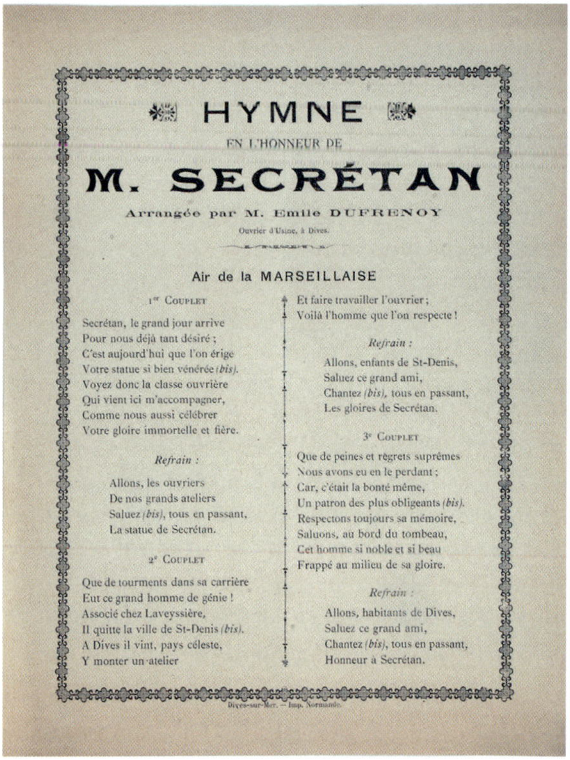

HYMNE

EN L'HONNEUR DE

M. SECRÉTAN

Arrangée par M. Emile DUFRENOY

Ouvrier d'Usine, à Dives.

Air de la MARSEILLAISE

1er Couplet

Secrétan, le grand jour arrive
Pour nous déjà tant désiré ;
C'est aujourd'hui que l'on érige
Votre statue si bien vénérée *(bis)*.
Voyez donc la classe ouvrière
Qui vient ici m'accompagner,
Comme nous aussi célébrer
Votre gloire immortelle et fière.

Refrain :

Allons, les ouvriers
De nos grands ateliers
Saluez *(bis)*, tous en passant,
La statue de Secrétan.

2e Couplet

Que de tourments dans sa carrière
Eut ce grand homme de génie !
Associé chez Laveyssière,
Il quitte la ville de St-Denis *(bis)*.
A Dives il vint, pays céleste,
Y monter un atelier
Et faire travailler l'ouvrier ;
Voilà l'homme que l'on respecte !

Refrain :

Allons, enfants de St-Denis,
Saluez ce grand ami,
Chantez *(bis)*, tous en passant,
Les gloires de Secrétan.

3e Couplet

Que de peines et regrets suprêmes
Nous avons eu en le perdant ;
Car, c'était la bonté même,
Un patron des plus obligeants *(bis)*.
Respectons toujours sa mémoire,
Saluons, au bord du tombeau,
Cet homme si noble et si beau
Frappé au milieu de sa gloire.

Refrain :

Allons, habitants de Dives,
Saluez ce grand ami,
Chantez *(bis)*, tous en passant,
Honneur à Secrétan.

Dives-sur-Mer. — Imp. Normande.

14

14. « Hymne en l'honneur de M. Secrétan, arrangée par M. Emile Dufresnoy, ouvrier d'Usine, à Dives », 1900.

(Air de la Marseillaise).

Premier couplet
Secrétan, le grand jour arrive
Pour nous déjà tant désiré ;
C'est aujourd'hui que l'on érige
Votre statue si bien vénérée *(bis)*.
Voyez donc la classe ouvrière
Qui vient ici m'accompagner,
Comme nous aussi célébrer
Votre gloire immortelle et fière.

Refrain
Allons, les ouvriers
De nos grands ateliers
Saluez *(bis)*, tous en passant
La statue de Secrétan

Second couplet
Que de tourments dans sa carrière
Eut ce grand homme de génie...

15. Maquette d'un des premiers projets d'Auguste Bartholdi (vers 1870) pour une statue de la Liberté, donnée par l'artiste à Eugène Secrétan, en remerciement symbolique des quelque cent tonnes de cuivre offertes par ce dernier en 1886 pour la fabrication de la statue. Transmise au sein de la famille Marette, la maquette fut offerte au maire de Paris, après le décès de Jacques Marette, en 1984, par sa veuve. Elle fut exposée dans les salons de l'Hôtel de Ville, à Paris, pour le centenaire de la statue de la Liberté.

15

16

16. « Dives : cuves d'électrolyse ».
Société française d'électro-métallurgie,
usine fondée à Dives-sur-Mer en 1891
par Eugène Secrétan pour exploiter
les procédés Elmore et Secrétan de fabrication
de tubes de cuivre par électrolyse.

« Je naissais sous de bons auspices. »

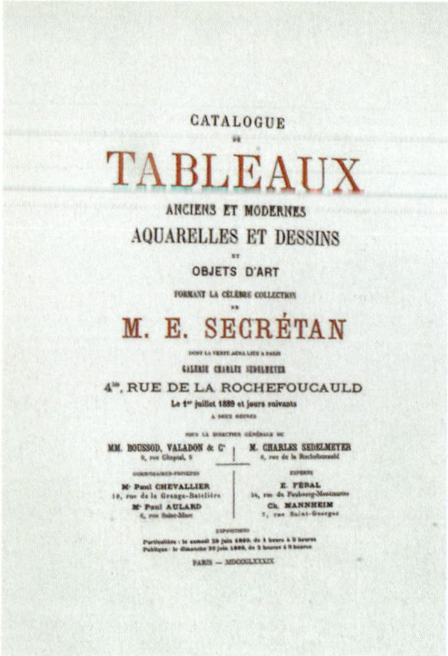

CATALOGUE

DE

TABLEAUX

ANCIENS ET MODERNES

AQUARELLES ET DESSINS

ET

OBJETS D'ART

FORMANT LA CÉLÈBRE COLLECTION

DE

M. E. SECRÉTAN

GALERIE CHARLES SEDELMEYER

4bis, RUE DE LA ROCHEFOUCAULD

Le 1er juillet 1889 et jours suivants

MM. BOUSSOD, VALADON & Cie | M. CHARLES SEDELMEYER

9, rue Chaptal, 9 | 6, rue de la Rochefoucauld

Me Paul CHEVALLIER | E. FÉRAL

10, rue de la Grange-Batelière | 54, rue du Faubourg-Montmartre

Me Paul AULARD | Ch. MANNHEIM

6, rue Saint-Marc | 7, rue Saint-Georges

PARIS — MDCCCLXXXIX

17

17. *Catalogue de tableaux anciens et modernes, aquarelles et dessins et objets d'art formant la célèbre collection de M. E. Secrétan dont la vente aura lieu à Paris, Galerie Charles Sedelmeyer, 4 bis, rue de La Rochefoucauld, le 1er juillet 1889 et jours suivants, à deux heures*, 2 vol. in folio, Paris, 1889. « On parlera encore longtemps de la galerie Secrétan quand elle aura cessé d'être. » (Albert Wolff, préface).

18. *L'Angélus*, Jean-François Millet, vers 1857, Musée d'Orsay.

« L'Angélus est un tableau que j'ai fait en pensant comment, en travaillant autrefois dans les champs, ma grand'mère ne manquait pas, en entendant sonner la cloche, de nous faire arrêter notre besogne pour dire l'Angélus pour ces pauvres morts, bien pieusement et le chapeau à la main » (Jean-François Millet). Commandé en 1857 par l'artiste américain Thomas G. Appleton, l'Angélus fut sans doute achevé en décembre 1859. Vendu 1 000 francs en 1860 à un marchand français, la renommée de la toile crut progressivement jusqu'à son achat, pour la somme de 150 000 francs, par Secrétan en 1881. En 1889, il fut adjugé 553 000 francs, au bénéfice de l'*Art American Association*.

Incarnation d'un XIXe siècle industriel et triomphant, la figure de Pierre-Eugène Secrétan (1837-1899) fut toujours associée, dans la famille comme dans la bouche de sa petite-fille Suzanne Demmler, à une « hérédité » prédisposant à « l'énergie et à la volonté » (voir p. 145). *Self-made man* aux ascendances jurassiennes rurales et modestes, Secrétan fut bâtisseur d'un empire autorisant à prétendre, à la fin des années 1880, au monopole de la production du cuivre en France. Le don gratuit du métal nécessaire à l'édification du symbole de la Liberté ne fut pas le seul geste accompli en vue d'effacer en partie la macule de l'origine. Secrétan s'était fait collectionneur. En quelques années, il acquit un formidable patrimoine artistique. Une fois par semaine, la « galerie » de son hôtel particulier du square Moncey était ouverte au public. On pouvait y contempler plus de 300 œuvres, dont 191 toiles de maîtres, résumant l'histoire de l'art pictural, de Hans Memmling à Gustave Courbet.

Mais voici qu'en 1888, l'effondrement des cours du métal et le désengagement de nombreux associés suspectant le magnat de vouloir exercer le monopole du cuivre à son seul compte conduisent à la chute de la maison Secrétan. Face à la banqueroute et à la menace du déclassement, l'industriel n'hésite pas un instant : la collection accumulée défendra l'honorabilité personnelle mise à mal et assurera le salut de la famille. Les sept millions de francs issus de la vente recouvrent la dette et permettent de refonder en 1891, à Dives-sur-Mer, les bases d'un nouvel empire modernisé, centré sur l'électrométallurgie et les premières expériences de fabrication d'un matériau qui annonce le XXe siècle : l'aluminium. Près du dixième de la vente Secrétan était constitué par la valeur d'une toile unique et universelle : l'*Angélus* de Millet, dont le nom est à la fois un rituel sonore et un événement eschatologique célébrant l'Annonce faite à Marie et le mystère de l'Incarnation. Cette image, reproduite par la gravure en millions d'exemplaires, semble représenter le couple éternel et constitue le symbole de toute maternité passée et à venir. Cette autre « origine du monde » représente à nos yeux la forme la plus radicale et la plus intime de l'archive.

Si la vente de 1889 fit définitivement basculer le destin d'une icône déjà mondialement célèbre, l'histoire de sa transmission réserve bien des surprises et des émotions, patrimoniales ou analytiques. Lors de la vente Secrétan, les Musées nationaux ne purent débloquer auprès du Parlement la somme exigée par les enchères, et, coup de théâtre, la toile traversa l'Atlantique. Vingt ans plus tard, en 1909, au lendemain de la naissance de Françoise Marette, le collectionneur Alfred Chauchard en fit l'hommage à la France et au Louvre. L'ordre était rétabli. Mais, en 1932, le tableau fut lacéré par un « psychotique », examiné alors par… le docteur Jacques Lacan. À cette date, Salvador Dali est déjà littéralement obsédé par le *Mythe tragique de l'Angélus de Millet*, dont il fera un jour un livre. Il est intimement convaincu que le panier situé au pied du couple dissimule en fait le secret de la peinture. En 1963, Dali parvient à convaincre les conservateurs du Louvre de faire radiographier la toile. Et le repentir apparaît : Millet avait placé au centre de sa composition une fosse contenant le cercueil d'un enfant mort. Y. P.

18

« [Cet ange gardien] faisait le joint entre le milieu des perceptions que je connaissais et le monde des gens qui n'ont plus de corps, ou qui n'en ont pas encore. Parce que ne pas avoir de corps encore, ou ne plus en avoir, je pensais que ça devait être un peu pareil. C'est tous ceux qu'on attend, qui vont naître. »

*Extrait d'*Enfances

L'Association Archives et Documentation Françoise-Dolto

Il y a un devoir de veille assez doux pour une fille. Devoir de prendre conscience que l'on ne parle pas de la place du mort mais de la sienne propre, même si l'artifice juridique et la névrose des interlocuteurs, ainsi que celle de l'ayant droit, vous poussent sans cesse à la confusion. Devoir de protéger l'œuvre de la destruction matérielle et de l'oubli, qui répond au devoir d'aider à détruire les dossiers de ses patients avant sa mort. Devoir de ne pas laisser dévoyer, détourner, instrumentaliser sa pensée.

Devoir de rassembler et publier les inédits et republier les textes mal établis. Le grand danger, c'est de se retrouver seul, je l'ai compris très vite. Fonder une association m'a semblé la meilleure manière de faire face à ces responsabilités. En la baptisant Archives et Documentation Françoise-Dolto, je voulais que l'on sache d'emblée qu'il ne s'agissait pas d'un fan-club mais d'un lieu de travail, de rencontres et d'information. Dans notre local sont rassemblés tous les inédits, tous les livres et articles qui la concernent, toutes les éditions françaises et étrangères de ses livres. Elle est publiée dans pratiquement toutes les langues, y compris en chinois et en coréen.

L'activité éditoriale est une des fonctions dérivées des archives. Dans la mesure du possible, tout est débattu en groupe avant, surtout quand les décisions sont difficiles et porteuses d'enjeux importants. Avec le recul, je comprends combien il était indispensable pour moi d'être ainsi entourée d'un cercle amical, professionnel et compétent ; ça l'est d'autant plus que j'ai choisi de ne pas être psychanalyste. Bien que j'utilise beaucoup dans ma pratique de l'haptonomie, science humaine phénoménologique, ce que j'ai reçu de Françoise Dolto dont la pratique était très phénoménologique.

J'éprouve une profonde gratitude pour ce comité qui m'entoure et m'aide. Je suis aussi très reconnaissante à mes frères, à Colette Percheminier, membre fondateur de l'Association et responsable des archives pendant près de vingt ans, et à tous les membres des Archives qui m'assistent dans cette tâche de transmission. Sans le soutien d'Antoine Gallimard et l'engagement de Colline Faure-Poirée, rien de tout cela n'aurait été possible.

Se réunir, travailler à plusieurs à faire vivre la mémoire et l'œuvre d'un seul, c'est se départir de l'exclusive, des effets de transfert et de leur violence. C'est aussi, tout simplement, témoigner du fait que se débrouiller de cela solitairement est peut-être une mission impossible. À plusieurs on se protège les uns les autres de la tentation de prendre le pouvoir sur l'œuvre. Il me semble que, si Françoise Dolto sort maintenant d'un relatif purgatoire dans le monde des psychanalystes sans que personne se trouve en position de parler en son nom, c'est à l'existence des Archives que nous le devons.

Je suis certaine que, sans ce dispositif ouvert et convivial, mon équilibre psychoaffectif, ma santé mentale n'auraient pas résisté à la situation d'ayant droit, avec la fausse toute-puissance qu'elle implique. Je serais devenue folle, écrasée par une telle tâche.

La vaccination des scissions dont j'ai parlé plus haut m'a permis de savoir, dès la mort de ma mère, quelles épreuves je risquais de traverser : les Archives ont donc répondu à un double besoin de protection. Elles me protègent et elles la protègent. Vingt ans après sa mort, personne ne peut parler en son nom. Je crois que c'est ce qu'elle aurait voulu.

Catherine Dolto

Le local de l'Association des Archives et Documentation Françoise-Dolto.

Bibliographie de Françoise Dolto

Archives de l'intime,
sous la direction de Yann Potin, textes de Catherine Dolto, Muriel Djéribi-Valentin, Manon Pignot, Yann Potin et Jean-Pierre Winter, Gallimard, 2008.

Au jeu du désir (1947-1973), Seuil, coll. « Essais cliniques », 1981 ; coll. « Points essais », 1988.

Autoportrait d'une psychanalyste, 1934-1988 (1988), texte mis au point par Alain et Colette Manier, Seuil, 1989 ; coll. « Points actuels », 1992.

Le cas Dominique (1967), Seuil, coll. « Le champ freudien », 1971 ; coll. « Points essais », 1974.

La cause des adolescents (1988), Pocket 1997.

La cause des enfants (1985), Pocket, 1995.

Les chemins de l'éducation (1946-1987), *Articles et conférences, t. II*, textes recueillis, annotés et présentés par Claude Halmos, Gallimard, 1994 ; coll. « Folio essais », 2000.

Le dandy, solitaire et singulier, textes (1962 et 1986) choisis, présentés et annotés par Muriel Djéribi-Valentin, Mercure de France, coll. « Le Petit Mercure », 1999

Destins d'enfants. Adoption, familles d'accueil, travail social, *Entretiens, t. I*, entretiens avec Nazir Hamad (1984-1986), édition établie et présentée par Colette Manier, Gallimard, 1995.

Dialogues québécois (1983), édition réalisée avec la collaboration avec Jean-François de Sauverzac, Seuil, 1987.

La difficulté de vivre (1948-1980), *Articles et conférences, t. IV*, édition revue et présentée par Gérard Guillerault, Gallimard, 1995.

Enfances (1978), photographies d'Alécio de Andrade, Seuil, 1986 ; coll. « Points actuels », 1988.

L'enfant du miroir (1985), Françoise Dolto et Juan David Nasio, Rivages, 1987 ; Payot, coll. « Petite bibliothèque Payot », 1992.

L'enfant dans la ville (1987), texte établi et annoté par Muriel Djéribi-Valentin, Mercure de France, coll. « Le Petit Mercure », 1998.

L'enfant et la fête, entretien avec André Parinaud (1978), texte établi et annoté par Muriel Djéribi-Valentin, Mercure de France, coll. « Le Petit Mercure », 1998.

L'enfant, le juge et la psychanalyste, *Entretiens, t. III*, entretiens avec Andrée Ruffo (1986 et 1987), Gallimard, 1999.

Les étapes majeures de l'enfance (1946-1988), *Articles et conférences, t. I*, textes recueillis et annotés par Claude Halmos, présentés par Catherine Dolto, Gallimard, 1994 ; coll. « Folio essais », 1998.

Les évangiles et la foi au risque de la psychanalyse, ou la vie du désir, *Entretiens, t. II*, Françoise Dolto et Gérard Sévérin (1977), Gallimard, 1996.

Le féminin (1959-1988), *Articles et conférences, t. V*, édition établie, annotée et présentée par Muriel Djéribi-Valentin et Élisabeth Kouki, Gallimard, 1998.

L'image inconsciente du corps, Seuil, 1984 ; coll. « Points essais », 1992.

Les images, les mots, le corps, *Entretiens, t. IV*, entretiens avec Jean-Pierre Winter (1986), Gallimard, 2002.

Inconscient et destins. Séminaire de psychanalyse d'enfants, vol. 3, édition réalisée avec la collaboration de Jean-François de Sauverzac, Seuil, 1988.

Jeu de poupées, « La poupée-fleur » (1949 et 1964) par Françoise Dolto, suivi de « Poupées de fertilité et figurines d'argile » (1960) par Pierre Roumeguère et Jacqueline Roumeguère-Eberhardt, textes choisis, présentés et annotés par M. Djéribi-Valentin, Mercure de France, coll. « Le Petit Mercure », 1999

Kaspar Hauser, le séquestré au cœur pur, préface de Muriel Djéribi-Valentin ; ce texte (1985), qui donne le titre à l'ouvrage, est suivi de « Kaspar Hauser » par Anselm von Feuerbach, extraits choisis par Muriel Djéribi-Valentin, Mercure de France, coll. « Le Petit Mercure », 1998.

Lettres de jeunesse. Correspondance 1913-1938, textes réunis et annotés par Colette Percheminier, édition revue et augmentée, Gallimard, 2003

Lorsque l'enfant paraît, t. I, II et III, Seuil, 1977, 1978, 1979 ; coll. « Points », 1999

Mère et fille. Une correspondance, 1914-1962, lettres choisies et présentées par Muriel Djéribi-Valentin, notes de Muriel Djéribi-Valentin et Colette Percheminier, Mercure de France, coll. « Le Petit Mercure », 2008.

Parler de la mort, texte (1985) établi et annoté par Muriel Djéribi-Valentin, Mercure de France, coll. « Le Petit Mercure », 1998.

Parler de la solitude, textes (1975) choisis et présentés par Élisabeth Kouki, Mercure de France, coll. « Le Petit Mercure », 2005.

Parler juste aux enfants, entretiens avec Danielle Marie Lévy (1977 à 1981), Mercure de France, coll. « Le Petit Mercure », 2002.

Paroles pour adolescents ou le complexe du homard (1988), avec Catherine Dolto, en collaboration avec Colette Percheminier, Gallimard-Jeunesse Giboulées, 2003 ; coll. « Folio junior », 2007.

Père et fille. Une correspondance, 1914-1938, lettres choisies et présentées par Muriel Djéribi-Valentin, notes de Muriel Djéribi-Valentin et Colette Percheminier, Mercure de France, coll. « Le Petit Mercure », 2001.

Psychanalyse et pédiatrie (1939), Seuil, 1971 ; coll. « Points essais », 1976.

Une psychanalyste dans la cité. L'aventure de la Maison verte (1978-1988), *Articles et conférences, t. VI*, ouvrage introduit par un texte de Marie-Hélène Malandrin écrit en collaboration avec Claude Schauder, et des documents d'archives de la Maison verte, Gallimard, 2008.

Quand les parents se séparent, en collaboration avec Inès Angelino, Seuil, 1988.

Séminaire de psychanalyse d'enfants, vol. 1, édition réalisée avec la collaboration de Louis Caldaguès qui en signe également la préface, Seuil, 1982.

Séminaire de psychanalyse d'enfants, vol. 2, édition réalisée avec la collaboration de Jean-François de Sauverzac, Seuil, 1985.

Le sentiment de soi. Aux sources de l'image du corps (1956-1978), *Essais, t. III*, édition établie, annotée et présentée par Gérard Guillerault, Gallimard, 1997.

Sexualité féminine. La libido génitale et son destin féminin (1969-1985), *Essais, t. II*, édition établie, annotée et présentée par Muriel Djéribi-Valentin et Élisabeth Kouki, Gallimard, 1996 ; coll. « Folio essais », 1999.

Solitude (1962-1985), *Essais, t. I*, édition revue, augmentée et présentée par Gérard Guillerault, Élisabeth Kouki, Colette Manier et Alain Vanier, Gallimard, 1994 ; coll. « Folio essais », 2001.

Tout est langage (1984), *Articles et conférences, t. III*, édition revue et présentée par Claude Baldy-Moulinier, Gérard Guillerault et Élisabeth Kouki, préface de Gérard Guillerault, 1994 ; coll. « Folio essais », 2002.

La vague et l'océan, séminaire sur les pulsions de mort (1970-1971), *Séminaires, t. I*, édition établie, annotée et présentée par Colette Manier, avec la participation d'Élisabeth Kouki, Gallimard, 2003.

Une vie de correspondances, 1938-1988, édition établie, annotée et présentée par Muriel Djéribi-Valentin, Gallimard, 2005.

Enregistrements, filmographie

Françoise Dolto, trois films : *Tu as choisi de naître*, 53 mn ; *Parler vrai*, 55 mn ; *N'ayez pas peur*, 53 mn ; complété par *Maud Mannoni, Évocations*, entretien avec Maud Mannoni réalisé en 1993, 22 minutes ; réal. Élisabeth Coronel et Arnaud de Mezamat, Gallimard/Abacaris Films, 2005.

Françoise Dolto, DVD, réal. N. Ribowski, Gallimard/Ina, coll. « Les grands entretiens de Bernard Pivot », 2003.

Françoise Dolto parle, trois films de 52 mn : *Françoise Dolto parle de la psychanalyse*, avec le témoignage de Georges Juttner ; *Françoise Dolto parle des origines*, avec le témoignage de Michèle Montrelay ; *Françoise Dolto parle de l'éducation*, avec le témoignage de Fabienne d'Ortoli et Michel Amram ; réal. Arnaud de Mezamat ; prod. Abacaris Films, en collaboration avec l'Association Archives et Documentation Françoise-Dolto, 2008.

Françoise Dolto, une femme, psychanalyste et citoyenne, quatre films : *Dolto par Dolto* (2 x 60 mn), réal. Bernard Chouchan ; *Dolto psychanalyste*, entretien avec Jean-Pierre Winter ; *Dolto citoyenne* ; *Parole, l'héritage Dolto*, MK2, 2008.

Lorsque l'enfant paraît : anthologie radiophonique 1976-1977, intégrale, neuf disques-compacts et un livret (32 pages), coédition Ina-Frémeaux & Ass., 2004, 2005, 2008.

Remerciements

Les Éditions Gallimard remercient la famille de Françoise Dolto, ses enfants, ses petits-enfants et, tout particulièrement, Catherine Dolto, qui nous ont autorisés à reproduire des documents personnels. Nous remercions également Nicole Marette, fille de Pierre Marette et filleule de Françoise Dolto, dépositaire d'une partie des archives familiales, qui nous a apporté un témoignage précieux. Et aussi, Colette Percheminier, Sophie Percheminier et tous les membres de l'Association Archives et Documentation Françoise-Dolto qui ont tout au long de ce travail d'édition éclairé nos recherches.

Crédit photographique

Toutes les photos et tous les documents reproduits proviennent de l'Association Archives et Documentation Françoise-Dolto, excepté :

Photos, © Alécio de Andrade, pages 6, 215, 228.

Photo, © Michelle Brabo, Opale, page 225.

Photo, © Bertin, DR, page 231.

Jean-François Millet, *L'Angélus*, vers 1857, Musée d'Orsay, RF1877. © RMN (Musée d'Orsay) © André Lewandowski, page 249.

Nous remercions Catherine Hélie qui a collaboré à l'illustration de cet ouvrage en photographiant de nombreux documents.

Un reportage photographique a été réalisé par Valentine Vermeil en août 2008 :
Photos, © Valentine Vermeil, pages 8, 9, 10, 16, 60, 94, 128, 217, 227, 232, 233, 250.

Sous la direction éditoriale de
Colline Faure-Poirée

Directrice artistique
Hélène Quinquin

Éditrice
Annie Trassaert

Secrétariat d'édition
Émilie Nief

Recherches documentaires
Anne Rose de Fontainieu

Reportage photographique
Valentine Vermeil

Prises de vue des documents
Catherine Hélie

Assistante graphiste
Camille Mermet

Conception et réalisation graphique
Objet graphique Cyril Cohen, 2008

Achevé d'imprimer par
l'Imprimerie Moderne de l'Est
le 10 novembre 2008
Dépôt légal : novembre 2008
Nº d'éditeur : 163246
ISBN 978-2-07-012369-8
Imprimé en France